W0237402

Selbstgemachte

Köstlichkeiten

Oded Schwartz

Selbstgemachte Köstlichkeiten

Einlegen, Einkochen, Trocknen, Räuchern, Kandieren und mehr

Fotos Ian O'Leary
Foodstyling Oded Schwartz

coventgarden

coventgarden

bei Dorling Kindersley

*Ich widme dieses Buch meiner Mutter Pnina Schwartz,
einer begnadeten Einmach-Expertin:
Ihre Kreativität hat meine Arbeit inspiriert.*

Projektbetreuung Jane Middleton, Kate Scott
Lektorat Carolyn Ryden, Nicky Graimes
Bildredaktion Jane Bull, Toni Kay
DTP-Design Karen Ruane
Cheflektorat Susannah Marriott
Herstellung Maryann Rogers

Für die deutsche Ausgabe:
Programmleitung Monika Schlitzer
Herstellungsleitung Dorothee Whittaker
Covergestaltung Mareike Hutsky

Bibliografische Information Der Deutschen Bibliothek
Die Deutsche Bibliothek verzeichnet diese Publikation
in der Deutschen Nationalbibliografie;
detaillierte bibliografische Daten sind im Internet
über http://dnb.ddb.de abrufbar.

Titel der englischen Originalausgabe:
Preserving

© Dorling Kindersley Limited, London, 1996
Ein Unternehmen der Penguin-Gruppe
Text © Oded Schwartz, 1996

© der deutschsprachigen Ausgabe by
Dorling Kindersley Verlag GmbH, München, 2010
Alle deutschsprachigen Rechte vorbehalten

Übersetzung Maria Andreas-Hoole
Lektorat Inken Kloppenburg Verlags-Service
Satz Setzerei Max Vornehm GmbH

ISBN 978-3-8310-9088-4

Colour reproduction by GRB Editrice, Verona
Printed and bound in Slovakia by TBB

Besuchen Sie uns im Internet
www.dorlingkindersley.de

Hinweis
Die Informationen und Ratschläge in diesem Buch sind von den Autoren und vom Verlag sorgfältig erwogen und geprüft, dennoch kann eine Garantie nicht übernommen werden. Eine Haftung der Autoren bzw. des Verlags und seiner Beauftragten für Personen-, Sach- und Vermögensschäden ist ausgeschlossen.

Inhalt

Colman's
MUSTARD

Zu diesem Buch

Meine Heimat ist Israel, daher liegt mir das Konservieren sozusagen im Blut. Im Nahen Osten durchbricht die Liebe zu eingelegten Genüssen alle kulturellen und religiösen Schranken, sie vereint Juden und Araber, Moslems und Christen. Gehen Sie in ein noch so winziges Lebensmittelgeschäft, und Sie werden staunen über die Vielfalt der Köstlichkeiten: Im kühlen Dunkel erwartet Sie eine wahre Schatzkammer, in der sich exotische Gewürze, Öle, Fisch- und Fleischdelikatessen bis zur Decke stapeln.

Als ich in den siebziger Jahren nach England übersiedelte, war ich enttäuscht, nichts mehr von dieser Fülle und Vielfalt vorzufinden, die ich seit meiner Kindheit überall mit Selbstverständlichkeit erwartete. Aber die Zutaten waren alle vorhanden – herrlich frisches Obst und Gemüse sowie allerlei Sorten Fleisch und Fisch. Gerüstet mit den in meiner Jugend erworbenen Kenntnissen machte ich mich daran, Traditionelles weiterzuentwickeln, abgestimmt auf das Angebot des modernen, internationalen Markts und auf den europäischen Geschmack. Die Krönung meiner Bemühungen ist dieses Buch, das die verschiedensten Möglichkeiten des Haltbarmachens vorstellt, für Süßes genauso wie für Pikantes. Meine Rezepte sind wirklich auf unseren heutigen Lebensstil zugeschnitten, damit das Bevorraten für Sie ebenso selbstverständlich werden kann wie für mich. Sie sind praxisnah, einfach nachzuvollziehen und berücksichtigen die Einschränkungen und den Streß, mit denen wir heute leben müssen.

Die Zubereitung der Vorräte folgt einem natürlichen, fließenden Jahresrhythmus. Im Winter geht es ruhig zu, weil frische Zutaten oft teuer und schwer erhältlich sind. Dies ist die beste Zeit, um Orangenmarmelade zu kochen, die Schränke zu putzen und fürs nächste Jahr vorauszuplanen. Der Frühling bringt frisches Grün und zartes Gemüse. Und wenn der Sommer endlich da ist und die Marktstände von reifem Obst und Beerenfrüchten überquellen, schlägt die Stunde der klaren, aromatischen Gelees und anderer süßer Genüsse. Im Spätsommer und Herbst sollte Ihre Küche nach köstlichen Früchten, Gewürzen und trocknenden Kräutern duften. Dies ist auch die traditionelle und beste Zeit für Pökelfleisch und Würste, Räucherfisch und Pasteten.

Ich hoffe von ganzem Herzen, daß Ihnen dieses Buch das Vergnügen und die tiefe Befriedigung vermittelt, die jeder beim Bevorraten erlebt. Glauben Sie mir, es gibt im Leben wenig Genußvolleres, als würzige Pickles, knackige Relishes und süße Köstlichkeiten selbst herzustellen und schließlich die Früchte dieser Arbeit gemeinsam mit Familie und Freunden zu genießen. Lassen Sie sich diese Freuden nicht entgehen!

Oded.

VORRÄTE aus der Speisekammer des Autors.

GESCHICHTE DES KONSERVIERENS

Heute brauchen Sie nur in den Supermarkt zu gehen und stehen vor einer Riesenauswahl von Nahrungsmitteln, die oft aufwendig oder exotisch konserviert sind. Doch selbst moderne Methoden wie das Tiefgefrieren oder die Dosenkonservierung haben in uns den Wunsch nach traditionell eingemachten Leckerbissen nicht ausgelöscht. Alte Techniken wie das Einlegen in Essig, das Räuchern und Pökeln verleihen den frischen Zutaten ein unverkennbares, köstliches Aroma.

Darüber hinaus ist das »Eingemachte« eine tröstliche Alternative zu unserer sonstigen kurzlebigen Nahrung. Im Zeitalter von Mikrowelle und Instant-Fertiggerichten bringt uns das Konservieren die Jahreszeiten und die Veränderungen im Jahreslauf wieder in Erinnerung, weckt unsere übersättigten Sinne und kann vor allem Städter näher an die Natur heranführen. Wer diese kulinarische Kunst erlernen will, sollte etwas über ihre Geschichte wissen und über die Entwicklung der technischen Verfahren bis zum heutigen Tag.

Warum Essen verdirbt

Verderb ist das Ergebnis des natürlichen Abbaus organischer Substanz, welcher von Enzymen, Hefe-, Schimmelpilzen und Bakterien verursacht wird. Diese brauchen, um wirksam werden zu können, ganz bestimmte Bedingungen: eine warme, feuchte Umgebung mit neutralem pH-Wert und ausreichend Sauerstoff. Wird einer oder werden mehrere dieser Faktoren ausgeschaltet, lassen sich die Abbauprozesse wesentlich verlangsamen oder sogar ganz aufhalten. Im Laufe der Geschichte haben sich die Menschen viele raffinierte Methoden einfallen lassen, um dem Verderb entgegenzuwirken, und die Kunst des Haltbarmachens erlangte eine grundlegende, bleibende Bedeutung.

Sonne, Wind und Feuer

Es gilt als sicher, daß das Trocknen die erste Konservierungsmethode war, die von Menschen entdeckt wurde – ein draußen liegengebliebenes und in der Sonne getrocknetes Stück Fleisch roch appetitlich, hielt sich länger als frisches Fleisch und war leichter und einfacher zu transportieren. Das Fleisch mußte also nicht mehr am Ort der Jagd verzehrt werden. Man konnte es vielmehr trocknen lassen, zu einem sicheren Ort transportieren, wo man sich auf Dauer niederließ, und es dort lagern. Damit sahen sich unsere Vorfahren erstmals in der Lage, Siedlungen zu gründen, die Essensvorräte für die Gemeinschaft zu organisieren und ihr Leben zu planen. Sie konnten weitere Entfer-

IN EINEM RÄUCHERHAUS aus dem 19. Jahrhundert werden vorbereitete Fische an Stangen aufgehängt.

SALZ WAR IMMER eine wertvolle Zutat: Diese Illustration aus einer französischen Handschrift aus dem Jahre 1528 zeigt das Abmessen von Salz nach königlichem Erlaß.

nungen zurücklegen und günstigere Gegenden auskundschaften, um Pflanzen anzubauen und Tiere zu halten. Langsam wichen die ersten primitiven Siedlungen festen Weilern und Dörfern, den Wurzeln unserer heutigen Städte.

Das Trocknen in Sonne und Wind gelang in heißen, trockenen Klimazonen, aber kaum in kalten, feuchten Landstrichen. Wo reichlich Holz zur Verfügung stand, wurde die Trocknung durch Feuer und Rauch beschleunigt. Fisch und Fleisch bekamen durch das Räuchern einen würzigen Geschmack und hielten sich sogar noch länger, unter anderem deshalb, weil die Räucherschicht Insekten abwehrte.

Das Salz der Erde

Schon in der Antike wurden die konservierenden Eigenschaften von Salz entdeckt. Man fand heraus, daß Salz stark dehydrierend wirkt, also dem Gewebe Wasser entzieht, es austrocknet und ein Milieu schafft, welches das Wachstum schädlicher Bakterien hemmt.

Für unsere Vorfahren war Salz eine unverzichtbare Notwendigkeit, hoch geschätzt und aufs heftigste verteidigt: Der erste Krieg, von dem die Bibel berichtet, wurde um die Kontrolle bestimmter Salzvorkommen geführt (Genesis 14,10). Im alten Ägypten wurden für die Mumifizierung große Mengen Salz zusammen mit Essig und Honig verwendet. Eingesalzenes Fleisch und eingesalzener Fisch spielten im mittelalterlichen Europa eine wichtige Rolle für die Ernährung, vor allem in der Fastenzeit, wenn Salzfisch die einzige Eiweißquelle war. Salz war in manchen Zeiten teurer als das damit konservierte Fleisch. Eingesalzener Fisch und entsprechend konserviertes Fleisch dienten auch als Proviant für lange Seereisen – so konnten im 16. Jahrhundert die Europäer die Welt erforschen und kolonialisieren und dem Lauf der Geschichte eine neue Wendung geben.

Süßes Gift

Wie Salz ist auch Zucker eines der stärksten Gifte der Natur – in hoher Konzentration erzeugt er ein Milieu, in dem kein Organismus überleben kann. In der Geschichte ist Zucker eher ein Nachzügler. Die alten Ägypter und Hebräer kannten ihn noch nicht, er wird auch in den frühen Schriften der Griechen und Römer noch nicht erwähnt, sie süßten mit Bienenhonig oder eingedicktem Fruchtsaft.

Zucker wurde ursprünglich aus dem süßen Saft des Zuckerrohrs gewonnen, das aus dem Industal stammte. Das zu den Wildgräsern zählende Zuckerrohr wurde als Geschenk der Götter betrachtet und stand als Symbol für alles Gute auf Erden. Die komplizierte Technik der Zuckerraffination reifte an den Höfen des aufstrebenden Arabischen Reichs, das einmal beinahe die gesamte damals bekannte Welt beherrschte, zur Perfektion heran. Während Europa im »finsteren Mittelalter« versank, entwickelten die arabischen Eroberer einen

Die Römer machten mit Honig auch Fleisch haltbar.

Wie einst Zucker gewonnen und zu Hüten geformt wurde, zeigt diese Illustration aus dem 15. Jahrhundert.

Essig wird aus verschiedenen Arten von Alkohol gewonnen, wobei jede Sorte unverwechselbaren Geschmack und Färbung besitzt.

kreativen, genußvollen und luxuriösen Lebensstil. Handelskarawanen trieben in allen Teilen der Alten Welt seltene und geheimnisvolle neue Zutaten, Gewürze und Zubereitungsarten auf. In der Küche wurde Zucker mit Früchten und Gewürzen kombiniert und in duftenden Sirup, Halva, Marzipan und Konfekt verwandelt.

Im 12. Jahrhundert brachten arabische Kaufleute und zurückkehrende Kreuzfahrer den Zucker nach Europa. Raffinierter Zucker wurde in den Laboratorien der Alchimisten und Apotheker, die damit bittere Pillen und Heiltränke versüßten, schnell unverzichtbar. Die Zuckerbäckerei erreichte ihren Höhepunkt während der italienischen Renaissance, wo in den Küchen der Reichen kunstvolle Tafeldekorationen aus Zuckermasse und täuschend »echte« kandierte Früchte hergestellt wurden. Doch erst im 16. Jahrhundert wurde der direkt von den Karibikinseln importierte Zucker zur alltäglichen Zutat, mit der alles gewürzt wurde, von Süßigkeiten und Kuchen bis hin zu pikanten Gerichten. Später entdeckte man, daß Zucker auch eine wichtige Rolle beim Pökeln von Fleisch spielt: Salz macht das Fleisch zäh, und diese unerwünschte Wirkung kann der Zucker zum Teil aufheben. Der unersättliche Appetit der Europäer auf Zucker hatte in der Geschichte verheerende Folgen, die heute noch zu spüren sind: Er beeinflußte das Geschmacksempfinden sowie unsere Gesundheit und war eine der treibenden Kräfte des Kolonialismus und des Sklavenhandels.

Essig – sauer macht haltbar

Essig ist die dritte wichtige Zutat bei der Haltbarmachung, denn er schafft ein saures Milieu, in dem Fäulnisbakterien keine Chance haben. In weinproduzierenden Ländern wird Essig aus Trauben hergestellt, bei den Bierbrauern aus Weizen, Gerste (Malz) und anderen Getreidesorten. Im Osten sind Reis und Früchte die Basis. Essig entsteht durch einen organischen Prozeß: Werden Wein oder andere alkoholische Flüssigkeiten auf Obst- oder Getreidebasis der Luft ausgesetzt, verwandeln Bakterien den Alkohol in Essigsäure.

Essig war die wichtigste Würze unserer Vorfahren. Er wurde als Tunke und Sauce zu faden oder streng schmeckenden Speisen gereicht – Brot und bitteres Gemüse wurden vor dem Essen immer erst in Essig getunkt. Aus dieser Gewohnheit haben sich wahrscheinlich unsere heutigen Salate und Dressings entwickelt.

Öle und Fette

Unsere Vorfahren entdeckten auch, daß sich Nahrungsmittel durch Luftabschluß haltbar machen lassen. Dieses Verfahren wird in den Schriften des Apicius erwähnt, der das einzige heute noch erhaltene römische Kochbuch verfaßt hat. Mit Honig und Öl, beides luftundurchlässige Substanzen, wurde Fleisch konserviert. Im kälteren Norden, wo es kein Öl gab, erfüllte tierisches Fett denselben Zweck. Diese Technik wird heute noch bei Fleischpasteten, Rillettes und

DIE FÜLLE DES SOMMERS einfangen. Foto von 1920.

VORRÄTE sind dekorativ und bringen Farbe in die Küche.

Confits angewendet. Dasselbe Prinzip des Haltbarmachens (Unterbinden der Luftzufuhr) steckt hinter modernen Verfahren wie Vakuumverpackung sowie Konservierung in Flaschen und Dosen.

Die Vorratskammer der Welt

Das interessanteste Kapitel in der Geschichte des Haltbarmachens von Nahrungsmitteln begann mit der Entdeckung der »Neuen Welt« und des Seewegs nach Indien. Dabei wurde Europa von einer Flut neuer, aufregender Zutaten und Rezepte überschwemmt. Schließlich tauchten exotische Pickles, eingelegtes Fleisch, Konfitüren und Orangenmarmeladen in vielen europäischen Kochbüchern auf und beeinflußten unsere Eßgewohnheiten. Ende des 19. Jahrhunderts waren Zucker, Salz und Gewürze erschwinglich, allgemein verfügbar und nicht länger nur den Reichen vorbehalten. Die Kunst des Konservierens stand in voller Blüte, und selbst hergestellte Konfitüren, Chutneys und Würzsaucen kamen sogar auf den bescheidensten Tisch.

Für die in die Kolonien ausgewanderten europäischen Siedler war die Haltbarmachung von Nahrungsmitteln entscheidend, ja lebenswichtig. Sie lebten in Isolation, umgeben von anderen Kulturen; über das »Eingemachte« hielten sie Verbindung mit der Heimat. Aber sie nahmen auch die vor Ort erhältlichen Zutaten an und kombinierten sie mit den heimischen Zubereitungsarten. Rezepte aus dieser Zeit sind eine faszinierende Lektüre – Spezialitäten aus aller Welt wurden mit lokalen Zutaten und Zubereitungsmethoden zu einzigartigen, köstlichen Gerichten abgewandelt. Am stärksten zeigt sich diese Tendenz in Nordamerika: Wo sonst findet man Pastrami und Matjes, Ketchup und Piccalilli in friedlicher Eintracht neben Salsa, Dörrfleisch und Chilisauce?

Im Rückblick auf die Geschichte wird deutlich, wie sich alte Techniken durch unseren hektischen Lebensstil gewandelt haben und welche Rolle das Konservieren für unser Überleben und unsere kulturelle Entwicklung gespielt hat. Konservieren ist wirtschaftlich und bewältigt jedes Jahr neu die Obst- und Gemüseschwemme. Bescheidene Zutaten werden zu Delikatessen – fertige Saucen, Relishes und Würzen sind Vorräte, auf denen jede kreative Küche aufbaut.

SICHERHEITSREGELN

✦ Konservieren erfordert größte Sorgfalt. Viele Faktoren beeinflussen das Ergebnis: Hygiene, das Einhalten der richtigen Temperatur und Kochzeit, des Säure- sowie des Zuckergrads, korrekte Lagerbedingungen und die Haltbarkeitsdauer.

✦ Bevor Sie ein Rezept nachkochen, lesen Sie bitte die Informationen über Sicherheit und Hygiene, über das Einfüllen und Einkochen (siehe Seite 42), und befolgen Sie die beschriebene Technik.

✦ Folgen Sie den Anweisungen in den Rezepten, und essen Sie nichts, was Ihnen zweifelhaft erscheint (siehe Seite 186).

✦ Größte Vorsicht ist bei besonders empfindlichen Menschen geboten, zum Beispiel bei Schwangeren, Kleinkindern und älteren Menschen. Die Gesundheitsbehörden empfehlen, ihnen keine unpasteurisierten Speisen zu servieren, sie sollten daher auf selbst konservierte Produkte verzichten.

Zutaten und Köstlichkeiten im Überblick

Diese begeisternde Übersicht zeigt die Vielfalt des Konservierens. Zugleich stellt sie als kleine Warenkunde die ganze Bandbreite frischer Zutaten – heimische wie exotische – vor, aus denen köstliche Vorräte zubereitet werden können, die schon fürs Auge ein Genuß sind! Die Serviervorschläge sollen dazu anregen, die Rezepte zu eigenständigen Gerichten oder originellen Beigaben abzuwandeln.

TOMATEN

Kein Koch könnte sich vorstellen, auf Tomaten zu verzichten, doch ist ihre Beliebtheit erst neueren Datums. Zwar kam die Tomate schon im 16. Jahrhundert aus Südamerika nach Europa, richtig bekannt wurde sie aber erst, seit sie im 19. Jahrhundert mit einem Mal begeisterten Zuspruch bei den Italienern fand. Konservieren lassen sich Tomaten jeden Reifestadiums. Wählen Sie feste, am Strauch gereifte, unversehrte Früchte mit feinem Aroma, keine Treibhaustomaten, die zu wäßrig sind. Tomaten enthalten sehr viel Vitamin C, das die Oxidation verhindert und die schöne Farbe erhält.

TOMATENSORTEN

Wählen Sie aus dem großen Angebot: rote Sorten wie die aromatischen Eiertomaten und riesigen Fleischtomaten; grüne Tomaten, die nur unreif und keine eigene Sorte sind; und Neuzüchtungen wie die winzigen, süßen Kirsch- oder Cocktailtomaten in Rot und Gelb.

SERVIERVORSCHLÄGE

BIRNEN-TOMATEN-PASTE, *köstlich allein oder zu gebratenem Geflügel (Rezept Seite 174).*

GEKOCHTE TOMATEN-PAPRIKA-SALSA, *mexikanische Würzbeilage zu Gegrilltem (Rezept Seite 115).*

OFENGETROCKNETE TOMATEN IN ÖL, *köstlich mit Crème fraîche und Basilikum (Rezept Seite 108).*

Gelbe Tomatenkonfitüre *bekommt durch Zitronenschale einen erfrischenden Akzent (Rezept Seite 163).*

Würzige Cocktailtomaten *bringen das Aroma des Sommers zurück (Rezept Seite 93).*

Eingelegte grüne Tomaten, *eine ausgezeichnete Möglichkeit, die vielen noch unreifen Früchte zu nutzen (Rezept Seite 92).*

Eingelegte Tomaten, *eine würzige Variante der Salzgurken (Rezept Seite 93).*

Rote Tomatenkonfitüre, *pikant gewürzt mit Koriander und Zitrone (Rezept Seite 164).*

Tomatensauce, *unverzichtbar für Pizza und Pasta (Rezept Seite 112).*

Grünes Tomaten-Chutney, *mild und fruchtig, wunderbar zu Curries (Rezept Seite 120).*

DIE PAPRIKA-FAMILIE

Wie die Tomate kam auch die *Capsicum*-Frucht aus der Neuen Welt, wo sie wild wuchs. Chilischoten ersetzten als feurige Würze sehr schnell den Pfeffer, während ihre großen, milden Verwandten – die Paprikaschoten – einen festen Platz in der Mittelmeerküche eroberten. Große, milde Paprikaschoten lassen sich in Öl und Essig einlegen und machen Mixed Pickles bunt. Frische und getrocknete Chillies sind eine wichtige Geschmackszutat – von zurückhaltend in traditionellen Chutneys bis zu feurig-scharf in Chilipasten, wie sie in Afrika und dem Orient sowie dem Mittleren Osten zubereitet werden.

PAPRIKASORTEN

Zur *Capsicum*-Familie gehören Dutzende von Chilisorten ebenso wie die milden Paprikaschoten, die in vielen Farben angeboten werden und allesamt reich an Vitamin C sind. Chillies sind meist kleiner und schlanker als Paprikaschoten und länglich geformt.

SERVIERVORSCHLÄGE

SCHUG – Würzbeigabe zu Hummus, das mit Olivenöl und einem Hauch Paprika serviert wird (Rezept Seite 116).

MAIS-PAPRIKA-RELISH ist eine knackig-pikante Beigabe zu Hamburgern (Rezept Seite 112).

HARISSA wird in Nordafrika zwischen Lagen von Zitronenscheiben als feurig-scharfe Beilage gereicht (Rezept Seite 115).

HARISSA, *eine höllisch scharfe Paste für echte Chili-Fans (Rezept Seite 115).*

SCHUG, *eine Würzpaste aus dem Yemen, wird aus grünen Chilischoten und Koriander zubereitet (Rezept Seite 116).*

SCHARFES HOLZAPFELGELEE *wird mit frischen roten Chilischoten pikant gewürzt (Rezept Seite 166).*

UNGARISCHE PAPRIKA-PICKLES *schmecken besonders gut aus fleischigem Tomatenpaprika (Rezept Seite 99).*

MAIS-PAPRIKA-RELISH *ist ein amerikanischer Klassiker (Rezept Seite 112).*

PAPRIKASCHOTEN IN ÖL, *eine Variante des gegrillten Gemüses in Öl, ein leckerer Snack zwischendurch (Rezept Seite 106).*

DIE ZWIEBEL-FAMILIE

Seit der Antike sind Zwiebeln, Schalotten und Knoblauch aus der Küche nicht wegzudenken. Auch beim Konservieren spielen sie eine wichtige Rolle – »solo« ergeben sie herrlich knackige Pickles und Chutneys, anderen Zubereitungen verleihen sie Struktur, Aroma und Milde. Falls Sie sie roh verarbeiten, sollten Sie sie vorher einsalzen, in Salzlake einlegen oder blanchieren. Zwiebeln und Knoblauch halten sich nicht lange, da sie leicht gären oder austreiben und dann bitter werden. Kaufen Sie daher nur kleine Mengen, und hängen Sie sie in Stoffbeuteln oder Netzen an einem kühlen, trockenen und dunklen Ort auf.

ZWIEBELSORTEN

Zwiebeln variieren in Größe, Geschmack und Farbe – von der milden spanischen Gemüsezwiebel bis zur kräftigen Küchenzwiebel. Sie sind austauschbar durch Schalotten, obwohl diese ein milderes, ausgeprägteres Aroma besitzen. Knoblauch kann weiße oder lila Schalen haben, beide sind aber im Geschmack gleich.

SERVIERVORSCHLÄGE

SCHALOTTEN IN SIRUP *sind eine pikante Beilage aus Nahost zu Lammkoteletts (Rezept Seite 161).*

ZWIEBELKONFITÜRE *ist eine köstliche Füllung für die kleinen, warm servierten Mürbeteigschiffchen (Rezept Seite 164).*

FRISCHES ZWIEBEL-CHUTNEY *wird zu mit Cayennepfeffer bestäubten Pappadams gereicht (Rezept Seite 121).*

EINGELEGTE SCHALOTTEN *werden genauso wie eingelegte Zwiebeln zubereitet (Rezept Seite 92).*

EINGELEGTER KNOBLAUCH *nach einem alten Rezept aus Persien hat ein mildes, volles Aroma (Rezept Seite 92).*

SCHALOTTEN IN SIRUP *erhalten ihre fleischige Konsistenz durch langsames Kochen über mehrere Tage (Rezept Seite 161).*

ZWIEBELKONFITÜRE *hat einen leicht süß-sauren Geschmack (Rezept Seite 164).*

SCHALOTTENESSIG *ist eine aromatische Abwandlung von Salatessig (Rezept Seite 127).*

ZWIEBEL-PAPRIKA-PICKLES, *mit Minze erfrischend aromatisiert (Rezept Seite 96).*

EINGELEGTES GEMÜSE *aus Möhren, roten und weißen Zwiebelchen (Rezept Seite 98).*

KÜRBISGEWÄCHSE

Diese weitläufige Familie, die aus Gurken, Kürbissen, Zucchini und Melonen besteht, umfaßt einige der ersten Pflanzen, die je angebaut wurden. Die Vielfalt der Formen, Größen und Farben ist verblüffend, vom wagenradgroßen Riesenkürbis bis zum zierlichen Cornichon-Gürkchen. Ein Teil ist kurzlebiges, verderbliches Sommergemüse, das allerdings ganzjährig importiert wird, der andere Teil besteht aus den haltbaren Kürbissen, die ab Spätsommer bis in den Winter angeboten werden. Sämtliche Vertreter dieser Familie sind aufgrund ihres zarten Geschmacks für süße Vorräte genauso verwendbar wie für pikante.

KÜRBISGEWÄCHSARTEN

Sommersorten sind Salatgurken, Einlegegurken, Zucchini sowie alle Arten von Melonen. Zu den Wintersorten gehören die vielen Kürbissorten einschließlich »Zwiebel«-Squash, Butternuß- und Riesenkürbis.

SERVIERVORSCHLÄGE

BUTTERBROT-PICKLES *verwandeln ein einfaches Schinkenbrot in ein Schmankerl (Rezept Seite 97).*

EINGELEGTE GEFÜLLTE MELONE – *aufsehenerregender Mittelpunkt eines kalten Buffets (Rezept Seite 101).*

KÜRBISKONFITÜRE *ist eine köstliche scharfe Füllung für einen süßen Kuchen (Rezept Seite 164).*

TOBYS BUNTE GURKEN-PICKLES, eine süß-saure Augenweide, sind bereits nach zwei Tagen durchgezogen (Rezept Seite 98).

MELONENMUS hat einen feinen, fruchtigen Geschmack, unterstrichen von Zitronengras (Rezept Seite 172).

SALZGURKEN bekommen durch Chilischoten und Lorbeerblätter ein vollmundiges Aroma (Rezept Seite 93).

KÜRBISKONFITÜRE, eine ungewöhnliche Bereicherung des Frühstückstischs (Rezept Seite 164).

EINGELEGTE MELONEN, Variante der grünen Feigen, sind eine Spezialität aus Südafrika (Rezept Seite 160).

PICKLES MIT OLIVENÖL schmecken mild und erfrischend (Rezept Seite 97).

BUTTERBROT-PICKLES passen auch gut zu reifem Käse (Rezept Seite 97).

WURZELGEMÜSE

Jahrhundertelang stellte das Wurzelgemüse die Basis für die Winterkost dar; es war robust, lagerfähig und lieferte die notwendigen Nährstoffe, wenn es wenig anderes gab. Wurzelgemüse wird in traditionellen Zubereitungen erst einmal gekocht, doch lege ich es lieber roh ein, damit es knackig bleibt und seinen Vitamingehalt nicht verliert. Viele Vitamine und Spurenelemente sitzen in der Schale, daher sollten Sie aufs Schälen verzichten. Die Schale gibt zudem ihre schöne Farbe ab beim Konservieren. Aufgrund des hohen Zuckergehalts lassen sich aus Wurzelgemüse auch gute Konfitüren herstellen.

ARTEN VON WURZELGEMÜSE

Eingemachtes bekommt durch Wurzelgemüse nicht nur Struktur, sondern – durch Rote Bete und Möhren – auch eine kräftige Farbe. Nicht ganz ins Bild paßt der Kohlrabi, der genau genommen keine Wurzel, sondern ein verdickter Stiel ist, da er über der Erde wächst.

SERVIERVORSCHLÄGE

MÖHREN-MANDEL-CHUTNEY ist eine würzige, süß-saure Beigabe zum schlichten Fleisch-Pie mit Salat (Rezept Seite 121).

EINGELEGTE RÜBCHEN und Auberginen-Pickles mit Roter Bete sind in Nahost eine Vorspeise (Rezepte Seite 94 und 91).

ROTE BETE IN SALZLAKE. Ihr Saft ergibt einen klaren Borscht. Mit Sauerrahm und Dill servieren (Rezept Seite 93, Salzgurken).

MÖHRENKONFITÜRE, *eine Spezialität aus Nahost mit Sultaninen und Ingwer (Rezept Seite 159).*

AUBERGINEN-PICKLES MIT ROTER BETE *ist eine Variante der gefüllten Auberginen syrische Art (Rezept Seite 91).*

EINGELEGTER SELLERIE-MÖHREN-SALAT *wird mit Dillsamen und Orange gewürzt (Rezept Seite 94).*

RÜBCHEN IN INGWERSIRUP *sind eine ungewöhnliche Abwandlung des Kürbis in Ingwersirup (Rezept Seite 162).*

EINGELEGTE RÜBCHEN *leuchten durch die Beigabe von Roter Bete in kräftigem Pink (Rezept Seite 94).*

MÖHREN-MANDEL-CHUTNEY *ist zart und leuchtet in kräftigem Orange (Rezept Seite 121).*

EINGELEGTE ROTE BETEN *sind eine Variante der eingelegten Zwiebeln (Rezept Seite 92).*

FLEISCH

Mit der Entdeckung der Fleischkonservierung wurde in der Entwicklung der Menschheit ein neues Kapitel aufgeschlagen. Daß die Proteinquelle Fleisch über größere Strecken transportiert werden konnte, ohne zu verderben, war die Voraussetzung für die Gründung fester Siedlungen. Heute räuchert, trocknet oder pökelt man Fleisch, um Abwechslung und eine geschmackliche Bereicherung zu erzielen. Voraussetzung ist ein zuverlässiger Metzger, der gut abgehangenes, erstklassiges Fleisch anbietet. Am besten schmeckt Fleisch aus artgerechter Freilandhaltung. Beim Konservieren ist auf größte Hygiene zu achten (Seite 42).

FLEISCHSORTEN

Magere Teile wie Rinder- und Rehkeule lassen sich ausgezeichnet trocknen und einpökeln. Fetteres Fleisch von Ente, Gans und Schwein wird zu Pasteten verarbeitet. Fettes Schweinefleisch ist außerdem eine wichtige Zutat für Confits und Rillettes.

SERVIERVORSCHLÄGE

FEINE LEBERPASTETE schmeckt köstlich in Blätterteig gebacken (Rezept Seite 144).

GERÄUCHERTES HÄHNCHEN mit einem Salat ist eine perfekte Mahlzeit (Rezept Seite 135).

CHILISALAMI in einem spanischen Bohneneintopf ergibt ein herzhaftes Winteressen (Rezept Seite 138).

CHILISALAMI mit roten Chillies ähnelt den spanischen Chorizos (Rezept Seite 138).

LANDJÄGER sind pikante, luftgetrocknete Würste aus Rindfleisch und Schweinespeck (Rezept Seite 137).

RILLETTES oder Schmalzfleisch ist ein grobfaseriger, würziger Aufstrich aus Schweinefleisch (Rezept Seite 146).

GETROCKNETE LAMMWÜRSTE werden aromatisiert mit Fenchel, Paprika und Minze (Rezept Seite 136).

KNOBLAUCH-KRÄUTER-SALAMI läßt sich hauchdünn aufschneiden (Rezept Seite 138).

EINGELEGTE WÜRSTE TOULOUSER ART sind immer willkommen (Rezept Seite 136).

KANINCHENPASTETE (oben), die fettarme Version eines französischen Rezepts, wird durch Möhren, Schalotten und frische Kräuter schön saftig. Als leichtes Gericht, Vorspeise servieren (Rezept Seite 142).

FASANENTERRINE MIT WACHTELN (unten) enthält entbeinte, mit Spinat und Petersilie gefüllte Wachteln (Rezept Seite 143).

LUFTGETROCKNETE ENTENWÜRSTE schmecken mild und würzig (Rezept Seite 137).

FISCH UND MEERESFRÜCHTE

Fisch, Krusten- und Schalentiere sind eine gute Quelle für essentielle Fette, Vitamine, Mineralstoffe und Spurenelemente. Einst gehörte eingesalzener oder geräucherter Fisch zu den Grundnahrungsmitteln, heute ist er nahezu eine Delikatesse. Konservierte Meeresfrüchte entwickeln ein kräftiges, charakteristisches Aroma; manche sind regelrechte »Gewürze«. Verwenden Sie nur absolut frische Ware mit einem angenehmen Meeresgeruch. Ganze Fische sollten natürlichen Glanz und Farben aufweisen, leuchtendrote Kiemen und klare Augen haben und sich fest anfühlen; die Schalen von Muscheln müssen fest geschlossen sein.

ARTEN VON MEERESFRÜCHTEN

Zum Einlegen und Räuchern sind Muscheln und fette Fische wie Hering, Lachs, Makrele und Thunfisch zu bevorzugen; weißfleischiger Fisch wie Kabeljau eignet sich besser zum Trocknen oder Einsalzen.

SERVIERVORSCHLÄGE

ANCHOVIS IN ÖL sind ein pikanter Belag und eine schnelle Garnitur für Pizza (Rezept Seite 153, Eingesalzene Sprotten).

HERING IN SENFSAUCE und HERING IN SAHNESAUCE sind ein schnelles Mittagessen (Rezepte Seite 151).

GRAVLAX braucht nur schlichte Beilagen wie Dill und Senfsauce (Rezept Seite 153).

ROLLMOPS *ist eine deutsche Spezialität, die meist als Vorspeise serviert wird (Rezept Seite 150).*

ANCHOVIS IN ÖL *sind eine würzige Abwandlung der eingesalzenen Sprotten (Rezept Seite 153).*

MEERESFRÜCHTE IN ÖL *werden mit verschiedenen Zutaten zubereitet und wirken sehr dekorativ (Rezept Seite 109).*

GERÄUCHERTE FORELLE *wird wie Räucherlachs serviert (Rezept Seite 152).*

EINGESALZENE SPROTTEN *werden vor der Verwendung gewässert (Rezept Seite 153).*

EINGELEGTER LACHS *(links) ist eine Köstlichkeit nach einem alten Rezept aus Kanada (Rezept Seite 150).*

HERING IN GEWÜRZTEM ÖL *wird mit getrockneten roten Chilischoten »geschärft« – ein feuriger Snack (Rezept Seite 109).*

ZITRUSFRÜCHTE

Zitrusfrüchte ergeben köstliche Marmeladen. Auch in Konfitüren und Gelees mit anderen Obstsorten sind sie wichtig, weil ihr hoher Pektin- und Säuregehalt das Gelieren fördert. Werfen Sie die Kerne nicht weg, denn sie enthalten am meisten Pektin: Binden Sie sie in ein Mullsäckchen, das Sie in die kochenden Früchte hängen. Zitrusfrüchte sind reich an Vitamin C, einem natürlichen Antioxidans, das Früchten und Gemüse ihre frische Farbe erhält. Meist werden die Schalen zum Schutz vor Verderb gewachst; Sie können das Wachs durch kräftiges Abbürsten in warmem Wasser entfernen; am besten kaufen Sie unbehandelte Früchte.

ARTEN VON ZITRUSFRÜCHTEN

Von der winzigen süßen Kumquat bis zur großen grünen Pomelo sind alle Zitrusfrüchte vielseitig verwendbar; sie werden für Pickles ebenso benötigt wie für traditionelle Marmeladen. Sie lassen sich kandieren, trocknen oder in Alkohol konservieren.

SERVIERVORSCHLÄGE

ZITRONEN-EIERCREME *(Lemon Curd) ist ein englischer Klassiker für erfrischende Kuchenfüllungen (Rezept Seite 173).*

SALZZITRONEN *geben marokkanischen Gerichten wie diesem Hähnchen ihre pikante Note (Rezept Seite 102).*

FRISCHES CRANBERRY-ORANGEN-RELISH *ist der ideale Begleiter zum Truthahnbraten (Rezept Seite 112).*

GETROCKNETE ORANGENSCHALE verleiht gedünstetem Obst ein ausgeprägtes Zitrusaroma (siehe Tabelle Seite 185).

EINGELEGTE LIMETTEN unterstützen scharfe, würzige Speisen (Rezept Seite 100).

ZITRUSESSIG erhält durch einen Schalenspieß (hier Orangenschale) ein intensives Aroma (Rezept Seite 127).

WEIHNACHTSORANGEN werden mit Gewürznelken gespickt und duften wunderbar nach Weihnachten (Rezept Seite 100).

ZITRONEN-EIERCREME (Lemon Curd), samtig und üppig, schmeckt köstlich in Kuchen und auf Brötchen (Rezept Seite 173).

SALZZITRONEN, gesalzen und in Zitronensaft eingelegt, haben einen scharfen, pikanten Geschmack (Rezept Seite 102).

ORANGENMARMELADE MIT KORIANDER wird durch Orangenlikör abgerundet (Rezept Seite 163).

Stein- und Kernobst

In Kunst und Literatur standen die Früchte unserer heimischen Obstbäume für alles, was gut und köstlich war. Die meisten davon, vor allem Äpfel, haben einen hohen Pektingehalt und spielen daher eine wichtige Rolle bei der Herstellung von Konfitüren und Gelees. Leider verlieren sie beim Kochen viel von ihrem Aroma und werden daher meist zusammen mit anderen Früchten verwendet. Aus Apfelschalen und Kerngehäusen, in denen das meiste Pektin zu finden ist, läßt sich ein Pektinkonzentrat herstellen (Seite 47). Heute werden die meisten Stein- und Kernobstarten rund ums Jahr angeboten.

Stein- und Kernobstarten

Unterschieden wird das süße Tafelobst von den sauren Kochfrüchten. Letztere haben in der Regel festeres Fruchtfleisch, das auch bei längerem Kochen nicht zerfällt.

Serviervorschläge

Zwetschenkonfitüre und Gewürzbirnen begleiten hier ein gebratenes Täubchen (Rezepte Seiten 156 und 103).

Kandierte Früchte sind phantasievolle Dekorationen für festliche Kuchen (Rezepte Seite 181–183).

Aprikosenkonfitüre wird zum Glasieren erwärmt und gibt einem Apfelkuchen Glanz (Rezept Seite 158).

REINECLAUDENKONFITÜRE, *eine Variante der Pflaumenkonfitüre, ist ein Klassiker der französischen Landküche (Rezept Seite 156).*

BIRNEN IN BRANNTWEIN *(rechts) erhalten durch eine Vanilleschote ein feines Aroma (Rezept Seite 179).*

PFLAUMENKONFITÜRE *(links) schmeckt aus Pflaumen aller Art; hier ergeben Mirabellen einen schönen Orangeton (Rezept Seite 156).*

ZWETSCHENKONFITÜRE *(rechts) paßt mit ihrer Würze zu Süßem wie Pikantem (Rezept Seite 156).*

APFELGELEE MIT MINZE *verwertet auf köstliche Weise Fallobst und frische Minze aus dem Garten (Rezept Seite 167).*

APRIKOSENKONFITÜRE *bekommt einen leichten Mandelgeschmack, wenn Sie die Kerne zufügen (Rezept Seite 158).*

PFIRSICH-CHUTNEY *mildert mit seinem sanften, duftenden Aroma scharfe Curries (Seite 125).*

BEEREN

Im Hochsommer überschwemmen frische Beeren den Markt; mit ihrem hohen Pektin- und Säuregehalt eignen sie sich wunderbar für Konfitüren, Gelees, Sirupfrüchte und andere süße Sachen. Wählen Sie feste, makellose Früchte ohne Druckstellen oder Schimmel, und prüfen Sie beim Einkauf, ob sich am Boden der Verpackungsschale Saftflecken abzeichnen – ein Hinweis auf zerdrückte Beeren. Da sie zum größten Teil aus Wasser bestehen, halten sie sich nicht lange und sollten rasch verwertet werden. Für Gelees und Konfitüren nehmen Sie noch nicht ganz reife Beeren; vollreife Früchte sind gut zum Trocknen oder für Essige.

ARTEN VON BEERENFRÜCHTEN

Die Farbpalette frischer Sommerbeeren ist groß, vom Rubinschimmer roter Johannisbeeren über die kühle Eleganz grüner Stachelbeeren bis zum tiefen Dunkelblau der Heidelbeeren. Die hübschen, aromatischen Früchte lassen sich ausgezeichnet konservieren.

SERVIERVORSCHLÄGE

GETROCKNETE ERDBEEREN *geben selbstgemischtem Müsli einen Hauch von Luxus (Tabelle Seite 185).*

PICCALILLI *ist in England die klassische Beigabe zur Käseplatte; hier apart abgewandelt mit Stachelbeeren (Rezept Seite 96).*

GELEE VON ROTEN JOHANNISBEEREN *auf Artischocke paßt zu Lammbraten (Rezept Seite 166, Himbeergelee).*

ERDBEERESSIG *(rechts) mit Erdbeeren und Basilikum, auf ein Holzspießchen gesteckt, schmeckt intensiv aromatisch (Rezept Seite 128).*

HIMBEERGELEE, *ein durchscheinendes Gelee von zartem Geschmack (Rezept Seite 166).*

GELEE VON ROTEN JOHANNISBEEREN *paßt zu Süßem ebensogut wie zu Pikantem (Rezept Seite 166).*

Stachelbeeressig

Essig von schwarzen Johannisbeeren

FRUCHTESSIGE *(links) geben Saucen, Marinaden und Dressings eine raffinierte Note; viele Sorten lassen sich zu einem erfrischenden Getränk verdünnen (Rezept Seite 128).*

PICCALILLI *enthält mundgroße Stücke knackigen Gemüses und erfrischender Sommerfrüchte (Rezept Seite 96).*

HEIDELBEERKONFITÜRE, *perfekt zu Pfannkuchen und Waffeln (Rezept Seite 157).*

HIMBEERKONFITÜRE *aus saftigen Beeren fängt den Duft des Sommers ein fürs ganze nächste Jahr (Rezept Seite 157).*

EXOTISCHE FRÜCHTE

Exotisch ist für uns, was nicht aus unseren Breiten stammt – auch wenn diese Früchte in ihrer Heimat als alltäglich gelten und oft wenig Beachtung finden. Die meisten exotischen Früchte haben ein üppiges Aroma und kräftige Farben, mit denen sich andere Speisen aufwerten lassen; man kann sie auch wunderbar konservieren. Kaufen Sie sie nur dort, wo viel davon umgesetzt wird, damit Sie sie möglichst frisch bekommen. Sie sollten frei von Druckstellen sein und gut duften. Lagern Sie sie kühl und dunkel, und verarbeiten Sie sie rasch, solange sie den Höhepunkt ihrer Reife noch nicht überschritten haben.

ARTEN EXOTISCHER FRÜCHTE

Das Angebot an Exoten erweitert sich immer mehr. Hier sehen Sie nur eine Kostprobe von Früchten aus aller Welt und solchen, die in tropischen oder subtropischen Gegenden angebaut werden.

SERVIERVORSCHLÄGE

ANANAS-CHUTNEY paßt hervorragend zu gebackenem Hähnchen (Rezept Seite 120, Kürbis-Chutney).

MANGOMUS als Törtchenfüllung mit Vanillesauce ergibt ein leckeres Dessert (Rezept Seite 172).

KIWIMUS ist eine ungewöhnliche, feine Füllung für Pfannkuchen (Rezept Seite 172).

FEIGEN-CHUTNEY ist ein aparter Begleiter zu Käsegerichten oder zu einem kalten Mittagessen (Rezept Seite 125).

ANANAS IN KIRSCHWASSER, serviert mit Sahne – ein wahres Schlemmerdessert (Rezept Seite 179).

KIWI-PAPRIKA-PICKLES sind eine köstliche Beigabe zu kaltem Fleisch (Rezept Seite 102).

WÜRZIGES KAKTUSFEIGENGELEE aus roten Früchten leuchtet in einer kräftigen Farbe (Rezept Seite 169).

GRANATAPFELSIRUP kann für Getränke verdünnt oder pur als Sauce über Eis gegossen werden (Rezept Seite 181).

SCHARFES MANGO-CHUTNEY, eine feurig-fruchtige Beigabe zu Curries (Rezept Seite 123).

DATTEL-BLATJANG (DATTELSAUCE), eine Spezialität aus Südafrika (Rezept Seite 116).

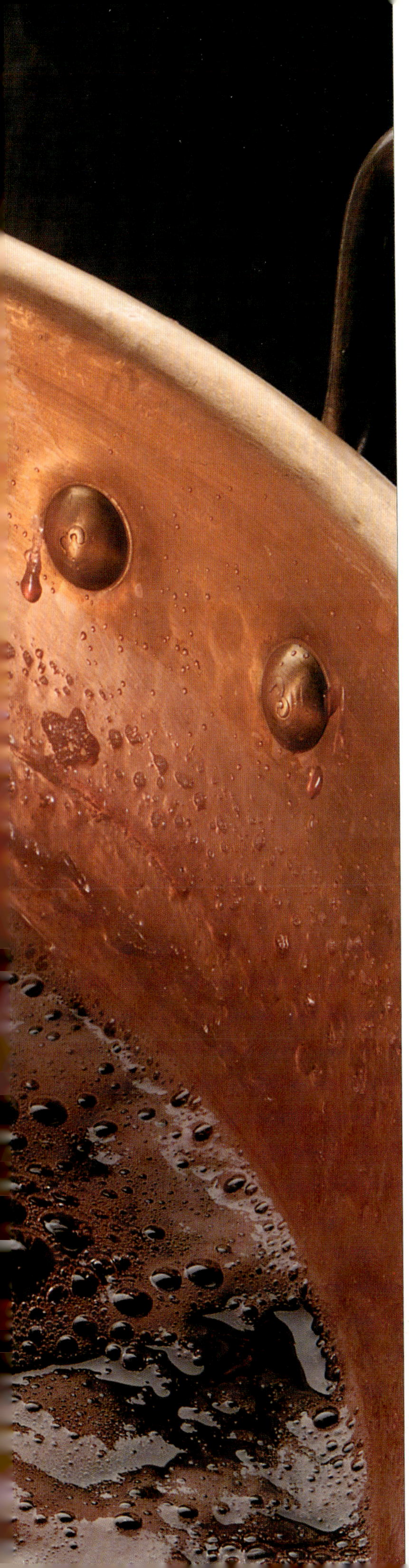

Küchengeräte und Grundtechniken

Dieses Kapitel führt Schritt für Schritt in die Grundtechniken des Konservierens ein. Bekannte Verfahren wie das Zubereiten von Konfitüren oder das Einlegen werden ebenso beschrieben wie das Einsalzen, das Pökeln und die Herstellung von Würsten. Fotos zeigen die wichtigsten Küchengeräte und die Grundzutaten. Wer die praktischen Hinweise zu Sicherheit und Hygiene befolgt, wird mit gutem Erfolg seine Vorratskammer füllen können.

KÜCHENGERÄTE

Mit guten Geräten haben Sie beim Konservieren schon halb gewonnen. Das meiste ist in einer gut ausgestatteten Küche ohnehin vorhanden; speziellere Küchenhelfer wie Gemüsehobel, Passiergerät (auch unter dem Namen »Flotte Lotte« bekannt), Einkochtöpfe und besondere Messer – alle erhalten Sie in guten Fachgeschäften – können die Arbeit wesentlich erleichtern. Küchengeräte bester Qualität mögen teuer sein, sind aber eine Anschaffung fürs Leben. Ausgefallenes wie einen Dörrapparat oder Räucherofen beziehen Sie am besten vom Spezialisten; Bezugsquellen finden Sie auf Seite 191.

Großes Kochmesser

Filetiermesser

Ausbeinmesser

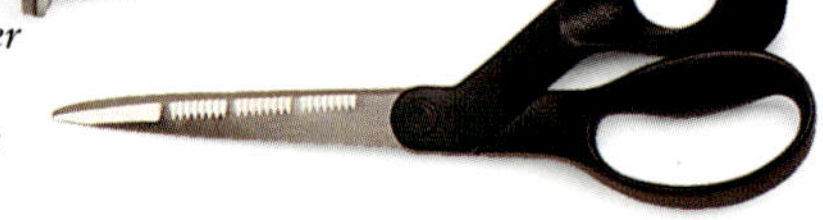
Küchenschere

MESSER: Scharfe Messer sind unverzichtbar. Wählen Sie beste Qualität mit soliden Griffen, die gut in der Hand liegen. Messer häufig schärfen.

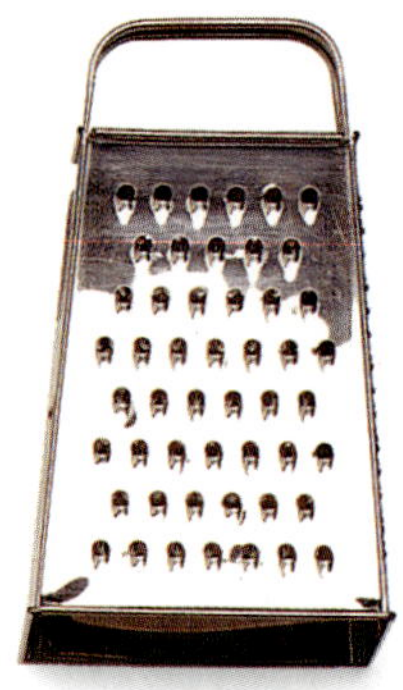
Reibe

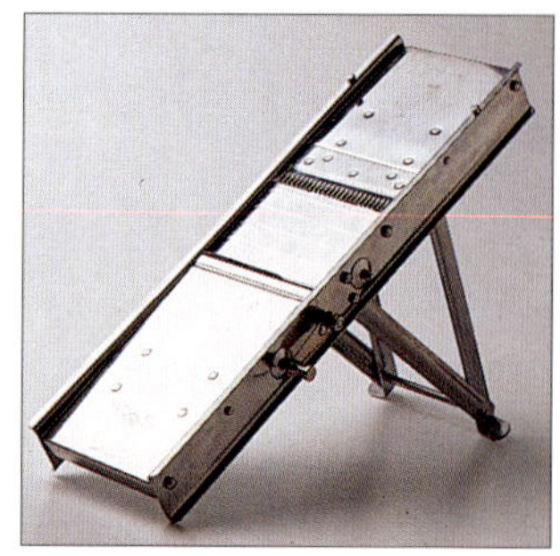
Gemüsehobel (Mandoline)

Schälmesser

Schneidbrett aus Hartholz

REIBEN UND HOBEL: Sie vereinfachen das Zerkleinern von Obst und Gemüse. Wählen Sie einen Gemüsehobel guter Qualität, mit verstellbarer Klinge für Scheiben unterschiedlicher Dicke.

PASSIERGERÄT: Es ist nützlich für das Pürieren von Obst und Gemüsemischungen und wird mit auswechselbaren, mehr oder weniger grob pürierenden Scheiben angeboten.

FLEISCHWOLF: Damit läßt sich Obst für Mus und Cremes ebenso durchdrehen wie Fleisch.

Passiergerät (Passetout)

Ziseliermesser

Zesteur

Fruchtentkerner

Pendelschäler

SCHÄLER, ENTKERNER UND ZESTEUR: Sie erleichtern das Vorbereiten von Obst und Gemüse.

Mörser

Kaffeemühle

MÖRSER, KAFFEEMÜHLE: Im Mörser lassen sich kleinere Gewürzmengen grob zerstoßen; für feines Pulver ist eine elektrische Kaffeemühle zweckmäßig.

Fleischwolf (manuell)

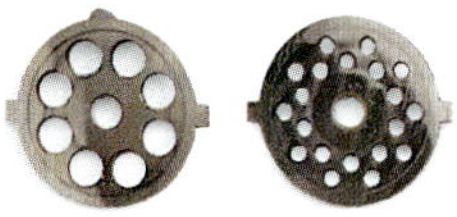

Einsatzscheiben

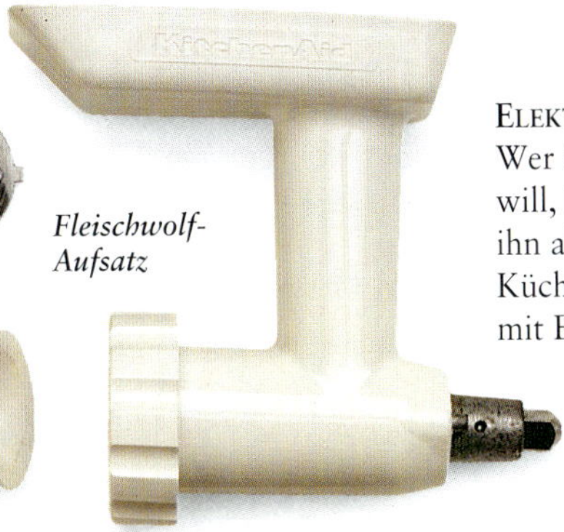

Fleischwolf-Aufsatz

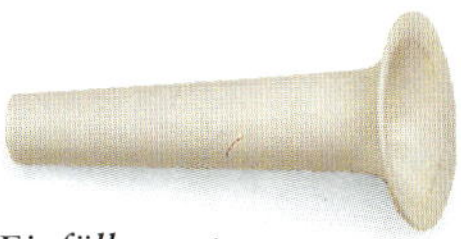

Einfüllvorsatz

ELEKTRISCHER FLEISCHWOLF: Wer öfter Würste machen will, braucht ihn. Es gibt ihn als Zubehör für viele Küchenmaschinen, oft auch mit Einfüllvorsatz.

WURSTEINFÜLLER: Handgeräte sind in Spezialgeschäften zu beziehen (Seite 191).

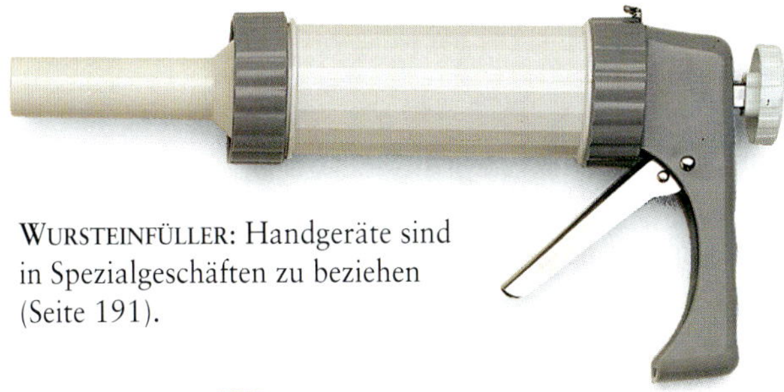

Wursteinfüller

Kochlöffel aus Holz

Paletten

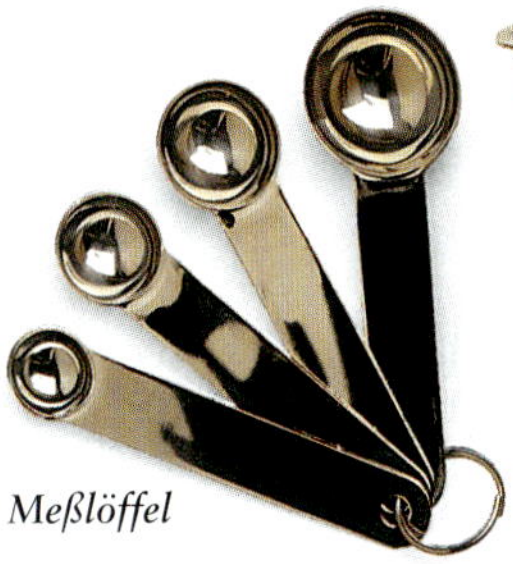

Meßlöffel

Meßbecher

Fleischthermometer

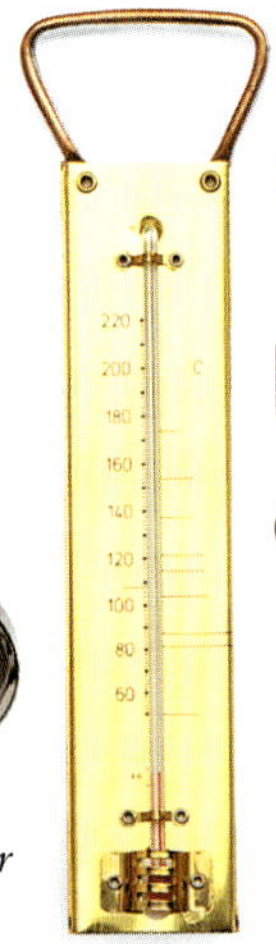

Zuckerthermometer

MESSGERÄTE: Sie sollten aus Glas, Porzellan oder Edelstahl bestehen, nicht aus säureempfindlichem Material wie Aluminium.

KOCHLÖFFEL: Je ein Set für Süßes und Pikantes bereithalten.

PALETTEN: Nützlich zum Glätten von Oberflächen.

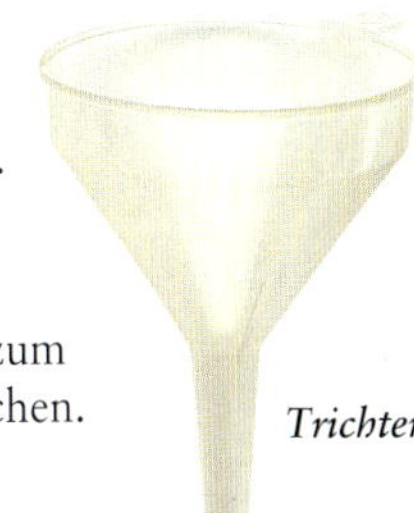

Trichter

Einfülltrichter

TRICHTER UND SIEBE: Trichter vereinfachen das Einfüllen; für saure Früchte keine Metallsiebe verwenden, sie können Farbe und Geschmack beeinträchtigen.

Baumwolltuch

Mulltuch

Saftbeutel

Kaffeefiltertüte

SAFTBEUTEL UND FILTER: Ungebleichter Baumwollstoff wie Nessel oder Mull ist ideal zum Durchseihen. Vor jedem Gebrauch sterilisieren (Seite 42). Für kleine Flüssigkeitsmengen tut's auch eine Kaffeefiltertüte aus Papier.

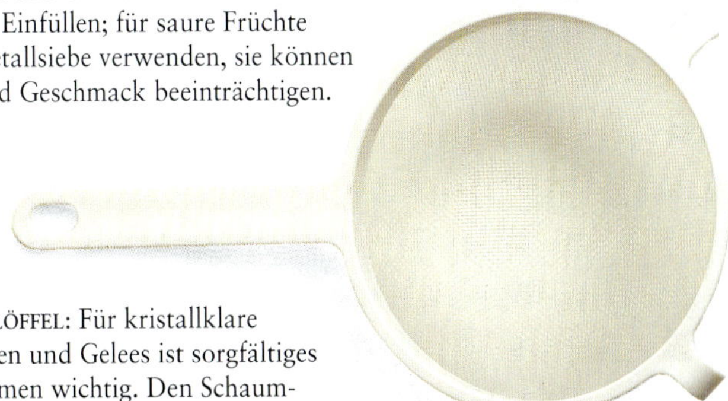

Nylonsieb

SCHAUMLÖFFEL: Für kristallklare Konfitüren und Gelees ist sorgfältiges Abschäumen wichtig. Den Schaumlöffel vor Verwendung immer in kaltes Wasser tauchen.

Fleischerhaken

Küchengarn

Schaumlöffel

Schöpflöffel

Abschäumsieb

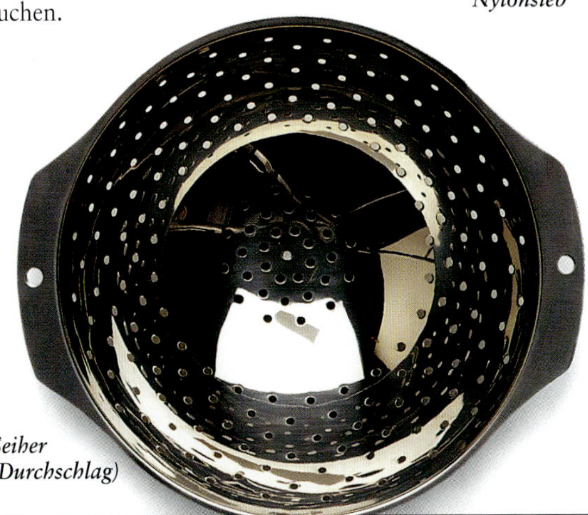

Seiher (Durchschlag)

Schüsseln: Verschiedene Größen sind erforderlich – große zum Einweichen und Mischen, mittlere für abgewogene Zutaten. Wichtig ist säurefestes Material, wie zum Beispiel Edelstahl oder Glas; Kunststoff sollten Sie vorsichtshalber meiden.

Große Edelstahlschüssel

Glasschüsseln

Kupferne Einkochtöpfe: Ideal für Konfitüren und Gelees sind weite Kupfertöpfe, die sich zum Boden hin verjüngen. Sorgfältig sauber halten und nie mit Säurehaltigem in Berührung bringen!

Einkochtöpfe sollten etwa 9 Liter Fassungsvermögen haben.

Edelstahl-Einkochtöpfe: Diese säurefesten Töpfe sind notwendig für die Zubereitung von Chutneys und Pickles mit hohem Säuregehalt.

Ein dicker, schwerer Boden beugt dem Spritzen vor und schützt vor dem Anbrennen.

Dörrapparate

Trocknen gelingt auch im Backofen; doch wenn Sie größere Mengen Obst und Gemüse trocknen wollen, lohnt sich die Anschaffung eines Dörrapparats. Er ist zwar relativ teuer, aber vielseitig verwendbar, leistungsfähig, verbraucht sehr wenig Energie und ist einfach zu bedienen. Richten Sie sich nach der Gebrauchsanweisung.

Spezialeinsätze ermöglichen schnelles und gleichmäßiges Trocknen ohne Wenden; auch der Geschmack leidet nicht.

Verstellbarer Thermostat zum Regeln der Temperatur.

Auf **stapelbaren Einsätzen** kann Verschiedenes gleichzeitig trocknen. Der Trockendruck paßt sich automatisch an.

Räucheröfen

Sie sind ein herrlicher Luxus. Wählen Sie ein Modell, das einfach zu bedienen und zu säubern ist, das eine automatische Temperatur- und Zeitkontrolle besitzt und auch das Räuchern bei niedrigen Temperaturen erlaubt – bei vielen Geräten ist dies eine Zusatzausstattung. Halten Sie sich immer an die Anweisungen des Herstellers.

In der **Räucherkammer** wird der Rauch kontrolliert und verteilt. Für den Rauch sorgen Hartholzspäne.

Eine variable Temperatureinstellung und ein Zeitschalter garantieren, daß das Lebensmittel bei der richtigen Temperatur und Zeit räuchert.

Die Stahltür schließt die Räucherkammer luftdicht ab. Sie sollte einen Spalt offen bleiben, wenn der Ofen nicht in Betrieb ist.

BEHÄLTER

Sie müssen nicht nur praktisch, sondern auch optisch ansprechend sein. Saftiges und Flüssiges sind in Behältern aus Glas, Emaille, glasiertem Steingut, Porzellan oder Edelstahl gut aufgehoben. Ungeeignet sind säureempfindliche Behälter aus Aluminium oder Kunststoff, die sich verfärben und den Geruch des Inhalts annehmen. Vor dem Gebrauch sollten Sie die Behälter auf Sprünge oder angeschlagene Stellen prüfen. Anschließend werden sie gründlich gewaschen und immer gut sterilisiert (Seite 42).

HITZEFESTE BEHÄLTER

Fleischpasteten, Confits und anderes, was im Ofen gart, benötigen hitzefeste Behälter aus Glas, Steingut, Porzellan oder Emaille. Achten Sie auch darauf, daß die Farbe hübsch zum Inhalt paßt. Glasflaschen bringen den Inhalt am schönsten zur Geltung und sind säureunempfindlich. Wiederverwendete Glasbehälter eignen sich nur noch für kürzeres Lagern. Was sich länger halten soll, sollten Sie besser in neue Spezial-Einkochgläser füllen, die hohe Temperaturen vertragen und einen säurefesten Deckel haben.

Auflaufformen aus Porzellan

Emaillierte rechteckige Terrinenform

Auflaufform aus Steingut

Steingutschüssel

Ovale Steingutterrine

Irdener Topf

GLÄSER MIT WEITER ÖFFNUNG für ganze Früchte oder Gemüse.

DEKORATIVE FLASCHEN für aromatisierte Öle und Essige.

PRÜFEN SIE, ob Deckel und Stöpsel luftdicht schließen.

HYGIENE & SICHERHEIT

Unverzichtbar ist das strenge Einhalten von Hygiene- und Sicherheitsregeln. Genaues Beachten der Koch- und Lagerzeiten, Temperaturen ist unerläßlich, damit nichts verdirbt. Alle Zutaten müssen von bester Qualität sein und bei der empfohlenen Temperatur lagern. Küchengeräte und Arbeitsflächen müssen peinlich sauber gehalten werden. Wischen Sie die Flächen vorher und zwischendurch mit einem Haushalts-Desinfektionsmittel ab. Vor dem Lagern vergewissern Sie sich, daß alle Gefäße luftdicht schließen (rechte Seite). Kontrollieren Sie Ihre Vorräte regelmäßig, und werfen Sie alles weg, was Verderb aufweist, unangenehm riecht, sich verfärbt oder keinen intakten Verschluß mehr hat (Seite 186).

Hygiene & Sicherheit bei Fleisch

Besondere Sorgfalt ist beim Konservieren von Fleisch geboten. Wer die folgenden Hygieneregeln beachtet, wird alle in diesem Buch vorgestellten Fleischvorräte ungetrübt genießen können.

✦ Die Küche muß peinlich sauber sein. Setzen Sie für Fleisch eigene Geräte ein, die Sie nicht anderweitig verwenden.
✦ Sterilisieren Sie die Geräte in kochendem Wasser. Plastikgeräte können Sie mit Tabletten oder in einem Sterilisiergerät für Babyfläschchen sterilisieren.
✦ Warme, feuchte Hände sind ein Bakterienherd. Waschen Sie sie häufig mit desinfizierender Seife, und trocknen Sie sie mit einem sauberen Handtuch oder Küchenpapier ab.
✦ Arbeiten Sie immer in einer kühlen, gut belüfteten Küche, am besten zwischen 10 – 12 °C (nutzen Sie die Winterkälte!).
✦ Kaufen Sie Fleisch bester Qualität von einem Metzger, der Ihr Vertrauen genießt, und informieren Sie ihn über Ihr Vorhaben.
✦ Lassen Sie Fleisch nie warm werden, bewahren Sie es im Kühlschrank bei 4 °C auf. Messen Sie die Temperatur im Kühlschrank!
✦ Befolgen Sie die Rezepte genau, und nehmen Sie immer die empfohlenen Mengen Salpeter, Salz und Zucker. Nie über den Daumen peilen!
✦ Kontrollieren Sie Ihren Lagerbestand regelmäßig und werfen Sie alles weg, was einen unangenehmen Geruch entwickelt oder Anzeichen von Schimmel oder sonstigem Verderb zeigt (Seite 186).

HINWEIS ZU SALPETER

Darüber gehen die Meinungen auseinander. Salpeter (Natriumnitrat) ist eine natürlich vorkommende Substanz, die Fleisch vor Verderb schützt, weil sie das Wachstum schädlicher Bakterien hemmt. Nitrat (und Nitrit, eine ähnliche Substanz) wird kommerziellen Fleischprodukten in begrenzten Mengen zugesetzt, es gilt in kleinen Mengen als nicht gesundheitsschädlich.

✦ Salpeter ist in Apotheken erhältlich. Eventuell muß es bestellt werden. Es kann samt der angegebenen Salzmenge durch Nitritpökelsalz ersetzt werden.
✦ Vorsicht beim Aufbewahren: unmißverständlich beschriften und außer Reichweite von Kindern lagern.
✦ Immer genau abmessen und gleichmäßig mit den anderen Zutaten vermischen.
✦ Alle Rezepte in diesem Buch, bei denen Salpeter verwendet wird, sind mit einem Symbol (✻) gekennzeichnet.

Methoden des Sterilisierens

DAS KOCHENDE WASSER muß die Gläser vollständig bedecken.

AUF EIN GITTER SETZEN, damit die Gläser den Topfboden nicht berühren.

SORGEN SIE DAFÜR, daß die Gläser weder einander noch die Topfwände berühren.

KOCHEND-WASSER-METHODE

Die gewaschenen Gefäße in einen tiefen Topf stellen, mit kochendem Wasser bedecken, zum Kochen bringen und 10 Minuten sprudelnd kochen lassen. Herausheben und mit der Öffnung nach unten auf einem sauberen Küchenhandtuch abtropfen lassen; auf einem ausgelegten Blech bei ganz schwacher Wärme im Ofen trocknen. Alle Deckel, Gummiringe und Korken ein paar Sekunden in kochendes Wasser tauchen.
Baumwollstoff, Mull und Saftbeutel werden durch Übergießen mit kochendem Wasser sterilisiert.

OFEN-METHODE

Die Gläser auf einem mit Küchenpapier ausgelegten Blech 10 Minuten in den auf 160 °C (Gas Stufe 3) vorgeheizten Ofen stellen. Etwas abkühlen lassen, dann mit dem heißen Einmachgut füllen.

DIE GLÄSER dürfen keine angeschlagenen Stellen oder Sprünge haben; vor dem Sterilisieren in heißem Seifenwasser auswaschen.

DAS BLECH mit Küchenpapier auslegen, um die Hitze zu verteilen.

EINFÜLLEN & VERSCHLIESSEN

DIE BEHÄLTER
Verwenden Sie immer sterilisierte Behälter mit den passenden Deckeln oder Verschlüssen. Für sauer Eingelegtes und Chutneys brauchen Sie säurefeste Deckel, für süß Eingemachtes Wachspapierscheiben und Einmachzellophan. Soll das Einmachgut eingekocht werden, sind spezielle Gläser erforderlich (Seite 44).

Marmeladengläser

Wachspapierscheiben

Einmachzellophan

Gummiringe

Korken

Kerzenwachs

Siegellack

Glasflasche

Gläser ohne Deckel füllen und verschließen

DAS ZELLOPHAN vorher anfeuchten.

1 Mit der Schöpfkelle das heiße, sterilisierte Glas durch den Einfülltrichter bis 1 cm unter den Rand füllen.

2 Den Rand mit einem feuchten Tuch sauber abwischen. Eine Wachspapierscheibe vorsichtig auflegen (Wachsseite nach unten).

3 Das Zellophan feucht abwischen, mit der feuchten Seite nach oben auflegen, den Gummiring darüberspannen. Beim Trocknen zieht es sich zusammen und schließt luftdicht ab.

Flaschen füllen und verschließen

DAS WACHS muß den Korken und einen Teil des Flaschenhalses bedecken.

1 Mit der Schöpfkelle die heiße, sterilisierte Flasche durch einen säurefesten Trichter bis 3,5 cm unter den Rand füllen. Den Rand sauber abwischen.

2 Den Korken einige Minuten in heißem Wasser einweichen. Tief in die Flasche drücken, mit einem Gummihammer hineinklopfen, bis er nur noch 5 mm übersteht.

3 Sobald die Flasche kalt ist, den Korken noch weiter hineinklopfen, so daß er mit dem Rand abschließt. Die Flasche mehrmals in geschmolzenes Kerzenwachs oder Siegellack tauchen, zwischendurch erstarren lassen.

EINKOCHEN

In Gläsern Eingemachtes, das bis zu zwei Jahre lagern soll, muß eingekocht werden. Damit verringert sich die Gefahr von Schimmel- und Bakterienbefall, was besonders bei Zubereitungen mit einem niedrigen Gehalt an Säure, Zucker oder Salz wichtig ist. Die hohe Temperatur und der Ausschluß von Sauerstoff erzeugen ein Milieu, in dem Keime nicht überleben können. Die Methode ist einfach: Das Einmachgut wird in sterilisierte Gläser oder Flaschen gefüllt, verschlossen und in Wasser gestellt, das zum Kochen gebracht wird und eine bestimmte Zeit kochen muß (siehe Kasten, rechte Seite). Beim Abkühlen zieht sich der Inhalt zusammen, so daß ein Vakuum entsteht. Kühl, trocken, dunkel lagern und auf Verderb hin prüfen. Wölbt sich der Deckel oder schließt er nicht dicht, den Inhalt wegwerfen (Seite 186).

DIE BEHÄLTER

Spezielle Einmachgläser werden in vielen Formen und Größen angeboten. Wählen Sie Gläser, für die Sie neue Deckel oder Gummidichtungen leicht nachkaufen können. Es ist immer ratsam, neue Gläser mit säurefestem Deckel zu verwenden. Bei Deckeln aus einem Stück können Sie sehen, ob sich ein Vakuum gebildet hat oder der Verschluß nicht dicht ist. Flaschen ohne Schnappverschluß müssen mit einem Korken verschlossen werden. Verwenden Sie immer neue Deckel und Korken.

Glas mit Schnappverschluß

1 Auf den Deckelrand eine neue, sterilisierte Gummidichtung (Seite 42) drücken. Dazu den Deckel fest in die Hand nehmen und den Ring darüberziehen.

2 Das heiße, sterilisierte Glas bis 1 cm unter den Rand oder bis zur Markierung des Herstellers füllen, mit einemTuch festhalten und den Deckel schließen.

Glas mit zweiteiligem Schraubdeckel

1 Das heiße, sterilisierte Glas bis 1 cm unter den Rand füllen. Den Rand sauber abwischen und das sterilisierte, gummibeschichtete Deckelteil auflegen.

2 Das Glas mit einem Tuch festhalten. Den Ring fest aufschrauben, dann um eine Vierteldrehung oder nach Anweisung des Herstellers lockern.

Korken festbinden

1 Die Flasche zukorken (Seite 43) und oben in den Korken einen kleinen Einschnitt anbringen. 50 cm Küchengarn abschneiden und so in den Einschnitt drücken, daß ein Ende 10 cm länger herabhängt als das andere.

DAS LANGE ENDE zu einer Schlaufe um die Flasche legen.

DAS KURZE ENDE liegt innerhalb der Schlaufe.

2 Das lange Garnende zu einer Schlaufe um den Flaschenhals legen, das Ende durchziehen.

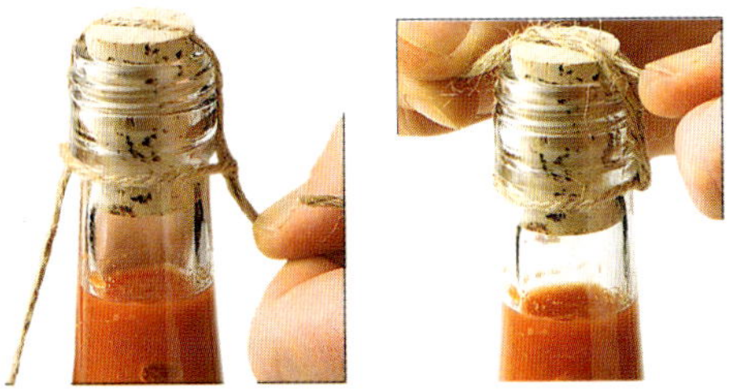

3 Beide Enden des Garns nach unten ziehen, so daß sich die Schlaufe fest schließt, und die Enden über dem Korken verknoten.

DIE KORKEN müssen stramm festgebunden werden, damit sie dem Druck, der sich beim Einkochen in der Flasche entwickelt, standhalten können.

Das Einkochen

1 Die Gläser mit einigen Lagen Stoff oder zusammengefalteter Zeitung umwickeln, damit sie nicht aneinanderstoßen. Auf den Boden eines großen Topfs (mit Deckel) ein Metallgitter legen, die Gläser daraufstellen.

2 Die Gläser mindestens 2,5 cm hoch mit heißem Wasser bedecken. Den Deckel auflegen, das Wasser zum Kochen bringen und kochen lassen – Zeiten siehe Kasten unten. Falls nötig, Wasser nachgießen.

3 Vom Herd nehmen, die Gläser mit der Zange herausheben und auf ein Gitter oder Tuch stellen. Schraubringe zweiteiliger Deckel sofort festdrehen. Die Gläser völlig auskühlen lassen; dabei bildet sich ein Vakuum.

TIP

Schließt das Glas nicht vorschriftsmäßig, in den Kühlschrank stellen und den Inhalt innerhalb von einer Woche verbrauchen.

4 Um zu kontrollieren, ob die Gläser luftdicht verschlossen sind, lösen Sie vorsichtig den Schnappverschluß oder den Schraubring und heben das Glas an den Rändern mit den Fingerspitzen etwas hoch. Das Vakuum muß das Gewicht aushalten können. Einteilige Deckel wölben sich in der Mitte nach innen, wenn sich ein Vakuum gebildet hat.
Verkorkte Flaschen auf die Seite legen; sind sie dicht, mit Wachs versiegeln (Seite 43, Flaschen füllen und verschließen, Schritt 3).

EINKOCHZEITEN

Alle Zeiten gelten ab dem Zeitpunkt, wenn das Wasser sprudelnd kocht.

Kalt eingefüllte Gläser		**Heiß eingefüllte Gläser**	
500-g-Gläser	– 25 Minuten	500-g-Gläser	– 20 Minuten
½-Liter-Flaschen	– 25 Minuten	½-Liter-Flaschen	– 20 Minuten
1-kg-Gläser	– 30 Minuten	1-kg-Gläser	– 25 Minuten
1-Liter-Flaschen	– 30 Minuten	1-Liter-Flaschen	– 25 Minuten

BASISWISSEN

Auf diesen beiden Seiten werden grundlegende Arbeitsschritte beschrieben, die beim Konservieren immer wieder vorkommen und fürs Gelingen von Konfitüren und Gelees bis zu Pökelfleisch und Pickles entscheidend sind. In den Rezepten wird oft auf sie verwiesen. Wahrscheinlich sind Ihnen viele dieser einfachen, meist uralten Techniken längst vertraut – wenn nicht, werden Sie sie bald sicher beherrschen.

Blanchieren

Blanchieren spielt beim Konservieren eine wichtige Rolle, weil es in Obst und Gemüse die Enzyme zerstört, die im Zusammenwirken mit Luft zu Verderb und Verfärbungen führen (Oxidation). **Grünes Gemüse** wird in der Regel in Salzwasser (1 EL Salz je Liter Wasser), **Früchte** werden in gesäuertem Wasser (3 EL Essig bzw. Zitronensaft oder 2 TL Zitronensäure je Liter Wasser) blanchiert.

1 Die Zutaten in einen Drahtkorb füllen und in einen großen Topf mit kochendem Wasser tauchen. Das Wasser so rasch wie möglich wieder zum Kochen bringen und so lange, wie im Rezept angegeben, blanchieren.

2 Den Korb herausheben und in eine Schüssel mit Eiswasser ausleeren – die Zutaten müssen vollständig unter Wasser liegen. Dieses »Abschrecken« unterbricht den Garprozeß abrupt. Gut abtropfen lassen.

Tomaten häuten

Tomaten lassen sich ganz einfach häuten: kurz in kochendes Wasser tauchen, dabei löst sich die Haut und läßt sich gut abziehen. Pfirsiche werden genauso enthäutet; Zwiebeln bleiben im heißen Wasser liegen, bis sie handwarm abgekühlt sind.

1 Die Stiele entfernen, an den Rundungen leicht einritzen. In eine Schüssel legen und mit kochendem Wasser übergießen.

2 Nach ein paar Sekunden das Wasser abgießen, mit kaltem Wasser bedecken. Die lose Haut mit dem Messer abziehen.

Beschweren

Damit die Zutaten in Flüssigkeit getaucht bleiben und vor Oxidation geschützt sind, müssen sie oft beschwert werden. Verwenden Sie dazu nicht-poröse Gegenstände, die sich leicht sterilisieren lassen, zum Beispiel ein gefülltes Glasgefäß oder einen glasierten Teller. In einem Glas mit weiter Öffnung können Sie das Einmachgut auch durch ein Gitter von Holzspießchen unten halten. Achten Sie nach dem Beschweren darauf, daß die Flüssigkeit die Zutaten mindestens 1 cm hoch bedeckt – falls nötig, gießen Sie Flüssigkeit nach.

EINE FLASCHE ODER EIN GLAS, mit Wasser gefüllt, ist ein geeignetes Gewicht.

FÜR TERRINEN UND FLEISCH nehmen Sie glatte, saubere Steine (oder volle Dosen), um ein mit Folie überzogenes Brett oder Pappe zu beschweren.

STERILISIERTE KIESELSTEINE in die Gläser legen, die das Eingemachte unten halten. Ungeeignet für Zartes, das zerquetscht wird.

EIN TELLER hält Obst und Gemüse, die in einer Schüssel weichen, »unter Wasser«.

Pektingehalt

Zum Gelieren ist Pektin nötig. Den Pektingehalt in Früchten können Sie testen. Erhöhen läßt er sich durch selbstgemachtes Pektinkonzentrat, mit dem Sie die Fruchtmasse um ein Drittel bis zur Hälfte ihres Volumens strecken können. Noch einmal testen.

PEKTINGEHALT TESTEN

Je 1 EL gekochten, ungesüßten Fruchtsaft und Methylalkohol einige Minuten in einem Schälchen verrühren, bis sich Klumpen bilden. Ein großer Klumpen zeigt einen hohen Pektingehalt an, kleine Klümpchen einen niedrigen.

PEKTINKONZENTRAT

(Ergibt etwa 1 Liter)

1 kg Äpfel entkernen und zerkleinern. Äpfel und Kerngehäuse (oder 1 kg Apfelschalen und Kerngehäuse) in einem Einkochtopf mit Wasser bedecken. Langsam zum Kochen bringen und bei reduzierter Hitze in 25–30 Minuten weich köcheln. Durch einen sterilisierten Saftbeutel seihen, den Saft auffangen. Die abgetropfte Masse zurück in den Topf geben, mit Wasser bedecken, aufkochen und 30 Minuten köcheln lassen. Nochmals durchseihen. Beide Abtropfsäfte zurück in den Topf gießen und 10–15 Minuten sprudelnd kochen, bis sie um ein Viertel reduziert sind. In Flaschen füllen und verschließen (Seite 43). Gekühlt innerhalb 1 Woche verbrauchen. Eingekocht (Seite 45) hält sich das Konzentrat bis zu 1 Jahr.

Gelierprobe

Wird Konfitüre oder ähnliches mit hohem Zuckergehalt auf 105 °C erhitzt, reagiert der Zucker mit dem Pektin und beginnt zu gelieren. Kontrollieren Sie die Temperatur mit dem Zuckerthermometer oder machen Sie den »Löffel«- oder »Tellertest« (Seite 76).

Filtern

Manchmal können sich auch sorgfältig zubereitete Flüssigkeiten trüben und müssen gefiltert werden. Gießen Sie sie durch einen sterilisierten Saftbeutel, ein doppelt gelegtes Mulltuch, feinen Baumwollstoff oder Papierfilter (z. B. Kaffeefilter).

Filtern durch ein Mulltuch

Filtern durch einen Papierfilter

Ein Sieb mit einem Mull- oder Baumwolltuch auslegen oder das Tuch an die Beine eines umgedrehten Stuhls binden. Einen Trichter mit Papierfiltern auskleiden.

Salzlake herstellen

Salzlake wird zum Pökeln und Trocknen von Fleisch gebraucht (wie Seite 134, Gepökelter Schinken). Das Fleisch wird in eine starke Salzlösung gelegt, die den Fleischsaft herauszieht. Beim Umgang mit Salzlake immer rostfreie Behälter verwenden.

1 Alle Zutaten bis auf Kräuter und Gewürze in einem Topf langsam zum Kochen bringen und das Salz unter Rühren auflösen. Gut abschäumen, die Kräuter und Gewürze zufügen. Erneut zum Kochen bringen und bei schwacher Hitze 5 Minuten köcheln lassen.

2 Den Topf vom Herd nehmen und die Lake völlig erkalten lassen. Die Kräuter und Gewürze herausnehmen und die Lake durch ein mit Mull ausgekleidetes Sieb gießen, um Schaum und Trübstoffe zu entfernen. Wie im Rezept angegeben verwenden.

Gewürzsäckchen und Kräuterstrauß

In Mullsäckchen eingebundene Gewürze und gebündelte Kräuter geben ihr volles Aroma ab und lassen sich nach dem Kochen leicht entfernen.

DIE WÜRZZUTATEN in die Mitte eines kleinen Mullvierecks legen, die Zipfel hochschlagen und mit Küchengarn zusammenbinden.

DEN KRÄUTERSTRAUSS mit Küchengarn zusammenbinden.

KONSERVIERENDE ZUTATEN

Spezielle Zutaten sorgen für Haltbarkeit. Kaufen Sie sie in der besten Qualität, und experimentieren Sie mit verschiedenen Sorten Essig, Öl und Zucker. Manche sind luft- und lichtempfindlich und müssen luftdicht an einem kühlen, dunklen Ort aufbewahrt werden. Verwenden Sie, wann immer möglich, unraffinierte Zutaten: Das Ergebnis ist dann womöglich nicht glasklar, aber wesentlich aromatischer.

ZUCKER

Heute werden etliche Zuckersorten angeboten, viele sind austauschbar. Raffinierter weißer Zucker ergibt klare, leuchtende, feste Zubereitungen, während sie mit Honig, Rohzucker, Sirup oder Melasse flüssiger bleiben, dafür aber kräftiger schmecken.

BEIDE ZUCKERSORTEN sind raffiniert und austauschbar; für klarste Ergebnisse Einmachzucker verwenden.

MELASSEZUCKER: Feuchter, weicher, dunkler Zucker mit starkem Eigengeschmack.

SCHWARZER ZUCKERSIRUP: Dicke Mischung aus raffiniertem Sirup und Rohmelasse.

HONIG: Natürlichstes Süßmittel. Sortenreiner Blütenhonig schmeckt besonders intensiv.

FLÜSSIGE GLUKOSE: Komplexer Zucker, der die Kristallisation verhindert.

DEMERARAZUCKER: Mildaromatisch, raffiniert oder unraffiniert.

HELLER FARINZUCKER: Vielseitiger, weicher Rohzucker.

DUNKLER FARINZUCKER: Feucht, mit kräftigem Geschmack.

PALMZUCKER: Aus Palmsaft; angenehm duftend, aromatisch.

JAGGERY: Indischer Rohzucker mit ausgeprägtem Geschmack.

ÖLE

Am besten eignen sich milde Öle, die das Aroma der Zutaten nicht übertönen. Deftigeren Spezialitäten gibt kaltgepreßtes Olivenöl zusätzliches Aroma. Öle sollten kühl und dunkel aufbewahrt werden.

SENFÖL: Aus Senfsamen, mit intensivem Aroma. Wird viel in indischen Pickles verwendet.

ERDNUSSÖL: Ausgezeichnetes, raffiniertes, mildes Öl für jeden Zweck.

RAFFINIERTES OLIVENÖL: Leicht in Geschmack und Farbe, ausgezeichnet für alles Feine.

OLIVENÖL: Mischung aus raffiniertem und kaltgepreßtem (nativem) Öl; gutes Universalöl.

NATIVES OLIVENÖL EXTRA: Kräftigaromatisch und stark duftend.

FETTE

Tierische Fette werden ausschließlich zum Versiegeln verwendet und halten das Eingemachte saftig. Sie sollten eine angenehme Farbe und einen milden Geruch haben. Temperaturschwankungen schaden ihnen; unten im Kühlschrank aufbewahren.

GEKLÄRTE BUTTER: Wasserfreie Butter mit mildem Aroma, zum Versiegeln von Confits.

GÄNSESCHMALZ: Hat einen starken Eigengeschmack; für Confits und Rillettes.

SCHWEINESCHMALZ: Ausgelassener Schweinespeck, meist zum Versiegeln.

BUTTER: Gibt Aroma zum Verfeinern von Fleischprodukten und süßen Delikatessen.

SALZ

Zum Konservieren sollten Sie kein Tafelsalz nehmen, da es Trennmittel enthält, die Salzlaken trüben und den Geschmack verfälschen. Zum Pökeln verwenden Sie am besten mittelgrobe, reine Salzkristalle.

SALPETER: Unerläßlich zum Pökeln von Fleisch (Seite 42).

TAFELSALZ: Nur zum Kochen verwenden.

GROBES SALZ: Große Kristalle, ideal zum Trockensalzen von Fisch.

STEINSALZ: Zerstoßen und zum Pökeln verwenden, wenn kein Einmachsalz erhältlich ist.

EINMACHSALZ: Salz mittlerer Körnung, zum Pökeln beziehungsweise Einsalzen.

SÄUREN

Säuren sind sehr wichtig, weil sie den Geliervorgang unterstützen und Verfärbungen verhindern. Immer frisch und in kleinen Mengen einkaufen, luftdicht aufbewahren.

ZITRONENSÄURE: Wasserlösliche Kristalle; kann Zitronensaft ersetzen.

ZITRONE: Natürliches Antioxidans; liefert Pektin, erhält die Farben.

VITAMIN C: Antioxidans; trägt zum Erhalt der Farben bei.

TAMARINDE: Süßsaures Mark der Tamarindenschote.

ESSIGE

Wählen Sie klare Essige, gut in Farbe und Aroma – dunkle Essige für Chutneys und Würzsaucen, helle und destillierte Essige zum Einlegen.

APFELESSIG: Universalessig mit rundem Fruchtaroma; ideal für Chutneys.

WEISSWEINESSIG: Mild und weich, ideal für alle feinen Vorräte.

ROTWEINESSIG: Färbt mit zartem Rotton; ideal für würzige Früchte.

MALZESSIG: Essig für jeden Zweck, am besten in Chutneys und dunklen Pickles.

REISESSIG: Ein delikater, milder, vielseitiger, klarer Essig.

DESTILLIERTER MALZESSIG: Klarer Allzweckessig zum Einlegen.

Apfelessig *Weißweinessig* *Rotweinessig* *Malzessig* *Reisessig* *Destillierter Malzessig*

GEWÜRZE & KRÄUTER

Die Geschichte der Kochkunst begann mit der Entdeckung, daß frische Kräuter und Gewürze simple Nahrung in Leckerbissen verwandeln können. Von Stund an stand die Ausgewogenheit der Geschmackszutaten im Mittelpunkt aller »Küchen«. Kräuter und Gewürze werden nicht nur wegen ihres Geschmacks und Aromas geschätzt, sondern auch um ihrer keimtötenden und verdauungsfördernden Wirkung willen – sie unterstützen aktiv den Konservierungsprozeß. Gewürze sind für den Koch, was die Farbpalette für den Maler – Experimente lohnen sich, um besondere Kombinationen, einen eigenen Stil herauszufinden.

GEWÜRZE

Wann immer möglich, sollten Sie Gewürze erst kurz vor der Verwendung mahlen. Ganze Gewürze halten sich in luftdichten Gläschen bis zwei Jahre, gemahlen verlieren sie rasch ihr Aroma.

Gemahlene Kurkuma

Kurkumawurzel

KURKUMA: Mildes, gelbes Gewürz, vor allem zum Gelbfärben. Warmes, mild-würziges Aroma.

Muskatblüte (Macis)

Muskatnuß

MUSKATNUSS UND -BLÜTE: Kern und Samenmantel derselben Frucht.

VANILLESCHOTEN: Schmecken und duften besser als Vanille-Extrakt.

PFEFFERKÖRNER: Ob schwarz, weiß oder grün, hängt vom Reifegrad ab.

KORIANDER: Wichtiger Bestandteil von Currypulver, auch Einmachgewürz.

KÜMMEL: Intensives Gewürz für viele nordeuropäische Spezialitäten.

ANIS: Würzt im Mittelmeerraum und Nahen Osten Süßes ebenso wie Pikantes.

DILLSAMEN: Wichtiges Einmachgewürz mit aromatischem, frischem Geschmack.

SELLERIESAMEN: Verleihen vielen Pickles ein wunderbar würziges Selleriearoma.

GEWÜRZNELKEN: Getrocknete Knospen mit unverkennbarem Aroma, antiseptisch.

Chiliflocken

Paprikapulver

Schwarzer Kreuzkümmel *Gemeiner Kreuzkümmel*

KREUZKÜMMEL: Kommt in zwei Varietäten vor – die schwarze *(Kalajeera)* schmeckt trockener, kräftiger.

Ingwerwurzel

STERNANIS: Sein exotisches Aroma entspricht seiner Optik. Wird viel in der chinesischen Küche verwendet.

Chilipulver

CHILIPULVER: Die gemahlenen getrockneten Schoten verleihen feurige Schärfe.

WACHOLDERBEEREN: Für Pasteten, Fleischkonserven, Pickles und Liköre.

Gemahlener Ingwer

INGWER: Warme, würzige, aromatische Wurzel, unverzichtbar in vielen süßen und pikanten Delikatessen.

Schwarzer *Grüner* *Weißer Kardamom*

KARDAMOMKAPSELN: Für Süßes, aber auch für Fleisch. Die grünen und weißen Kapseln sind austauschbar, die schwarzen schmecken kräftiger.

PIMENT: Schmeckt zugleich nach Zimt, Gewürznelken und Muskat.

GALGANT: Südostasiatisches Gewürz, mit dem Ingwer verwandt und ähnlich schmeckend.

Gelbe *Braune* *Schwarze Senfkörner* *Senfpulver*

SENF: Altes, aromatisches Gewürz mit warmem, scharfem Aroma und stark konservierenden Eigenschaften. Wird vor allem zum Einlegen verwendet.

Zimtstangen

Gemahlener Zimt

ZIMT: Rinde eines Baums, erhältlich als Stangen oder Pulver. Veredelt süß wie pikant Eingemachtes.

SCHWARZKÜMMEL *(Kalonji)*: In Indien beliebt in Gewürzmischungen, für Brot und Eingemachtes.

BOCKSHORNKLEE: Intensiver Currygeschmack. Schmeckt am besten, wenn vorher geröstet.

SAFRAN: Narben einer Krokusart. Verleiht vielen Gerichten ein zartes Aroma und eine goldgelbe Farbe.

KRÄUTER

Stellen Sie frische Kräuter in einen Krug mit Wasser oder legen Sie sie, die Stengel in feuchtes Küchenpapier gewickelt, unten in den Kühlschrank. Getrocknete Kräuter können frische ersetzen (außer bei zarten Sorten wie Basilikum und Petersilie); sie schmecken konzentrierter, nur die Hälfte der angegebenen Menge nehmen.

YSOP: Wegen des leichten Beigeschmacks von Kampfer nur sparsam verwenden.

LORBEER: Wegen seiner Würze und seines dekorativen Aussehens geschätzt.

SALBEI: Große Familie aromatischer Kräuter, die wirklich gut mit Fleisch harmonieren.

ESTRAGON: Gut zum Aromatisieren von Essig, für Fisch und Hähnchen.

ZITRONENGRAS: Tropisches Kraut aus Südostasien.

GERANIUMBLATT: Feines Aroma für Konfitüren und Gelees.

KORIANDERBLATT: Kräftige, moschusartige Würze für indische Chutneys und mexikanische Salsas.

OREGANO: Beliebt in Italien, wo Fleisch und Gemüse damit eingelegt werden.

SELLERIEBLATT: Mit ihrem kräftigen Selleriegeschmack eine beliebte Würze im Mittelmeerraum.

MAJORAN: Geschmacklich dem Thymian verwandt, für Fleisch und Gemüse.

BORRETSCH: Schmeckt nach frischen Gurken. Die Blüten lassen sich einzuckern oder schmücken Getränke.

BOHNENKRAUT: Kräftiger, thymianartiger Geschmack; für Würste.

ROSMARIN: Für Marinaden, Öle oder Fleisch, frisch oder getrocknet.

BASILIKUM: Verströmt wunderbaren Duft und schmeckt angenehm pfeffrig. Zum Würzen von Öl oder Tomaten.

THYMIAN: Kräftiges Kraut mit antiseptischer Wirkung. Für Bouquets garnis und Fleisch.

DILL: Typisch für Nordeuropa, wo damit vor allem Gurken und eingelegter Fisch gewürzt werden.

MINZE: Große Familie aromatischer Kräuter mit stark unterschiedlichem Aroma. Verleiht Chutneys und Würsten eine frische Note.

PETERSILIE: Ein Muß im Bouquet garni, immer frisch zu verwenden. Die glattblättrige Sorte schmeckt kräftiger und erfrischender.

EINLEGEN IN ESSIG

Dies geschieht in zwei Schritten: Zunächst werden die Zutaten eingesalzen, um ihnen Flüssigkeit zu entziehen, die den Essig verwässern würde. Das erfolgt durch Trockensalzen oder Einlegen in eine starke Salzlösung. Gemüse sollte, je nach Größe, 12 bis 48 Stunden an einem kühlen Ort darin weichen. Bei Hitze muß die Salzlösung täglich gewechselt werden, da sie schnell zu gären beginnt. Der zweite Schritt besteht im Übergießen des Gemüses mit Essig, der rein, gewürzt oder gesüßt sein kann (Seite 129 und 130). Meist werden Würzzutaten wie Chilischoten, Pfeffer- und Senfkörner zugefügt. Für knackige Pickles muß der Essig vor dem Aufgießen abkühlen; für weiches Gemüse wird kochender Essig verwendet. Grünes Gemüse bleicht mit der Zeit aus, was sich bis zu einem gewissen Grad durch kurzes Blanchieren verhindern läßt. Natron (2 TL je Liter Blanchierwasser) hilft, die Farbe zu erhalten, zerstört jedoch die Vitamine und ist daher nicht ideal. Wie die eingelegten Zwiebeln, die hier in der Basiszubereitung beschrieben werden, kann auch anderes Gemüse zubereitet werden, zum Beispiel kleine Gurken, Maiskölbchen, Blumenkohlröschen, Möhren usw.

Eingelegte Zwiebeln

(Rezept Seite 92)

1 Damit sich die Zwiebeln leichter schälen lassen, mit kochendem Wasser übergießen und darin abkühlen lassen, bis man sie in die Hand nehmen kann. Die Zwiebeln schälen und in eine Schüssel legen.

2 Mit 75 g Salz je Liter Wasser genügend Salzlake anrühren und die Zwiebeln damit bedecken. Mit einem Teller beschweren (Seite 46) und 24 Stunden an einem kühlen Ort ziehen lassen.

3 Am nächsten Tag die Zwiebeln gut abspülen, um das Salz zu entfernen. Mit den Senfkörnern, Lorbeerblättern und, falls gewünscht, Chilischoten in sterilisierte Gläser füllen.

4 Für den aromatisierten Essig ein Gewürzsäckchen binden (Seite 47) und mit dem Essig in einem säurefesten Topf zum Kochen bringen. Etwa 5 Minuten kochen lassen. Besonders kräftig wird das Aroma, wenn Sie den Essig samt Säckchen abkühlen lassen, das Säckchen entfernen und den Essig noch einmal aufkochen.

Das Gewürzsäckchen an den Topfgriff binden, damit es sich leichter entfernen läßt.

5 Den kochenden Essig über die Zwiebeln gießen, die vollständig bedeckt sein müssen. Beschweren (Seite 46) und die Gläser mit säurefesten Deckeln luftdicht verschließen (Seite 43). Kühl und dunkel aufbewahren. Die Zwiebeln sind nach 3–4 Wochen durchgezogen.

So viel kochenden Essig über die Zwiebeln gießen, daß sie ganz bedeckt sind. Für knackigere Pickles den Essig vor dem Aufgießen erkalten lassen.

Haltbarkeit
2 Jahre

Serviervorschlag

Eingelegte Zwiebeln sind klassische Beigaben zu kalten Platten, passen aber auch wunderbar als Garnitur zu einer Käse-Quiche.

EINLEGEN IN ÖL

Öl an sich konserviert nicht, aber es versiegelt die eingelegten Zutaten luftdicht und schützt sie damit vor Verderb. Weil keine echte Konservierung stattfindet, müssen die Zutaten vorbehandelt werden: durch Einsalzen, Kochen, Marinieren in Essig oder, wie in dem Rezept unten, durch das Verarbeiten zu Käse. Verwenden Sie mildes Öl guter Qualität, da zu kräftiges Öl das Aroma übertönen kann. Ich selbst mische am liebsten leichtes Olivenöl mit milderem Öl wie Erdnuß- oder Traubenkernöl. Kräuter und ganze Gewürze geben im Glas ihr Aroma weiter. Später im Glas übriggebliebenes Öl schmeckt köstlich in Salaten, Eintöpfen oder Suppen; Sie können auch Gegrilltes damit beträufeln.

Labna (Frischkäse)

(Rezept Seite 108)

1 Den Joghurt mit dem Olivenöl, Schale und Saft der Zitrone und, falls gewünscht, getrockneter Minze und Thymian sowie dem Salz in eine Schüssel geben. Mit einem Holzlöffel durchschlagen, bis alles gut vermischt ist.

2 Eine große Schüssel mit einer doppelten Lage Mull auskleiden, an den Rändern viel Stoff überhängen lassen. Die Joghurtmischung hineingießen.

3 Die Stoffzipfel nach oben führen, zusammenbinden und das Bündel über der Schüssel aufhängen. An einem kühlen Ort wie Speisekammer oder ungeheizter Raum (bei 6–8 °C) im Winter 2–3 Tage, im Sommer 2 Tage lang abtropfen lassen. An heißen Tagen die Masse in den Kühlschrank stellen.

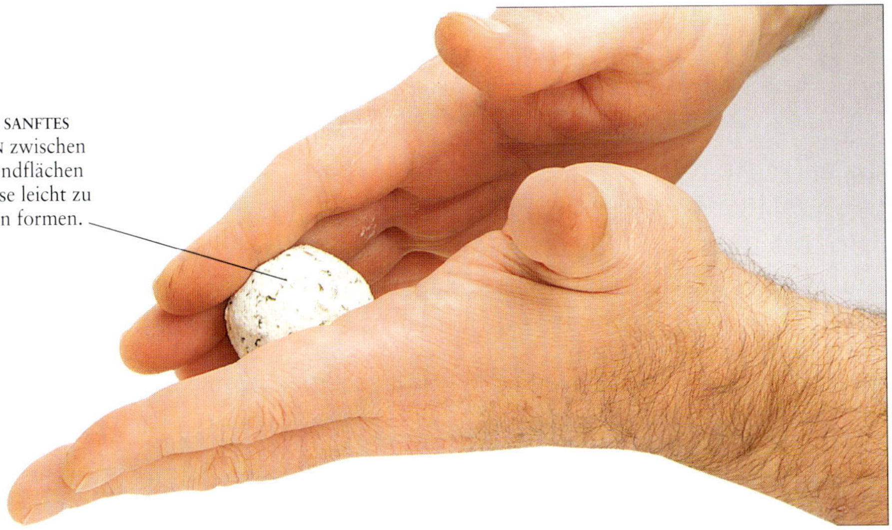

DURCH SANFTES ROLLEN zwischen den Handflächen den Käse leicht zu Bällchen formen.

4 Die Masse kalt stellen, damit sie fester wird und einfacher zu formen ist. Den Käse mit den Händen zu Bällchen formen, es sollen kleine Kugeln mit etwa 4 cm Durchmesser entstehen.

5 Die Käsebällchen, falls nötig, noch einmal kalt stellen, damit sie nicht auseinanderfallen, dann vorsichtig in ein sterilisiertes Glas mit weiter Öffnung schichten. Mit Olivenöl übergießen.

6 Achten Sie darauf, daß keine Luftbläschen im Glas bleiben und der Käse ganz bedeckt ist. Sie können ihn sofort essen, doch er wird durch längeres Lagern immer besser, weil er das Aroma des Öls aufnimmt.

SERVIERVORSCHLAG

Die Bällchen mit Öl beträufeln, mit rohem Gemüse und Fladenbrot als Vorspeise reichen.

Haltbarkeit
6 Monate

KETCHUP

Ketchup kommt ursprünglich aus China und geht auf die Flüssigkeit zurück, in die Fisch eingelegt wurde. Vor vielen Jahrhunderten würzten die Seeleute damit den eintönigen Reisbrei, den sie Tag für Tag vorgesetzt bekamen. Die aus dem Orient zurückkehrenden Kaufleute brachten den Ketchup im 18. Jahrhundert nach Europa. Speziell der Ketchup aus Tomaten wurde rasch zur beliebtesten Würzsauce auf der ganzen Welt. Selbstgemachter Ketchup ist den faden und süßen kommerziellen Produkten haushoch überlegen. Er läßt sich neben Tomaten aus vielen anderen Früchten und Gemüse zubereiten; besonders gut eignen sich roter Paprika (wie in diesem Rezept), Pilze, Pfirsiche, Äpfel, Birnen und Pflaumen.

Roter Paprika-Ketchup

(Rezept Seite 113)

1 Die Paprikaschoten über offener Flamme rösten oder 5–7 Minuten grillen, bis sie schwarze Blasen werfen. 5 Minuten in eine Plastiktüte legen (erleichtert das Häuten).

2 Die Paprikaschoten aus der Tüte nehmen. Mit den Fingern unter fließendem kaltem Wasser die Schale abreiben. Die Samen entfernen, die Schoten gut waschen.

3 Das Fruchtfleisch mit dem Messer oder in der Küchenmaschine fein hacken, ebenso die Schalotten oder Zwiebeln, die Äpfel und, falls gewünscht, die Chilischoten.

4 Die Kräuter zu einem kleinen Strauß und die Gewürze in ein Säckchen binden (Seite 47). Mit dem Gemüse in einem säurefesten Einkochtopf mit Wasser bedecken. Zum Kochen bringen und etwa 25 Minuten köcheln lassen, bis alles weich ist.

5 Abkühlen lassen, dann die Kräuter und das Gewürzsäckchen entfernen. Die Masse durch ein Sieb oder Passiergerät streichen.

6 Das Püree mit dem Essig, Zucker und Salz im gereinigten Topf zum Kochen bringen und dabei den Zucker unter Rühren auflösen. 1–1 1/2 Stunden leise köcheln lassen, bis das Püree um die Hälfte eingekocht ist.

7 Das Pfeilwurzelmehl oder die Maisstärke mit etwas Essig anrühren und gründlich in die Sauce rühren. Noch 1–2 Minuten kochen, bis sie leicht bindet.

8 Den Ketchup in sterilisierte Flaschen füllen und verschließen. Einkochen (Seite 44) und abkühlen lassen. Die Verschlüsse prüfen, die Korken in Wachs tauchen (Seite 43).

EIN TRICHTER erleichtert das Einfüllen in Flaschen.

Haltbarkeit
Gekühlt
4–5 Monate
Eingekocht
1 Jahr

SERVIERVORSCHLAG

Reichen Sie Ketchup aus rotem Paprika zu gegrillter Meeerbarbe oder als Pastasauce.

ZUGEKORKTE FLASCHEN müssen mit Wachs versiegelt werden, damit sie luftdicht verschlossen bleiben.

CHUTNEY

In Indien bezeichnet man als »Chutney« sehr unterschiedliche Zubereitungen, von langsam geköchelten Saucen, die wochenlang reifen müssen, bis zu knackigen Würzbeigaben aus frischem, feingehacktem Gemüse, die nach einigen Stunden Marinieren gegessen werden können. Allen gemeinsam sind folgende Zutaten: Säure, Gewürze und ein Süßmittel. Hier wird ein traditionelles, gekochtes Chutney vorgestellt. Das unkomplizierte Rezept läßt sich auf fast jede Zusammenstellung von Obst und Gemüse anwenden; hier wird Kürbis als Hauptzutat verwendet. Zwar eignet sich jeder Essig, ich ziehe jedoch Apfelessig vor, weil sein fruchtiges Aroma besonders gut zu einem Chutney paßt.

Kürbis-Chutney

(Rezept Seite 120)

1 Den Kürbis vierteln, schälen, entkernen und das faserige Innere entfernen. Das Fruchtfleisch in 2,5 cm große Würfel schneiden. (Die Kerne nicht wegwerfen, sie sind eine köstliche, gesunde Knabberei: gut waschen und die Fasern entfernen; in der Sonne oder im lauwarmen Ofen trocknen lassen.)

2 Das Kürbisfleisch mit den kleingehackten Äpfeln, frischem Ingwer, Chilischoten, Senfkörnern, Essig und Salz in einem säurefesten Einkochtopf gut vermischen. Für ein scharfes Chutney die Chilischoten mit den Samen verwenden.

3 Zum Kochen bringen und bei schwacher Hitze 20–25 Minuten köcheln lassen, bis der Kürbis knapp weich, aber noch nicht musig ist. Gelegentlich umrühren, damit nichts anbrennt. Wird die Masse zu trocken, etwas Essig oder Wasser nachgießen.

4 Den Zucker in der Masse unter Rühren auflösen; die Mischung erneut aufkochen lassen. Der Zucker verhindert, daß die Zutaten noch weicher werden; für ein weicheres Chutney muß die Masse also vor der Zugabe des Zuckers noch eine Weile länger kochen.

5 Weitere 50 – 60 Minuten köcheln lassen, bis die Masse dick und die meiste Flüssigkeit verdampft ist. Häufig umrühren, damit nichts anbrennt.

6 Mit der Schöpfkelle durch einen Trichter in heiße, sterilisierte Gläser füllen und sofort verschließen. Das Chutney muß etwa 3 Wochen reifen, bis es gegessen werden kann, doch wird es durch längeres Lagern nur besser. Kühl und dunkel aufbewahren.

Haltbarkeit
2 Jahre

SERVIERVORSCHLAG

Reichen Sie Kürbis-Chutney zu Lamm-Curry mit Basmati-Reis.

OBST & GEMÜSE TROCKNEN

Ein Vorrat an getrockneten Früchten und Gemüse kann aus mancher Verlegenheit helfen. Sie sind lange haltbar und brauchen vor dem Kochen nur in heißem Wasser eingeweicht zu werden. Gemüse bereichert Eintöpfe und Suppen, während Früchte ideal für Desserts und Kuchen sind – und da sich beim Trocknen das Aroma konzentriert, sind getrocknete Früchte ein köstlicher Snack für zwischendurch. Bei heißem, sonnigem Wetter können die Produkte in der prallen Sonne trocknen, was 2–3 Tage dauert – auf Tabletts legen und mit Mull abdecken; über Nacht hereinbringen, um sie vor Tau zu schützen. Oder in einem luftigen Raum zum Trocknen aufhängen (siehe rechte Seite). Vollständig getrocknete Früchte und Gemüse halten sich nahezu unbegrenzt; ich mag Trockenobst allerdings lieber, wenn es noch so viel Feuchtigkeit enthält, daß es sich biegen läßt. Bei schlechtem Wetter kann das Trocknen auch im Ofen vorgenommen werden, wie unten für Pfirsiche beschrieben (Tabelle für andere Früchte siehe Seite 185). Wer regelmäßig größere Mengen trocknen will, für den lohnt sich die Anschaffung eines Dörrapparats (Seite 40).

Ofengetrocknete Pfirsiche

1 Die Pfirsiche ein paar Sekunden lang blanchieren (Seite 46), in kaltem Wasser abschrecken und häuten.

2 Die Pfirsiche halbieren, entsteinen und so lassen oder in Viertel oder noch kleinere Stücke schneiden.

3 In eine Schüssel in gesäuertes Wasser tauchen (siehe Säure- und Honigbad, rechte Seite). Herausheben und gut abtropfen lassen.

4 Die Pfirsiche mit der Schnittfläche nach unten auf einen Rost über ein mit Folie ausgelegtes Backblech setzen. Bei 110 °C (Gas Stufe 1/4) in den vorgeheizten Ofen schieben, die Tür einen Spalt offen lassen.

5 In der Ofenwärme trocknen Pfirsichhälften in 24–36 Stunden, Viertel in etwa 12–16 Stunden, kleinere Stücke oder Spalten in 8–12 Stunden. Nach der Hälfte der Trockenzeit die Früchte wenden.

6 Die getrockneten und vollständig ausgekühlten Pfirsiche in einen luftdichten Behälter zwischen Lagen von Wachspapier schichten. Kühl und, falls der Behälter lichtdurchlässig ist, dunkel aufbewahren.

Luftgetrocknetes Gemüse

Pilze und Chilischoten auf Baumwollgarn fädeln und 2 Wochen in die Sonne oder an einen luftigen Ort hängen, bis sie runzlig und trocken sind.

GETROCKNETES GEMÜSE in Stoffbeuteln oder Papiertüten aufbewahren, damit die restliche Feuchtigkeit entweichen kann.

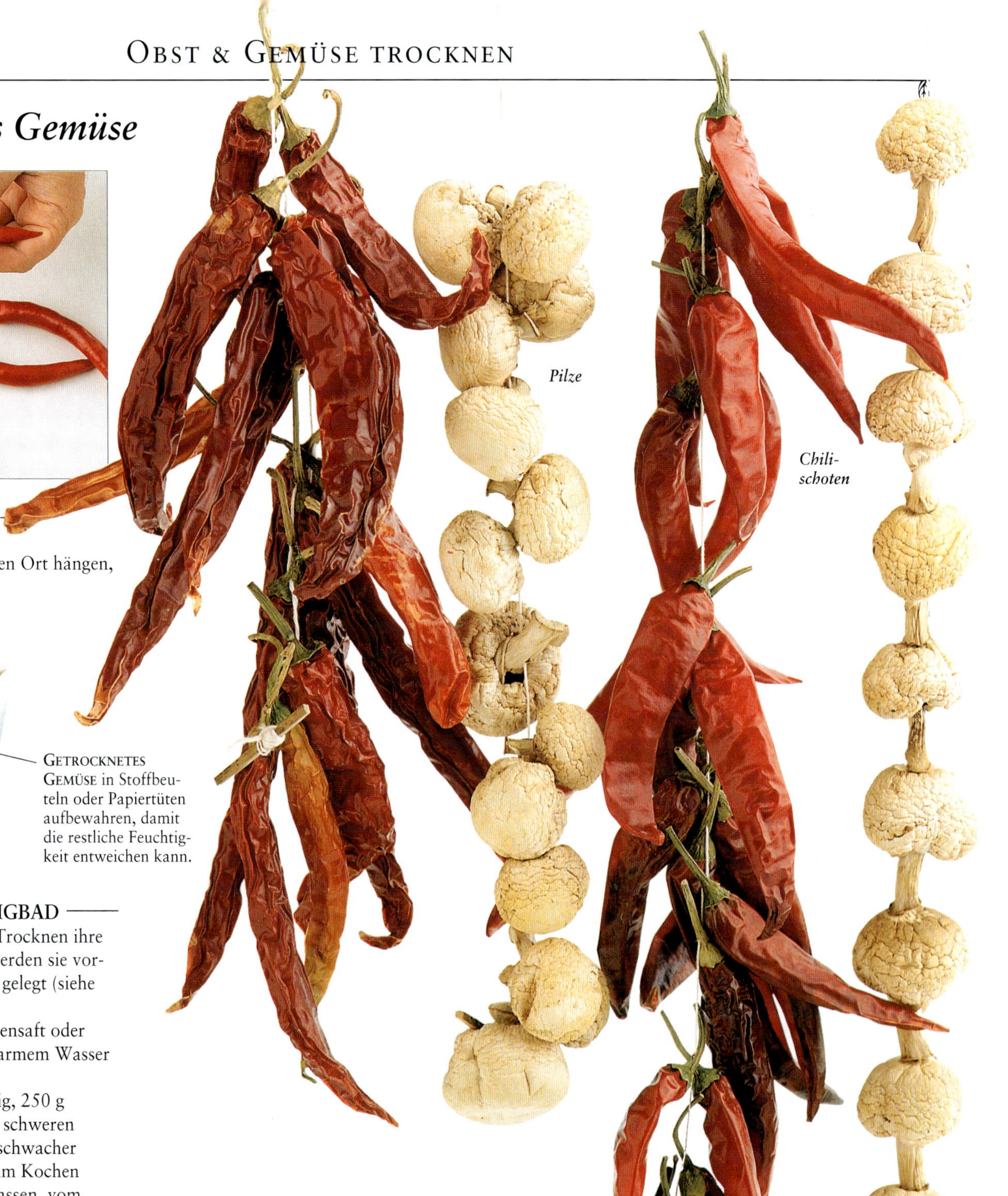

SÄURE- UND HONIGBAD

Manche Früchte verlieren beim Trocknen ihre Farbe. Um dies zu verhindern, werden sie vorher in ein Säure- oder Honigbad gelegt (siehe Tabelle Seite 185).

✦ Für ein Säurebad 6 EL Zitronensaft oder 2 EL Ascorbinsäure in 1 Liter warmem Wasser verrühren.

✦ Für ein Honigbad 250 g Honig, 250 g Zucker und 1/4 l Wasser in einen schweren Topf füllen und den Zucker bei schwacher Hitze unter Rühren auflösen. Zum Kochen bringen, 1–2 Sekunden kochen lassen, vom Herd ziehen und erkalten lassen.

TIPS

✦ Nur Früchte guter Qualität verwenden, die gerade reif und ohne Flecken sind.

✦ Beim Trocknen im Ofen nicht vergessen, nach halber Zeit die Früchte zu wenden und den Rost mit der Rückseite nach vorn einzuschieben.

✦ Die getrockneten Produkte erst abpacken, wenn sie völlig kalt sind.

✦ Getrocknete Früchte und Gemüse im Behälter regelmäßig auf eingedrungene Feuchtigkeit kontrollieren. Bei Anzeichen von Schimmel am besten sofort wegwerfen.

SERVIERVORSCHLAG

Eingeweichte Trockenpilze ergeben eine gute Pastasauce.

Haltbarkeit
Ganz getrocknet
2 Jahre
Halb getrocknet
2 Monate

FLEISCH TROCKNEN

In den Zeiten ohne Kühlschrank war getrocknetes Fleisch praktischer als frisches; es hielt sich viel länger und brauchte nicht gegart zu werden. Heute ist frisches Fleisch eine Selbstverständlichkeit, deshalb wird es nur noch wegen des besonderen Geschmacks getrocknet. Bei heißem, trockenem Klima kann Fleisch im Freien trocknen, was in der Stadt allerdings nicht empfehlenswert ist. Aus hygienischen Gründen ist das Trocknen im Haus ohnehin zu bevorzugen, falls nötig, im Ofen. Es gibt zwei Arten von Trockenfleisch: *Biltong*, eine südafrikanische Spezialität, und *Jerky* aus Nordamerika. Die Trocknungsmethode ist für beide dieselbe, doch wird Jerky im Gegensatz zu Biltong vorher nicht gepökelt und wurde ursprünglich auch nicht gewürzt. Kaufen Sie das Fleisch in einem Stück, und frieren Sie es einige Stunden an, bis es gerade fest geworden ist. Dann läßt es sich leichter schneiden. Nur mageres Fleisch trocknen – Keule und Filet sind am besten. Alle Sehnen und loses Fett, die bei längerer Lagerung ranzig werden können, entfernen.

WICHTIGE INFORMATION

✦ Bei allen Phasen der Zubereitung und Lagerung die Hygieneregeln strikt einhalten (Seite 42).

✦ Das Fleisch an einem kühlen Ort marinieren, am besten unten im Kühlschrank.

✦ Das Fleisch wegwerfen, wenn sich beim Trocknen schlechte Gerüche bilden.

✦ Das gelagerte Fleisch regelmäßig kontrollieren; wenn es Schimmel ansetzt oder schlecht riecht, sofort wegwerfen.

Biltong

(Rezept Seite 139)

1 Mit einem scharfen Messer das Fleisch längs zur Faser in lange, etwa 5 cm dicke Scheiben schneiden. Angefrorenes Fleisch danach auftauen lassen.

2 Für die Marinade Salz, Zucker, Salpeter, den leicht angerösteten Koriander und die zerdrückten Pfefferkörner in einer Glasschüssel gut vermischen.

3 Den Boden einer Porzellanschale mit einer Schicht der Salzmischung bestreuen. Das Fleisch hineinlegen und mit der restlichen Mischung auf der Oberseite gut einreiben.

4 Den Essig gleichmäßig über das Fleisch träufeln und beide Fleischseiten noch einmal mit der Salzmischung einreiben. Im unteren Fach des Kühlschranks zugedeckt 6 – 8 Stunden ziehen lassen. Nach 3 – 4 Stunden das Fleisch nochmals mit der Marinade einreiben, damit es diese ganz gleichmäßig aufnimmt.

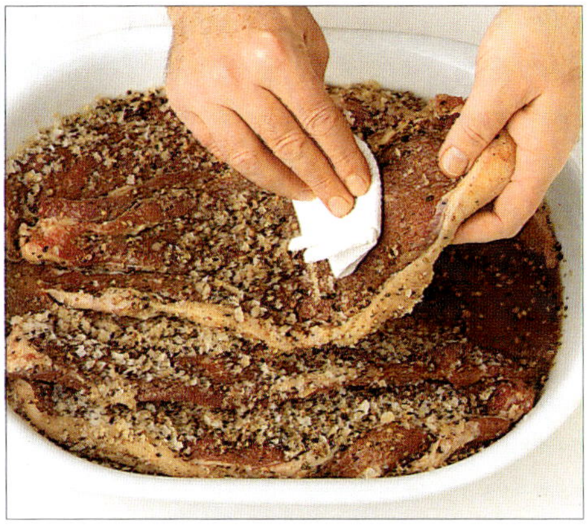

5 Nach dem Marinieren ist das Fleisch heller und fester geworden. Aus der Marinade heben und alles überschüssige Salz mit Küchenpapier abtupfen.

6 Einen Fleischerhaken durch die Scheiben drücken oder ein Loch stechen und eine Schnur einfädeln. Bei 6 – 8 °C an einem trockenen, dunklen, luftigen Ort 1 1/2 Wochen aufhängen. Danach ist das Biltong halb getrocknet und nur begrenzt haltbar. In Wachspapier einwickeln, im Kühlschrank lagern und innerhalb von 3 Wochen verbrauchen.

DAS FLEISCH nimmt durch das Marinieren eine viel hellere Farbe an.

7 Für längeres Lagern das Biltong weitertrocknen. Am schnellsten trocknet es im Ofen: Den Boden mit Alufolie auskleiden, um den abtropfenden Fleischsaft aufzufangen. Einen Rost in die oberste Schiene einschieben und das Fleisch daran aufhängen. Bei der niedrigsten Temperatureinstellung 8 –16 Stunden trocknen lassen, bis das Biltong dunkel ist und beim Biegen aufsplittert.

WENN DAS BILTONG dunkel und knochentrocken ist, kann es verzehrt werden.

TIP

Den Fettrand, der das Fleisch während des Trockenvorgangs schützt, nicht abschneiden.

TIP

Zum Lagern das Biltong in dickes Wachspapier oder anderes fettundurchlässiges Papier einwickeln und an einem dunklen, trockenen Ort bei 6 – 8 °C oder im Kühlschrank aufbewahren. Biltong läßt sich 3 Monate einfrieren.

✻ Hinweis: Dieses Rezept enthält Salpeter (Seite 42).

SERVIERVORSCHLAG

Biltong in dünne Scheiben schneiden und als Snack genießen.

Haltbarkeit
Halb getrocknet 3 Wochen
Ganz getrocknet 2 Jahre

SCHINKEN PÖKELN

Ursprünglich wurde Fleisch eingesalzen, um es für die Wintermonate haltbar zu machen; heute steht der Geschmack von gepökeltem Fleisch im Vordergrund. Für Fleisch (und Fisch) gibt es zwei Pökelverfahren: Trockenpökeln, wobei das Fleisch vollständig mit Salz bedeckt wird (siehe Eingesalzene Sprotten, Seite 74), und Naßpökeln, wobei das Fleisch ganz von einer Salzlösung bedeckt ist. Da Salz zäh macht, wird ein Weichmacher zugefügt – meist Zucker –, außerdem geben Kräuter und Gewürze ihr Aroma an das Pökelgut ab. Eine wichtige Zutat beim Pökeln ist Salpeter (Seite 42), der das Bakterienwachstum hemmt und bei Schinken und Pastrami die appetitliche rote Farbe erhält. Das Rezept unten, das sich auch für Hammelfleisch eignet, ergibt einen milden Schinken.

WICHTIGE INFORMATION

- ✦ Immer beste Qualität und das frischeste Fleisch von einem zuverlässigen Metzger kaufen.
- ✦ Fleisch nicht im Sommer pökeln. Wer nicht die entsprechenden Bedingungen schaffen kann, sollte es lieber ganz lassen. Bei allen Arbeitsgängen müssen niedrige Temperaturen unter 8 °C eingehalten werden.
- ✦ Den Hinweisen in den Rezepten zu Zubereitung und Lagerung folgen und die Hygieneregeln sorgfältig einhalten (Seite 42).
- ✦ Das Fleisch sollte in jeder Bearbeitungsphase einen angenehmen Geruch haben; riecht es auch nur leicht verdorben, sollte es nicht weiterverarbeitet und nicht gegessen werden.
- ✦ Wenn die Lake seltsam riecht, sich ihre Konsistenz verändert und zähflüssig wird, den Schinken herausheben und unter fließendem kalten Wasser gut abspülen und trockentupfen. Die Lake weggießen und das Fleisch mit frischer kalter Lake bedecken.

Gepökelter Schinken

(Rezept Seite 134)

1 Das Fleisch mit Salz einreiben – es muß in alle Ritzen dringen. Eine Schüssel mit einer Lage Salz ausstreuen, das Fleisch darauflegen und mit dem restlichen Salz bedecken. 24 Stunden kalt stellen.

2 Für die Lake das Wasser mit dem Salz und den restlichen Zutaten in einem großen Topf 10 Minuten kochen. Die Hitze abschalten und die Lake vollständig erkalten lassen.

DARAUF ACHTEN, daß die Lake das Fleisch völlig bedeckt.

3 Am nächsten Tag alles Salz vom Fleisch abwischen. In einen großen Steinguttopf oder einen anderen säurefesten Behälter legen. Die kalte Lake darübergießen, bis das Fleisch vollständig bedeckt ist – falls nötig, beschweren (Seite 46).

4 Den Topf mit einem Deckel oder Frischhaltefolie abdecken und das Fleisch 2–2½ Wochen bei 6–8 °C ruhen lassen. Täglich kontrollieren und prüfen, ob die Lake noch in Ordnung ist (siehe Wichtige Information, linke Seite).

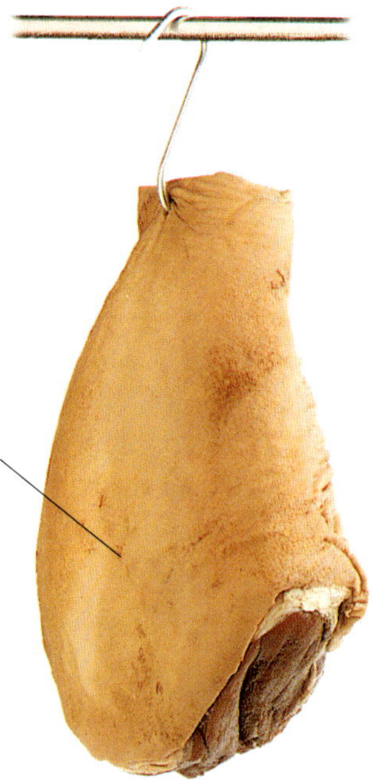

HÄNGT DER SCHINKEN 2–3 Tage, trocknet die Oberfläche aus.

5 Das Fleisch aus der Lake heben, gut abwaschen und abtrocknen. Durch das Knöchelende einen Fleischhaken drücken; 2–3 Tage lang an einem trockenen, dunklen, luftigen Ort bei 6–8 °C aufhängen.

6 Nach dem Trocknungsprozeß kann der Schinken gekocht werden (Rezept Seite 134). Aromatischer wird der Schinken, wenn er länger hängt – siehe Schritt 7.

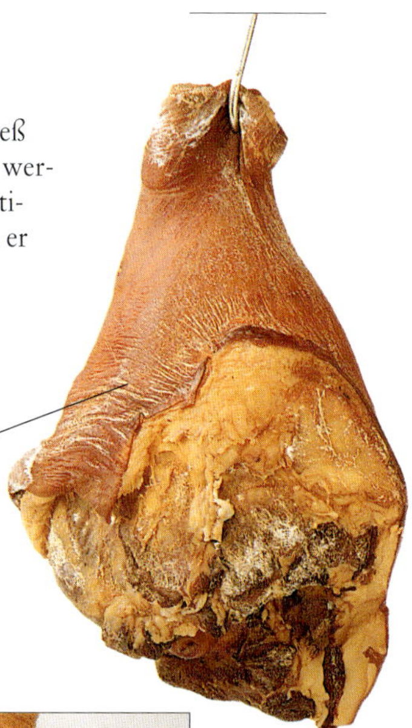

DIE HAUT wird beim Trocknen dunkler.

TIPS

- Falls der Raum, in dem der Schinken zum Trocknen hängt, nicht vor Insekten geschützt ist, kann der Schinken mit sterilisiertem Mull abgedeckt werden, aber erst, wenn die Oberfläche getrocknet ist.
- Zum Lagern den Schinken in ein sterilisiertes Baumwolltuch wickeln und bei 6–8 °C an einem trockenen, dunklen Ort aufbewahren – am besten im Kühlschrank.

✻ Hinweis: Dieses Rezept enthält Salpeter, Seite 42

SERVIERVORSCHLAG

Den Schinken als Mittelpunkt eines kalten Buffets anrichten.

7 Mehl, Salz und Wasser zu einer Paste verkneten. Das offene Fleisch damit versiegeln und den Schinken weitere 2–2½ Wochen aufhängen. Er kann vor dem Kochen auch noch geräuchert werden.

Haltbarkeit
Ungekocht 2 Jahre
Gekocht 3 Wochen

FISCH RÄUCHERN

Räuchern ist eine der ältesten Konservierungsmethoden: Rauch tötet Bakterien, hemmt den Schimmelbefall und verleiht Fisch (und Fleisch) aller Art einen unverkennbaren Geschmack. Da Räuchern allein nicht voll haltbar macht, muß das Räuchergut erst gepökelt werden. Es gibt zwei Räuchermethoden: das Kalträuchern bei höchstens 28 °C, bei dem das Fleisch roh bleibt und sich in seiner Textur nicht verändert, und das Heißräuchern bei mindestens 55 °C, wobei das Fleisch halb oder ganz gegart wird. Zum Räuchern sind die meisten Holzarten geeignet, außer harziges Holz wie Kiefer, das einen strengen, bitteren Geschmack erzeugt. Mit hartem Obstbaumholz wie Apfel, Birne und Kirsche, aber auch mit Eiche, Hickory und dem exotischen Mesquitebaum läßt sich besonders gut räuchern. Dem Holz können aromatische Kräuter und Gewürze beigegeben werden. Wer die Grundtechnik einmal beherrscht, kann verschiedene Aromakombinationen ausprobieren. Räucheröfen gibt es in verschiedenen Ausführungen. Wenn Sie sich einen angeschafft haben, sollten Sie immer die Hinweise des Herstellers befolgen (Seite 191).

Räucherlachs

(Rezept Seite 152)

1 Zum Filetieren mit einem scharfen Filetiermesser auf einer Seite rund um den Kopf einschneiden. Das Messer zwischen Fleisch und Rückengräte schieben und das Filet in einem Stück ablösen, dabei immer so dicht wie möglich an den Gräten bleiben.

2 Den Lachs wenden und die Filets auf der anderen Seite genauso ablösen. Mit den Fingern die Filets nach verbliebenen Gräten abtasten und mit einer Pinzette herausziehen. Die Filets waschen und mit Küchenpapier sorgfältig abtrocknen.

3 Etwas Meersalz und Zucker vermischen und 5 mm hoch in eine säurefeste Form streuen. Ein Filet mit der Haut nach unten darauflegen, die Fleischseite etwa 1 cm dick mit Salz und Zucker bestreuen – am Schwanzende etwas weniger dick.

4 Das zweite Filet mit der Haut nach unten darauflegen und mit der restlichen Salz-Zucker-Mischung bestreuen. Die Form mit Folie verschließen und 3 – 3½ Stunden im Kühlschrank oder an einem kühlen Ort stehen lassen.

5 Den Lachs aus der Salzmischung nehmen und unter fließendem kaltem Wasser abspülen. Mit Küchenpapier gut trockentupfen. Am Kopfende je ein Holzspießchen durch die Haut stechen.

6 Beide Seiten der Filets mit Whisky bepinseln. An einem kühlen, trockenen Ort etwa 24 Stunden zum Trocknen aufhängen, bis sich der Fisch fast trocken anfühlt und mit einer glänzenden Salzschicht überzogen ist.

7 Die Filets auf einem Rost in den Räucherofen schieben und entweder 3–4 Stunden bei 28 °C kalträuchern oder 2–3 Stunden bei 55 °C heißräuchern. Aus dem Räucherofen nehmen und vollständig auskühlen lassen.

WENN DER LACHS aussieht wie glasiert, ist er räucherfertig.

UM DAS HOLZSPIESSCHEN ein Stück Schnur zum Aufhängen schlingen.

TIPS

- ✦ Jedes Filet auf ein mit Alufolie überzogenes Stück Pappe legen, dann in starkes Wachspapier oder Alufolie einschlagen. Vor dem Servieren 24 Stunden im Kühlschrank reifen lassen.
- ✦ Zum Servieren den Lachs mit einem langen Messer schräg (im 45-Grad-Winkel) in hauchdünne Scheiben schneiden. Heißgeräucherten Lachs senkrecht in etwa 5 mm dicke Scheiben schneiden.

Haltbarkeit
Gekühlt
3 Wochen

SERVIERVORSCHLAG

Kaltgeräucherter Lachs und Frischkäse sind ein köstlicher Belag für Brötchen.

DEN LACHS auf ein Stück mit Alufolie umwickelte Pappe legen; so läßt er sich besser hochheben.

DEN LACHS in Wachspapier einwickeln und lagern.

DAS WURSTMACHEN

Würste gehören zu den genialsten Erfindungen der Metzger – so lassen sich die Fleischreste, die beim Zerlegen eines Tieres übrig bleiben, auf beste Weise verwerten. Getrocknete Würste zu Hause selber herzustellen ist relativ einfach, doch sollte sich nur daran wagen, wer die richtigen Arbeitsbedingungen hat. Die Temperatur in der peinlich sauberen Küche muß bei 10 – 12 °C liegen, vor Gebrauch sind sämtliche Geräte zu sterilisieren (Seite 42). Ein trockener, dunkler und 6 – 8 °C kühler Raum sollte zum Trocknen zur Verfügung stehen – ich habe eine kühle Speisekammer, doch eignet sich auch ein sauberer, trockener Keller oder ein ungeheizter Raum.

Verwenden Sie immer nur die frischesten Zutaten, und bewahren Sie das Fleisch stets im Kühlschrank auf. Die Temperatur entscheidet über die Haltbarkeit, aber auch über die endgültige Festigkeit der Würste (Seite 64). Fleisch von freilaufenden Tieren hat den besten Geschmack, ist trockener, fester und leichter zu verarbeiten. Zum Wurstmachen sind einige Spezialgeräte erforderlich – ein leistungsstarker Fleischwolf und ein Wursteinfüller oder ein Fleischwolf-Aufsatz mit Wursteinfüller für die Küchenmaschine (Seite 39). Naturdarm als Wursthülle ist in verschiedenen Längen bei manchen Metzgern oder im Spezialhandel zu bekommen (Seite 191).

Knoblauch-Kräuter-Salami

(Rezept Seite 138)

1 Das Fleisch in einer großen Schüssel mit dem Salz, Salpeter und Wodka von Hand gut vermischen. Zugedeckt 12 Stunden im Kühlschrank ziehen lassen.

2 Das Fleisch durch die feine Scheibe des Fleischwolfs drehen, das Fett durch die grobe Scheibe. Gut vermischen, alle Flüssigkeit aus der Schüssel zugeben.

3 Knoblauch, Thymian, ganze und gemahlene Pfefferkörner, Koriander und Piment gründlich, aber leicht untermengen. Mindestens 2 Stunden kalt stellen.

4 Inzwischen den Darm vorbereiten. Überschüssiges Salz abspülen, 30 Minuten in kaltem Wasser einweichen. Den Darm auch innen durchspülen: über einen Kaltwasserhahn ziehen und einige Sekunden lang langsam Wasser durchlaufen lassen.

5 Den Darm in eine Schüssel mit Wasser legen, Essig zugießen. Weichen lassen, bis er gebraucht wird.

6 Ein Ende des Darms über den Wursteinfüller ziehen. Gleichmäßig mit der Fleischmasse füllen; alle Hohlräume mit einem Spieß anstechen. Zu einzelnen Würsten oder 20 cm langen Wurstpaaren abbinden.

7 Die Würste 5–6 Wochen lang bei 6–8 °C an einem trockenen, dunklen, luftigen Ort aufhängen. Alle paar Tage kontrollieren; sie sollten immer würzig und appetitlich riechen und sich trocken anfühlen. Würste, die unangenehme Gerüche entwickeln, wegwerfen.

8 Nach 5–6 Wochen sollten die Würste 50–60 Prozent ihres ursprünglichen Gewichts verloren haben und können roh gegessen werden. Besonders würzige Würste zum Kochen können bis zu 3 Monate hängen bleiben.

DIE PAPIERENDEN fest zusammendrehen.

SERVIERVORSCHLAG

Dünn aufschneiden und als Salamiplatte mit Pickles und Brot anrichten.

Haltbarkeit
Gekühlt
4–5 Monate

✻ Hinweis: Dieses Rezept enthält Salpeter, Seite 42

LAGERN

✦ Die Würste einzeln in fettbeständiges oder Wachspapier wickeln und bei 6–8 °C an einem trockenen, dunklen, luftigen Ort aufhängen. Oder einen Behälter mit Styroporkugeln füllen und die Würste in die Mitte legen.

✦ Die Würste lassen sich auch einfrieren. Einzeln in fettbeständiges Papier wickeln und in Gefrierbeutel einschweißen. In 3 Monaten verbrauchen.

PASTETE

Es gibt kaum Köstlicheres als eine Scheibe hausgemachte Pastete, dazu ein Stück frisches Brot und ein Glas Wein. Mit einfachen Pâtés haben Sie jederzeit einen Imbiß parat, der nicht teuer und schnell zubereitet ist. Pasteten werden durch eine Fettschicht auf der Oberfläche haltbar, die das Eindringen von Luft und Feuchtigkeit verhindert, so daß Bakterien sich nur langsam entwickeln können. Vor der Zeit elektrischer Kühlung wurden Pasteten bis zu 3 Monate in kühlen Kellern gelagert, doch heute empfiehlt man, sie im Kühlschrank aufzubewahren und innerhalb von 4 Wochen zu verbrauchen. Viele Pasteten, vor allem die würzigeren, sollten keinesfalls länger als 3 Wochen lagern, da sich ihr Aroma rasch verflüchtigt. Achten Sie darauf, daß Ihre Pasteten appetitlich aussehen – gekochtes Fleisch nimmt oft einen unansehnlichen Grauton an. Kommerzielle Produkte verdanken ihre rosige Färbung dem zugesetzten Salpeter (Seite 42). Im Rezept unten liefert Räucherspeck den rosafarbenen Hauch.

Pâté de Campagne

(Rezept Seite 144)

1 Schweinefleisch, Leber und Speck vermischen und durch die feine Scheibe des Fleischwolfs drehen. Knoblauch, Kräuter, Gewürze, Pflaumen, Weißwein und Branntwein zugeben und alles gut miteinander vermischen. Zugedeckt 3–4 Stunden in den Kühlschrank stellen, während dieser Zeit soll sich das Aroma entfalten.

2 Die Terrinenform mit dem Schweinenetz auskleiden, an den Rändern mindestens 2,5 cm überhängen lassen, damit es über die Pastete geschlagen werden kann. Oder mit Speckstreifen auskleiden: die Schwarten entfernen, die Streifen mit dem Messerrücken in die Länge ziehen, überlappend in die Terrine legen, die Enden überhängen lassen.

MIT SPECKSTREIFEN AUSKLEIDEN

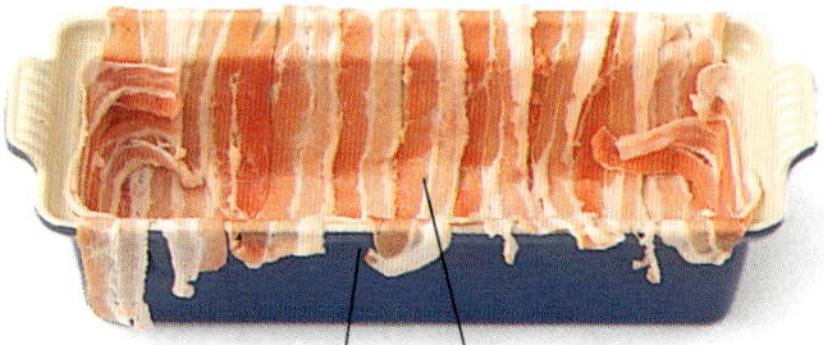

DIE ENDEN der Speckstreifen hängen über den Rand der Terrine.

ÜBERLAPPEN LASSEN, damit sie die Pastete dicht einschließen.

3 Die Fleischmasse einfüllen, gut in die Ecken drücken und die Form auf die Arbeitsfläche klopfen, damit eingeschlossene Luft entweicht. Schweinenetz oder Speckstreifen darüberschlagen, mit Zitronenscheiben und Lorbeerblättern belegen. Mit dem Deckel oder Folie verschließen.

4 Die Terrine in eine Bratreine setzen und diese bis zur halben Höhe der Terrine mit warmem Wasser füllen. Im vorgeheizten Ofen bei 160 °C (Gas Stufe 3) 1½–2 Stunden garen, bis die Pastete geschrumpft ist, sich von den Seitenwänden löst und von flüssigem Fett umgeben ist.

5 Abkühlen lassen, mit Folie bedecken und beschweren (Seite 46), damit sie sich besser schneiden läßt. Über Nacht im Kühlschrank ruhen lassen.

6 Am nächsten Tag die Zitronenscheiben und Lorbeerblätter entfernen, mit einem heißen Messer am Rand entlangschneiden und die Pastete vorsichtig aus der Form stürzen. Mit Küchenpapier gründlich sämtliche Geleespuren vom Fleisch abwischen.

7 Zerlassenes Schweineschmalz etwa 1 cm hoch auf den Boden der Form gießen und erstarren lassen. Die Pastete daraufsetzen und mit so viel Fett übergießen, daß sie etwa 1 cm hoch bedeckt ist. Mit dem Deckel oder Folie verschließen und vor dem Anschneiden 2–3 Tage im Kühlschrank reifen lassen.

Haltbarkeit
Gekühlt
1 Monat

GARNIEREN mit Wacholderbeeren, Lorbeerblättern und Cranberries.

SERVIERVORSCHLAG

Mit frischem Landbrot, Salat und sauren Gurken reichen.

IN STEINGUTTÖPFEN KONSERVIERT

Früher machte man Fleischreste gern in Töpfen ein, pikant gewürzt mit Pfeffer, Cayennepfeffer, Muskatnuß oder Sardellenpaste. Ähnlich wie bei Pasteten wird das Eingetopfte durch eine starre Fettschicht vor Luft geschützt. Einst nahm man dazu Schweine- oder Hammelfett, heute meist geklärte Butter. Die Zutaten werden zunächst gegart und dann mit etwas Butter oder anderem Fett zu einer glatten Farce verarbeitet. Verwenden Sie für eingetopftes Fleisch nur die besten Teile, die Sie von allen Häuten und Sehnen befreien. Unten beschrieben ist ein würzig eingetopftes Wildbret; nach demselben Prinzip können auch anderes Wild, Geflügel, Fisch und Käse in Steinguttöpfen konserviert werden.

Eingetopftes Wildbret

(Rezept Seite 146)

1 Von den Speckstreifen die Schwarten abschneiden, zusammenbinden und beiseite legen. Den Speck in Stücke schneiden. Aus Thymian, Salbei, Lorbeerblatt und Zitronenschale einen Kräuterstrauß binden (Seite 47).

2 Speck, Schwarte, Rehfleisch, Butter, Knoblauch, Wacholderbeeren, Pfeffer, Muskatblüte und Kräuter in einer Kasserole mit dem Rotwein übergießen. Zugedeckt bei 160 °C (Gas Stufe 3) im vorgeheizten Ofen 2½–3 Stunden garen, bis das Fleisch butterweich ist.

3 Kräuter, Muskatblüte und Schwarten herausnehmen. Das Fleisch im Mixer zu einer glatten Farce verarbeiten.

4 Die Farce in eine Steingutschüssel oder Portionsförmchen pressen und erkalten lassen. 2–3 Stunden kalt stellen.

5 Die geklärte Butter etwa 1 cm hoch über die eingetopfte Rehfarce gießen. Kühlen, bis die Butter erstarrt ist. Nach Belieben mit Lorbeerblättern und Cranberries garnieren.

SERVIERVORSCHLAG

Servieren Sie das eingetopfte Wildbret mit Brunnenkresse und hauchdünnem Toast »Melba« als Snack.

BUTTER KLÄREN

Zum Versiegeln von Pasteten und eingetopften Spezialitäten die Butter bei sehr schwacher Hitze in einem Topf zerlassen, einige Sekunden aufschäumen lassen. Den Schaum entfernen und die Butter etwas abkühlen lassen. Durch ein mit Mull ausgekleidetes Sieb gießen, dabei die milchigen Ablagerungen am Topfboden zurückhalten. Wird das Mulltuch vorher unter kaltes Wasser gehalten und gut ausgewrungen, filtert es die Schaumreste noch besser heraus.

DAS AUGE ISST MIT: Die Oberfläche sollte hübsch garniert werden.

EIN GUTER LUFTABSCHLUSS ist mit einer 1 cm dicken Schicht Butter gewährleistet.

Haltbarkeit
Gekühlt
1 Monat

EINSALZEN

Salz zieht in hohem Maße Wasser an. Es macht Nahrungsmittel haltbar, indem es ihnen Flüssigkeit entzieht und damit das Bakterienwachstum hemmt. Das Einsalzen spielt eine bedeutende Rolle in der Geschichte unserer Ernährung. Jahrhundertelang war in Europa eingesalzener Fisch, vor allem Salzhering, ein Grundnahrungsmittel. Als gute Quelle für Eiweiß und Vitamin A, B und D ist eingesalzener Fisch auch heute noch wertvoll für unsere Ernährung. Die Sprotten aus dem Rezept unten können Sie auch durch Heringe und Anchovis ersetzen. Nehmen Sie nur völlig frischen Fisch mit glänzender Haut. Die Köpfe nicht entfernen – sie enthalten viel Öl und sorgen dadurch für ein kräftiges Aroma.

Eingesalzene Sprotten

(Rezept Seite 153)

1 Mit einer kleinen, scharfen Schere knapp unterhalb der Kiemen einen kleinen Querschnitt anbringen.

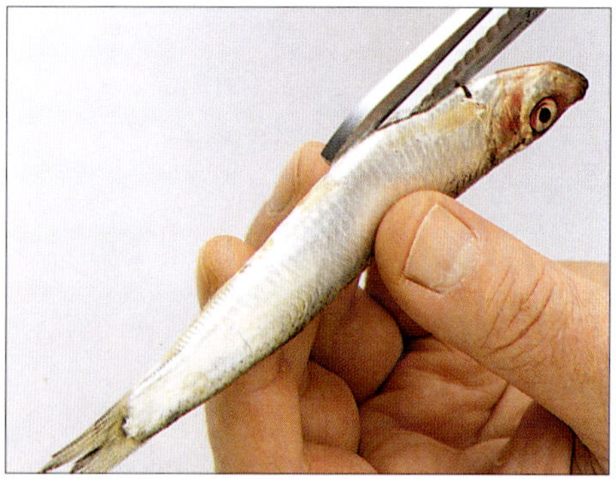

2 Den Bauch vorsichtig in Richtung Schwanz aufschneiden und die Öffnung leicht auseinanderziehen.

3 Den Inhalt der Bauchhöhle herausziehen und wegwerfen. Den Fisch unter fließendem kaltem Wasser abspülen.

4 Etwas feines Salz in die Bauchhöhle streuen, auch außen salzen und das Salz gründlich in die Haut einreiben.

5 Eine flache Schale mit feinem Salz bestreuen, die Fische in Lagen einschichten und jede Lage dünn mit feinem Salz bestreuen. Im Kühlschrank zugedeckt 2 – 3 Stunden ruhen lassen, bis Saft ausgetreten ist.

Längeres Aufbewahren

✦ Zuerst das Öl abschöpfen. Falls nicht genügend Lake den Fisch bedeckt, eine starke Salzlösung aus gleichen Mengen Salz und Wasser aufgießen. Den Behälter luftdicht verschließen, dunkel und kühl aufbewahren.

✦ Zum Verzehr die Sprotten einige Stunden in Wasser oder halb Wasser, halb Milch legen.

Serviervorschlag

Mit einem Dressing aus Öl und Essig von schwarzen Johannisbeeren (Rezept Seite 128), Petersilie und feingewürfelten roten Zwiebeln anrichten.

6 Die Fische herausnehmen und gründlich mit Küchenpapier abtrocknen.

7 Den Boden eines großen Glases mit einer Schicht grobem Salz bestreuen. Einige Fische mit einem Lorbeerblatt und einigen Pfefferkörnern darauflegen. 5 mm dick mit grobem Salz bedecken. Alle Fische auf diese Weise einschichten, mit einer Salzschicht enden.

8 Auf die Fische einen Teller legen, der genau in die Öffnung des Glases paßt, und beschweren – ideal ist eine wassergefüllte Flasche. Zugedeckt bei 6–8 °C im Kühlschrank oder an einem dunklen, kühlen Ort 1 Woche ziehen lassen.

Haltbarkeit
Gekühlt
2 Jahre

KONFITÜRE

Konfitüren gehören zu den einfachsten Methoden des Haltbarmachens: Fast alle Früchte sind dafür geeignet, ebenso auch überraschend viele Gemüsesorten. Entscheidend ist das ausgewogene Verhältnis von Säure und Pektin, damit die Konfitüre gut geliert. Viele Früchte bringen die idealen Voraussetzungen von Natur aus mit (siehe Tabelle Seite 184), bei anderen muß man ein wenig nachhelfen: durch den Zusatz von Zitronensaft oder pektinreichen Früchten wie Äpfel oder mit einem selbstgemachten Pektinkonzentrat (Rezept Seite 47). Sie können auch flüssiges Pektin oder pektinhaltigen Gelierzucker kaufen. Muß der Pektingehalt erheblich erhöht werden, ist auch die Zuckermenge entsprechend zu erhöhen. Beispiel: Wenn die Zugabe von Pektinkonzentrat die Fruchtmasse um ein Drittel vermehrt, dann muß auch ein Drittel mehr Zucker zugefügt werden, um die konservierende Wirkung des Zuckers aufrecht zu erhalten. Die Zuckermenge kann auch reduziert werden, was den heutigen Ernährungsempfehlungen entspricht; im folgenden Rezept läßt sie sich bis zu 30 Prozent verringern. Die Konfitüre schmeckt dann fruchtiger, wird aber weicher und hält sich nicht so lange; sie muß im Kühlschrank lagern, da ihr niedriger Zuckergehalt Schimmel nicht verhüten kann. Konfitüren und Marmeladen unterscheiden sich nicht in der Zubereitung, jedoch werden Marmeladen ausschließlich aus Zitrusfrüchten zubereitet.

GELIERPROBE

Eine Konfitüre kann in Gläser abgefüllt werden, wenn sie den Gelierpunkt erreicht hat. Dazu gibt es folgende Tests:

Zuckerthermometer
Das Thermometer in einer Schüssel mit heißem Wasser anwärmen, damit es nicht springt. So an den Rand des Einkochtopfs klemmen, daß es den Topfboden nicht berührt. Die Konfitüre sprudelnd kochen lassen, bis das Thermometer 105 °C anzeigt.

Tropftest
Einen Löffel in die Konfitüre tauchen und wieder herausheben, so daß die Konfitüre seitlich abläuft. Sie sollte in flachen Tropfen oder als Band vom Löffel fallen.

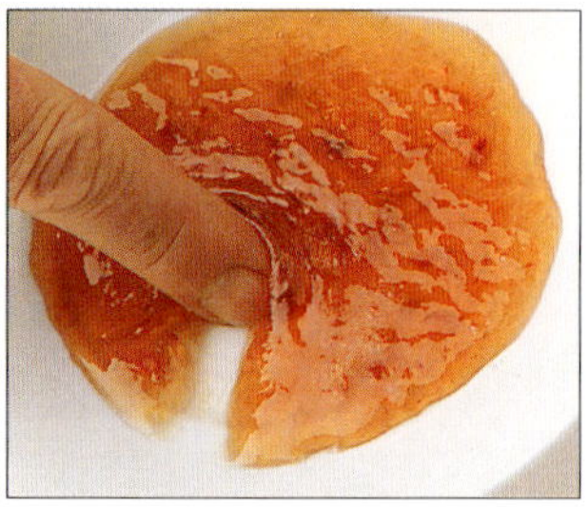

Tellerprobe
Etwas heiße Konfitüre auf eine kalte Untertasse geben, ein paar Minuten abkühlen lassen und mit dem Finger zusammenschieben. Bilden sich Falten, ist der Gelierpunkt erreicht.

Exotische Konfitüre

(Rezept Seite 159)

1 Die vorbereitete Ananas mit den geschälten und entkernten Äpfeln in der Küchenmaschine fein zerkleinern. Mit den halbierten Lychees, Wasser, Zitronenschale und -saft in den Einkochtopf geben.

2 Die Mischung zum Kochen bringen, die Temperatur herunterschalten und bei schwacher Hitze 20–25 Minuten köcheln lassen oder bis die Äpfel musig geworden und die Ananasstücke weich sind.

3 Den Einmachzucker in den Topf einstreuen und bei Mittelhitze unter kräftigem Rühren vollständig auflösen. Die Hitze wieder hochschalten und weiterrühren, bis die Masse sprudelnd kocht.

4 Die Fruchtmasse 20–25 Minuten unter häufigem Rühren sprudelnd kochen lassen, bis der Gelierpunkt erreicht ist (Gelierprobe links). Den aufsteigenden Schaum immer gleich abschöpfen.

Die Konfitüre wird immer dicker, je näher sie dem Gelierpunkt kommt.

5 Vom Herd nehmen und die Konfitüre ein paar Minuten ruhen lassen. Falls nötig, noch einmal abschäumen.

6 Die Konfitüre in heiße, sterilisierte Gläser füllen (Seite 42) und sofort mit Wachspapierscheiben und Zellophan verschließen (Seite 43).

Serviervorschlag

Exotische Konfitüre mit Crème double zu frischen Brötchen servieren.

Haltbarkeit
2 Jahre

FRUCHT-EIERCREME (CURD)

Curds heißen diese samtigen Fruchtcremes in England. Sie bestehen aus gesüßtem Fruchtfleisch oder -saft und werden mit Eiern und Butter gebunden. Mit Zitronen zubereitet, ist die Creme ein Klassiker der englischen Küche (Lemon Curd), aber sie schmeckt auch mit anderen Zitrusfrüchten und sogar mit Exoten. Wichtig ist vor allem Geduld – manchmal dauert es 45 Minuten, bis die Creme andickt. Sie muß vorsichtig im Wasserbad, das kaum sieden darf, erhitzt werden, dabei ständig rühren, um die Hitze gleichmäßig zu verteilen. Versuchen Sie nie, den Prozeß durch stärkeres Erhitzen zu beschleunigen, denn die Eiercreme gerinnt, wenn sie zu kochen beginnt, und ist dann nicht mehr zu retten.

Rosa Grapefruit-Eiercreme

(Rezept Seite 173)

1 Die Schale einer Grapefruit auf der feinen Seite einer Reibe abreiben, anschließend den Saft auspressen.

2 Mit einem scharfen Messer von der anderen Grapefruit ringsum die Schale »bis aufs Fleisch« abschneiden.

3 Vorsichtig die Fruchtsegmente aus den inneren Häutchen herauslösen und grob zerkleinern.

DIE BUTTER in Stückchen zufügen, damit sie rasch schmilzt.

4 Den Grapefruitsaft, die Schale und das Fruchtfleisch in einen Topf füllen, Zitronensaft, Zucker und Butter zufügen. Vorsichtig erhitzen, bis die Butter geschmolzen ist. In eine Wasserbadschüssel umfüllen und diese auf einen Topf mit knapp siedendem Wasser stellen.

5 Die verquirlten Eier durch ein feines Sieb zugießen, dabei ständig mit dem Holzlöffel rühren, um sie gleichmäßig unterzumischen.

DIE VERQUIRLTEN EIER durch ein Sieb zur Fruchtmasse gießen.

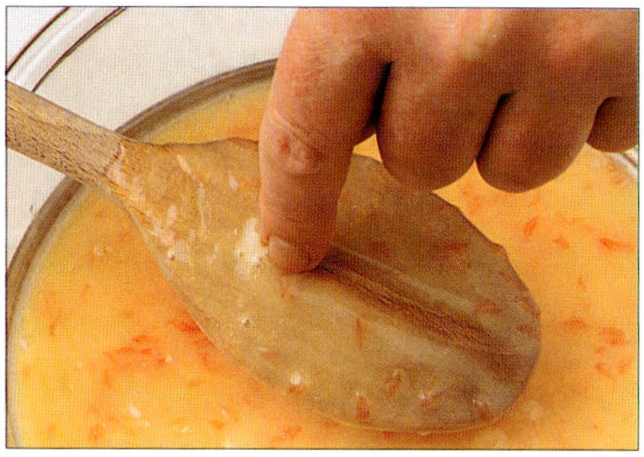

6 Die Mischung bei schwacher Hitze ständig rühren – etwa 25–45 Minuten –, bis sie so dick ist, daß sie auf dem Rücken des Holzlöffels liegen bleibt. Die Creme darf auf keinen Fall kochen, sonst gerinnt sie.

TIP

Eiercremes halten sich nicht lange: gekühlt nur bis 3 Monate. Die Haltbarkeit läßt sich auf 6 Monate verlängern, wenn Sie die Gläser 5 Minuten einkochen (Seite 44).

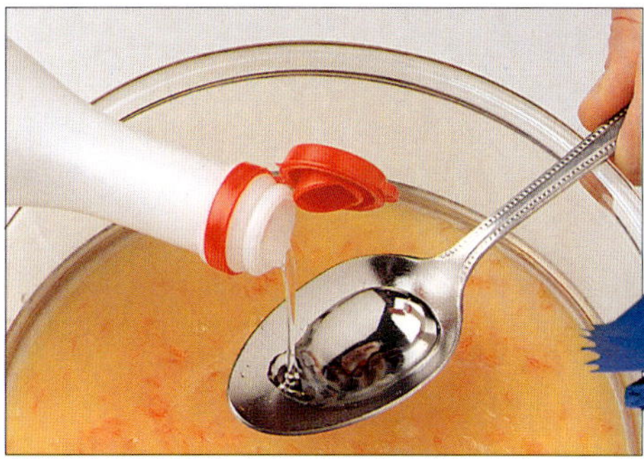

7 Die Schüssel aus dem Wasserbad nehmen und das Orangenblütenwasser einrühren.

8 Die Creme durch einen Einfülltrichter in warme, sterilisierte Gläser füllen (Seite 42) und sofort mit Wachspapierscheiben und Zellophan verschließen (Seite 43).

SERVIERVORSCHLAG

Mit Grapefruit-Eiercreme Kuchen und Törtchen füllen.

Haltbarkeit
Gekühlt 3 Monate
Eingekocht 6 Monate

GELEE

Die Entstehung eines Gelees grenzt ans Wunderbare – trüber Fruchtsaft verwandelt sich in eine klare, wie Edelsteine schimmernde Masse. Damit dies gelingt, ist dreierlei nötig: Pektin, das in unterschiedlicher Menge in sämtlichen Früchten vorhanden ist (siehe Tabelle Seite 184), Säure und Zucker. Pektinarme Früchte wie Kirschen, Pfirsiche und Erdbeeren werden meist durch pektinreiche ergänzt, zum Beispiel Äpfel, Preiselbeeren, Zitrusfrüchte oder Johannisbeeren. Die im folgenden Rezept verwendeten Himbeeren haben nur einen mittleren Pektingehalt, der durch einige Äpfel erhöht wird. Für die Saftgewinnung muß die Fruchtmasse nur so lange hängen, bis sie aufhört zu tropfen.

Himbeergelee

(Rezept Seite 166)

1 Die Himbeeren einzeln verlesen, nur wenn nötig waschen. Die Äpfel entkernen, die Kerngehäuse beiseite legen. Die Äpfel grob zerkleinern.

2 Die Äpfel zusammen mit den Himbeeren in der Küchenmaschine fein zerkleinern (dabei müssen Sie wahrscheinlich portionsweise arbeiten). Auf diese Weise vorbereitete Früchte brauchen nicht so lange gekocht zu werden und ergeben ein frischeres, fruchtigeres Gelee.

3 Früchte und Kerngehäuse in einem Einkochtopf mit Wasser bedecken. Zum Kochen bringen und 20 – 30 Minuten köcheln lassen, bis die Fruchtmasse weich und breiig ist.

4 Die Fruchtmasse samt Flüssigkeit in einen Saftbeutel gießen, der über einer großen Schüssel befestigt ist. 2 – 3 Stunden hängen lassen oder bis die Masse aufhört zu tropfen. Den Beutel nicht ausdrücken, weil das Gelee sonst trübe wird.

5 Den Saft abmessen, auf je 1/2 l Saft 500 g Zucker abwiegen. Den Saft in den gereinigten Einkochtopf zurückgießen, Zucker und Zitronensaft zufügen.

6 Behutsam erhitzen, dabei gelegentlich mit einem Holzlöffel umrühren, bis der Zucker aufgelöst ist; dann sprudelnd aufkochen lassen.

SOBALD DIE MISCHUNG aufwallt, bildet sich durch die aufsteigenden Verunreinigungen Schaum.

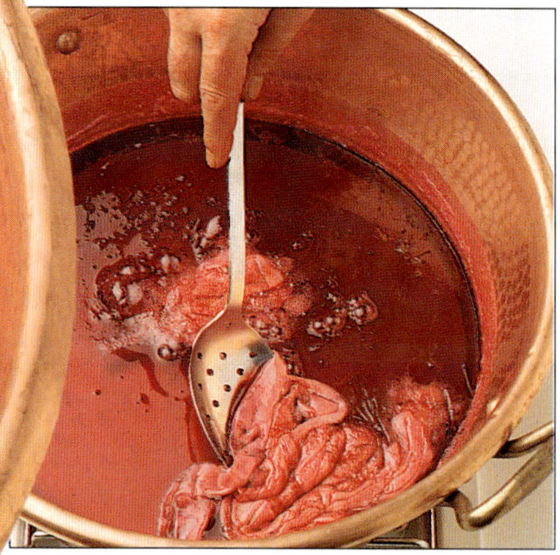

7 Mit einem Schaumlöffel gründlich abschäumen. Sprudelnd kochen, bis der Gelierpunkt erreicht ist (Seite 76); nach 10 Minuten Kochzeit zu testen beginnen.

TIP

Größere Saftausbeute: Nach dem Abtropfen die Fruchtmasse in den Einkochtopf zurückgeben und noch einmal mit Wasser bedecken. Etwa 30 Minuten leise köcheln und wie zuvor im Saftbeutel abtropfen lassen. Den Saft zur ersten Saftmenge gießen.

8 Das heiße Gelee durch einen Einfülltrichter in sterilisierte Gläser füllen. Abkühlen lassen, bis es halbfest ist. In die Mitte jedes Glases ein Geraniumblatt stecken, verschließen.

SERVIERVORSCHLAG

Himbeergelee auf einem kalten Hähnchenbrust-Sandwich anrichten.

Haltbarkeit
2 Jahre

FRUCHTMUS, FRUCHTPASTE

Fruchtmuse und -pasten sind wahrscheinlich die frühesten süßen Fruchtzubereitungen, die bis in vorrömische Zeiten zurückgehen, als Fruchtmus mit Honig vermischt und in der Sonne getrocknet wurde. Muse werden wie Pasten zubereitet, nur ist die Kochzeit kürzer und die Zuckermenge manchmal geringer, so daß eine weichere, streichfähige Masse entsteht. Fest werden die Pasten, weil der Fruchtsaft vollständig einkocht, so daß der Pektingehalt keine Rolle spielt und jede Art von Früchten verwendet werden kann. Muse und Pasten müssen lange und langsam gekocht und am Ende häufig umgerührt werden, da sie leicht anbrennen. Am besten für Pasten eignen sich Quitten, die ein bernsteinfarbenes Konfekt ergeben.

Quittenpaste

(Rezept Seite 174)

1 Die Quitten gut waschen, um den Flaum zu entfernen, und grob zerkleinern. Sie brauchen nicht entkernt zu werden, da die Fruchtmasse passiert wird.

2 Die Quitten im Einkochtopf mit Wasser oder trockenem Cidre übergießen, Zitronenschale und -saft zufügen. Aufkochen, bei schwacher Hitze 30–45 Minuten köcheln lassen, bis das Fruchtfleisch sehr weich und musig ist.

3 Die Masse durch ein Sieb oder Passiergerät streichen.

4 Zum Ermitteln der erforderlichen Zuckermenge das Püree mit einem Meßbecher abmessen und je $^1/_2$ l Fruchtpüree 400 g Zucker abwiegen.

5 Das Quittenpüree mit dem Zucker zurück in den Topf geben, langsam zum Kochen bringen und den Zucker unter Rühren auflösen. $2^{1}/_{2}$ – 3 Stunden köcheln lassen, dabei häufig umrühren. Quitten nehmen bei langem Kochen eine tiefrote Färbung an. Nach einiger Zeit wird die Masse sehr dick und beginnt, stark zu blubbern. Sobald ein über den Topfboden gezogener Holzlöffel eine deutliche Spur hinterläßt, ist die Paste fertig. Vom Herd nehmen und etwas abkühlen lassen.

NACH LANGEM KOCHEN wird die Fruchtmasse dick und blubbert.

6 Ein tiefes Backblech gut einölen. Die Paste darauf zu einer gleichmäßigen, 2,5 – 4 cm dicken Schicht glattstreichen. Vollständig erkalten lassen. Mit einem Tuch bedecken und 24 Stunden an einem warmen, trockenen Ort ruhen lassen.

7 Die Paste mit einem breiten Messer vom Blech lösen und auf Backpapier stürzen. In Würfel oder Rauten schneiden und mit feinem Zucker bestäuben. Auf Backblechen zugedeckt trocknen lassen.

ZWISCHEN WACHSPAPIER in einer Dose luftdicht aufbewahren.

SERVIERVORSCHLAG

Die Quittenpaste mit Zuckerblumen dekorieren (Seiten 87 und 183), als Konfekt reichen.

Haltbarkeit
2 Jahre

EINLEGEN IN ALKOHOL

Reiner Alkohol ist ein ideales Konservierungsmittel, weil nichts darin überlebt. Er kann pur aufgegossen oder mit Sirup vermischt werden. Früchte und Alkohol verbinden sich zu einem himmlischen Genuß: Erst essen Sie die saftigen, süßen Früchte und »spülen« sie dann mit dem vollmundigen Likör hinunter – eine herrliche Schlemmerei, die wir den Klöstern im mittelalterlichen Europa zu verdanken haben. Das Rezept unten beschreibt das Einlegen von Pfirsichen, doch können Sie viele andere Früchte wie Pflaumen, Aprikosen, Kirschen und Feigen genauso zubereiten. Fast jede Art von Hochprozentigem ist geeignet, vor allem aber Rum, Weinbrand und Branntwein; der Alkoholgehalt muß mindestens 40 Prozent betragen.

Pfirsiche in Weinbrand

(Rezept Seite 178)

1 Die Pfirsiche einige Sekunden in kochendes Wasser legen. 1 Minute in kaltem Wasser abschrecken, mit einem kleinen Messer häuten.

2 Den Pfirsich bis auf den Stein rundherum einschneiden. Die obere Hälfte abdrehen und den Stein mit einem Messer auslösen.

3 Das Wasser mit 500 g Zucker in einem großen Topf aufkochen, abschäumen, bei schwacher Hitze 5 Minuten zu Sirup köcheln.

4 Die Pfirsichhälften vorsichtig in den Sirup gleiten lassen. Wieder zum Kochen bringen und bei schwacher Hitze 4–5 Minuten sacht köcheln. Mit einem Schaumlöffel herausheben und abkühlen lassen. Inzwischen die Vanilleschote, Zimtstange, Kardamomkapseln und Gewürznelken in ein Säckchen binden (Seite 47).

DIE GEWÜRZE in ein Stück Mull binden, damit sie sich leichter herausnehmen lassen.

5 600 ml Sirup in einem Topf mit dem restlichen Zucker und dem Gewürzsäckchen zum Kochen bringen und abschäumen. Sprudelnd kochen lassen, bis das Zuckerthermometer 104 °C anzeigt. Etwas abkühlen lassen; das Gewürzsäckchen entfernen und den Weinbrand einrühren.

6 Falls gewünscht, in die Mitte jeder Pfirsichhälfte eine halbe Kirsche mit einem Zahnstocher feststecken. Die Pfirsiche locker in das sterilisierte Glas schichten.

7 Den Sirup über die Pfirsiche gießen; das Gefäß leicht schütteln, damit Luftblasen aufsteigen können, und verschließen. Die Pfirsiche sind in 2 Wochen durchgezogen, sie werden bei längerer Lagerung besser.

SERVIERVORSCHLAG

Pfirsiche in Weinbrand mit Zuckerveilchen (Seite 183) als Dessert servieren.

Haltbarkeit
2 Jahre

KANDIEREN & VERZUCKERN

Kandieren kann ein langwieriger Arbeitsprozeß sein, doch die Mühe lohnt sich, wenn die in allen Farben schimmernden, durchscheinenden, juwelengleichen Früchte vor Ihnen liegen. Die Anfänge dieser Technik liegen im Dunkeln. Einige glauben, sie stamme aus der italienischen Renaissance; wahrscheinlicher jedoch wurde sie in Nahost in den königlichen Küchen des 10. oder 11. Jahrhunderts erfunden und kam mit den arabischen Kaufleuten und den zurückkehrenden Kreuzfahrern nach Europa. Kandieren und Verzuckern werden oft verwechselt, doch besteht ein Unterschied: Beim Kandieren wird der größte Teil des in der Frucht enthaltenen Safts durch eine gesättigte Zuckerlösung ersetzt; beim Verzuckern (oder Glasieren) dagegen werden Blüten oder kandierte Früchte mit einer Zuckerschicht überzogen. Zum Kandieren taucht man Früchte in einen immer stärker konzentrierten Sirup, ein Vorgang, der langsam ausgeführt werden muß, sonst schrumpfen die Früchte und werden hart. Zitrusschalen und saftarme Früchte wie manche Birnensorten und grüne Feigen werden oft erst in einer starken Salz- oder Limettenlösung eingeweicht, damit sie anschließend genügend Zucker aufnehmen können.

Kandierte Ananasringe

(Rezept Seite 182)

ERSTER TAG

1 Die Ananasringe in einem Topf mit Wasser bedecken, aufkochen, bei schwacher Hitze 15–20 Minuten köcheln lassen, bis sie etwas weicher geworden sind. Gut abtropfen lassen und in eine Glasschüssel legen.

2 Von der Kochflüssigkeit 1 l mit 250 g Zucker und Zitronensaft in einem Topf zum Kochen bringen. Rühren, bis sich der Zucker aufgelöst hat. 2–3 Minuten sprudelnd kochen, falls nötig, abschäumen.

3 Den heißen Zuckersirup über die Ananasringe gießen. Die Früchte beschweren (Seite 46), damit sie vollständig bedeckt bleiben, und 24 Stunden bei Raumtemperatur stehen lassen.

ZWEITER TAG

1 Die Ananasringe abgießen und gut abtropfen lassen; den Sirup zurück in den Topf gießen.

2 Dem Sirup 100 g Zucker zufügen und zum Kochen bringen. Dabei rühren, bis sich der Zucker aufgelöst hat.

3 1–2 Minuten sprudelnd kochen, abschäumen, über die Ananasringe gießen. Beschweren und 24 Stunden stehen lassen.

DRITTER TAG

Wie zweiter Tag.

VIERTER TAG

Die Ananasringe abtropfen lassen. Weitere 150 g Zucker mit dem Sirup in einem Topf zum Kochen bringen und unter Rühren auflösen. 1–2 Minuten kochen, abschäumen und über die Ananasringe gießen. Beschweren und 24 Stunden stehen lassen.

FÜNFTER TAG

Wie vierter Tag.

SECHSTER UND SIEBTER TAG

Die Ananasringe abtropfen lassen. Den restlichen Zucker mit dem Sirup in einem Topf zum Kochen bringen und unter Rühren auflösen. 1–2 Minuten kochen lassen, abschäumen und über die Ananasringe gießen. Beschweren und 48 Stunden stehen lassen.

ACHTER TAG

Die Ananasringe mit dem Sirup in einen Einkochtopf füllen und etwa 5 Minuten köcheln lassen. Mit einem Schaumlöffel herausheben. Die Ringe auf einen Rost über ein mit Folie ausgekleidetes Backblech legen. Abtropfen und erkalten lassen.

Den Rost mit dem Blech bei 120 °C (Gas Stufe $^{1}/_{2}$) in den vorgeheizten Ofen schieben, die Ringe in 12–24 Stunden trocknen, die Tür einen Spalt offen lassen. Sie sollen zwar trocken sein, sich aber noch leicht klebrig anfühlen. Vollständig erkalten lassen.

Die Ananasringe rundum mit feinem Zucker bedecken. Luftdicht verschlossen, zwischen Lagen von Wachspapier aufbewahren.

SERVIERVORSCHLAG

Kandierte Ananasringe mit geschmolzener Schokolade dekorieren und mit Zuckerblüten anrichten.

Zuckerblüten – (Rezept Seite 183)

1 Ein Eiweiß mit einer Prise Salz und einigen Tropfen Blütenwasser schaumig schlagen. Ein paar Minuten ruhen lassen. Mit einem kleinen, weichen Pinsel die Blüten innen und außen gleichmäßig mit dem Eiweiß bestreichen. Großzügig mit feinem Zucker bestreuen, so daß die ganze Blüte ringsum überzogen ist.

2 Ein Backblech etwa 1 cm dick mit feinem Zucker bestreuen und die Zuckerblüten vorsichtig darauflegen. Großzügig mit weiterem Zucker bestreuen und an einem warmen, luftigen Ort 1–2 Tage trocknen lassen. Die Blüten zwischen Lagen von Wachspapier luftdicht verschlossen aufbewahren.

TIPS

- ✦ Dem Kandiersirup wird Zitronensaft zugesetzt, damit der Zucker nicht wieder kristallisiert. Statt dessen können Sie auch Glukosepulver verwenden: beim ersten Sirup 100 g Zucker durch dieselbe Menge Glukosepulver ersetzen.
- ✦ Anstatt mit Eiweiß können die Blüten auch mit einer kalten Gummi-Arabicum-Lösung eingepinselt werden. 2 TL Gummi Arabicum und 1 EL Zucker mit $^{1}/_{4}$ l Wasser in einer Schüssel über dem Wasserbad unter Rühren auflösen.

Haltbarkeit
Kandierte Ananas
1 Jahr
Zuckerblüten
3 Monate

KANDIERTE FRÜCHTE wie auch Zuckerblüten zwischen Wachspapier schichten.

REZEPTE

Diese Sammlung enthält unvergängliche Klassiker wie eingelegte Gurken oder Tomatensauce neben aufregenden Neuschöpfungen, zum Beispiel Piccalilli mit Früchten und rauchigem Ketchup von rotem Paprika. Köstliche Rezepte für Süßes wie Pikantes locken zum Nachkochen; Sie erfahren, wie Sie exotische, aromatische Chutneys, erstklassige Konfitüren und Gelees, würzige Fleischpasteten und feinen Räucherfisch zubereiten. Serviervorschläge geben Anregungen, wie Sie Ihre Delikatessen phantasievoll präsentieren können.

Viel Freude und gutes Gelingen!

PICKLES

Um mit der Ernteschwemme fertigzuwerden, blieb unseren Großmüttern gar nichts anderes übrig, als den Überschuß erfinderisch zu bevorraten. So war rund ums Jahr für Lichtblicke im sonst eintönigen Speiseplan gesorgt. Heute stellen wir Pickles aus Früchten und Gemüse nur noch her, weil sie so köstlich schmecken. Mit ihrer pikanten Würze werten sie das bescheidenste Essen auf. Manche Restaurants dekorieren Räume und Fenster mit bunten Gläsern voller Spezialitäten aus dem Mittelmeerraum. Auch in der Küche sind Gläserreihen mit selbstgemachten Pickles ein attraktiver Blickfang.

Gefüllte Auberginen syrische Art

Dunkelviolette Baby-Auberginen · *Knoblauchzehen* · *Selleriestange und -blätter* · *Möhre* · *Rote Chilischote*

Diese köstlich aromatische Spezialität hat ihren Ursprung in Syrien und wird in ganz Nahost immer noch in der einen oder anderen Form hergestellt. Sie brauchen dazu Baby-Auberginen, die ganz belassen werden; fündig werden Sie oft in asiatischen, türkischen und griechischen Läden. Dieses Rezept stammt von meiner Mutter – die besten Auberginen-Pickles, die ich je probiert habe!

1 kg Baby-Auberginen

Für die Füllung

6 Knoblauchzehen, grob gehackt

3–4 Selleriestangen mit Blättern, grob gehackt

2–3 große Möhren, grob geraspelt

1–2 frische rote Chilischoten, in dünne Scheibchen geschnitten

1 TL Salz

Für das Glas

4–5 Knoblauchzehen, geschält

2–3 frische rote oder grüne Chilischoten

einige Weinblätter (nach Belieben)

Salz, 2–3 EL Apfelessig

1 Jede Aubergine längs tief einschneiden, so daß eine Tasche entsteht. Die Auberginen 5–8 Minuten dämpfen, bis sie knapp weich sind. Vom Herd nehmen und beschweren (Seite 46), um den Saft herauszupressen. Über Nacht ruhen lassen.

2 Am nächsten Tag die Zutaten für die Füllung in einer Schüssel vermischen. Je 1 TL davon in die Auberginen füllen. Fest zusammendrücken, damit nichts herausfällt.

3 Die Auberginen mit dem Knoblauch, den Chilischoten und, falls gewünscht, den Weinblättern in das sterilisierte Glas schichten. Mit kaltem Wasser auffüllen, dann das Wasser in einen Meßbecher abgießen. Auf je $^1/_2$ l Wasser $1^1/_2$ TL Salz einrühren, bis sich das Salz gelöst hat. Den Essig unterrühren. Über die Auberginen gießen und beschweren.

4 Das Glas mit einem sauberen Tuch bedecken und an einem warmen, luftigen Ort 1–3 Wochen ruhen lassen, bis die Gärung abgeschlossen ist (siehe Salzgurken, Seite 93). Das Glas verschließen und kühl aufbewahren. Die Auberginen können sofort gegessen werden.

☆☆ **Schwierigkeitsgrad**
Mittel

Kochzeit
5–8 Minuten

Hilfsmittel
Sterilisiertes 1,5-Liter-Glas mit weiter Öffnung und säurefestem Deckel (Seite 42)

Ergibt
Etwa 1 kg

Haltbarkeit
Gekühlt 6 Monate

TIPS

✦ Nehmen Sie feste Auberginen mit kräftiger Färbung und straffer, glänzender Haut ohne Flecken.

✦ Apfelessig und Weinblätter beschleunigen den Gärungsprozeß.

GEFÜLLTE AUBERGINEN SYRISCHE ART *können als Bestandteil von Meze gereicht werden, einem wunderbar zwanglosen Essen, bei dem man sich von vielen kleinen Gerichten nimmt und dazu reichlich Weißbrot ißt. Die Auberginen sind auch eine leckere Beilage zu kaltem Fleisch und Blattsalat.*

DUNKELVIOLETTE AUBERGINEN sehen am attraktivsten aus, aber Sie können auch weiße oder gelbe Baby-Auberginen nehmen oder eine Mischung aus den drei Farben.

ROTE CHILISCHOTEN sorgen für Schärfe; nehmen Sie davon mehr oder weniger, je nachdem, wie scharf Sie's mögen.

VARIATION

***Auberginen-Pickles mit Roter Bete* (*Foto Seite 23*)**

Mit den Auberginen, die diesmal ungefüllt bleiben, eine in dünne Scheiben geschnittene rohe Rote Bete sowie 6 Knoblauchzehen und 2–3 frische rote Chilischoten, beides grob gehackt, ins Glas mit einschichten.

Eingelegte Zwiebeln

(Grundtechnik Seite 52)

Manche Gerichte lassen sich ohne eine Garnitur von eingelegten Perlzwiebelchen gar nicht vorstellen! Ich finde Branntweinessig etwas zu intensiv zum Einlegen, aber er hält die Zwiebeln schön weiß.

VARIATION

Eingelegte Rote Beten
(Foto Seite 23)
Kleine Rote Beten bleiben ganz, große werden gewürfelt. Kochen, ohne vorheriges Einsalzen ins Glas füllen, mit heißem Essig bedecken.

- *1,25 kg Silberzwiebeln*
- *Salz*
- *2 Lorbeerblätter*
- *4 TL Senfkörner*
- *2–4 getrocknete rote Chilischoten*
- *aromatisierter Essig zum Aufgießen (Seite 129)*

1 Zum leichteren Schälen die Zwiebeln blanchieren (Seite 46). In einer Schüssel mit Wasser bedecken. Das Wasser in einen Meßbecher abgießen; je Liter 75 g Salz einrühren. Über die Zwiebeln gießen, beschweren (Seite 46) und 24 Stunden ziehen lassen.

2 Die Zwiebeln abspülen, mit den Lorbeerblättern und Gewürzen in das sterilisierte Glas schichten. Den Essig zugießen, bis er die Zwiebeln 2,5 cm hoch bedeckt, wieder abgießen in einen säurefesten Topf und 2 Minuten kochen.

3 Den heißen Essig über die Zwiebeln gießen, beschweren, das Glas verschließen. 3–4 Wochen ziehen lassen.

Schwierigkeitsgrad
Leicht

Kochzeit
3–4 Minuten

Hilfsmittel
Sterilisiertes 1,5-Liter-Glas mit säurefestem Deckel (Seite 42)

Ergibt
Etwa 1 kg

Haltbarkeit
2 Jahre

Eingelegter Knoblauch

(Foto Seite 19)

Eingelegter Knoblauch kommt aus Persien, wo er als Snack gereicht und anstelle von frischem Knoblauch zum Kochen verwendet wird. Das Einlegen mildert und verändert den Geschmack des Knoblauchs, der ein zartes, feines Aroma annimmt. Am besten eignet sich frischer, junger Knoblauch, der gerade reif geworden ist.

- *$^{1}/_{2}$ l destillierter Malzessig oder Weißweinessig*
- *2 EL Salz*
- *1 kg frischer Knoblauch*

1 Essig und Salz in einem säurefesten Topf zum Kochen bringen und 2–3 Minuten kochen. Vom Herd nehmen und abkühlen lassen.

2 Die Knoblauchknollen in Zehen zerteilen und diese blanchieren, damit sie sich besser schälen lassen (Seite 46). Bei jungem Knoblauch nur die Außenhaut entfernen – sie ist leicht abzulösen. Alle Zehen quer halbieren.

3 Die halbierten Knoblauchzehen 1 Minute blanchieren, abtropfen lassen und in sterilisierte Gläser füllen. Mit Essig aufgießen und beschweren (Seite 46); die Gläser verschließen. 1 Monat ziehen lassen.

Schwierigkeitsgrad
Leicht

Kochzeit
4–5 Minuten

Hilfsmittel
Sterilisierte Gläser mit säurefestem Deckel (Seite 42)

Ergibt
Etwa 1 kg

Haltbarkeit
2 Jahre

Eingelegte grüne Tomaten

(Foto Seite 15)

Herrlich, um einen Überschuß unreifer Tomaten zu verwerten! Diese knackige, saure Köstlichkeit kommt aus Osteuropa. Sie ist im Norden der USA so beliebt, daß sie in keinem Feinkostgeschäft fehlen darf.

TIP

Probieren Sie das Rezept auch mit Gurken, Zucchini oder Früchten wie Stachelbeeren und Pflaumen aus. Grünes Gemüse sollte immer vorher blanchiert werden (Seite 46).

- *1 kg grüne Tomaten*
- *einige Dillzweige*
- *2–3 Lorbeerblätter*
- *2–3 frische oder getrocknete rote Chilischoten*
- *1$^{1}/_{2}$ EL Senfkörner*
- *1 EL schwarze Pfefferkörner*
- *4–5 Gewürznelken*
- *1 l Apfelessig*
- *$^{1}/_{8}$ l Wasser*
- *4 EL Honig oder Zucker*
- *1 EL Salz*

1 Die Tomaten an mehreren Stellen mit einem Zahnstocher einstechen. Mit den Kräutern und Gewürzen in das sterilisierte Glas schichten.

2 Essig, Wasser, Honig oder Zucker und Salz in einem säurefesten Topf zum Kochen bringen, 5 Minuten sprudelnd kochen, vom Herd nehmen und abkühlen lassen, bis die Mischung nur noch warm ist.

3 Den warmen Essig ins Glas gießen. Falls die Tomaten noch nicht bedeckt sind, kalten Essig zugießen. Die Tomaten beschweren (Seite 46), das Glas verschließen. 1 Monat ziehen lassen, doch nach 2–3 Monaten entfaltet sich das Aroma noch besser.

Schwierigkeitsgrad
Leicht

Kochzeit
etwa 5 Minuten

Hilfsmittel
Sterilisierte Gläser mit säurefestem Deckel (Seite 42)

Ergibt
Etwa 1 kg

Haltbarkeit
2 Jahre

Serviervorschlag
Zu Fleisch, Käse oder Drinks

Würzige Cocktailtomaten

(Foto Seite 15)

Beim Hineinbeißen in diese kleinen Tomaten erwartet Sie eine Überraschung: Das weich gewordene Fruchtfleisch explodiert im Mund. Für diese dekorativen Pickles eignen sich auch kleine grüne oder gelbe Tomaten.

1 kg feste rote oder gelbe Cocktailtomaten, am besten Strauchtomaten

10–12 Minze- oder Basilikumblätter

zuckerfreier süßer Essig für den Aufguß (Seite 130)

1 Jede Tomate mehrfach mit einem Zahnstocher anstechen, mit Minze oder Basilikum in das sterilisierte Glas schichten.

2 Mit dem Essig aufgießen, so daß die Tomaten mindestens 2,5 cm hoch bedeckt sind. Die Tomaten mit einem Holzspießchen anstupsen, damit alle Luftbläschen entweichen.

3 Die Tomaten beschweren (Seite 46) und das Glas verschließen. 4–6 Wochen ziehen lassen, doch bei längerem Lagern nimmt das Aroma noch zu.

Schwierigkeitsgrad
Leicht

Hilfsmittel
Sterilisiertes 1-Liter-Glas mit säurefestem Deckel (Seite 42)

Ergibt
Etwa 1 kg

Haltbarkeit
1 Jahr

Salzgurken

(Foto Seite 21)

Meine Mutter, im Konservieren beschlagen wie keine zweite, ist überzeugt, daß Salzgurken nur schön grün und knackig bleiben, wenn sie vor dem Einlegen kurz blanchiert werden.

TIPS

- Weinblätter unterstützen den Gärungsprozeß und geben ihr typisches Aroma an die Gurken ab.
- Sie brauchen die Salzlake aus diesem und vielen anderen Rezepten nicht wegzugießen, wenn die Pickles gegessen sind. Kochen Sie damit Suppen, pikante Gerichte oder verwenden Sie sie als Salatdressing.

1 kg kleine, feste Einlegegurken

5–6 dicke Knoblauchzehen, ungeschält zerdrückt

2–3 Dillstiele mit Blüten

3–4 frische oder getrocknete rote Chilischoten

2–3 Lorbeerblätter

Salz

einige Weinblätter (nach Belieben)

1 Die Gurken 1 Minute blanchieren (Seite 46).

2 Gurken, Knoblauch, Dill und Lorbeerblätter in das sterilisierte Glas schichten und mit Wasser auffüllen. Das Wasser in einen Meßbecher abgießen. In je $\frac{1}{2}$ l Wasser $1\frac{1}{2}$ EL Salz unter Rühren auflösen.

3 Die Salzlake ins Glas gießen, die Weinblätter, falls verwendet, darauflegen und beschweren (Seite 46). Mit einem sauberen Tuch bedecken und an einem warmen, luftigen Ort 1–2 Wochen stehen lassen. Bei Beginn der Gärung trübt sich die Lake.

4 Sobald die Lake wieder klar wird, ist die Gärung abgeschlossen. Das Glas luftdicht verschließen und lagern. Die Gurken können sofort gegessen werden.

VARIATIONEN

✦ ***Eingelegte Tomaten (Foto Seite 15)***
1 kg kleine, feste rote Tomaten mehrfach mit einem Zahnstocher anstechen. Mit 3–4 frischen, aufgeschlitzten Chilischoten, 8 Knoblauchzehen, 6–8 Sellerieblättern und 1 EL schwarzen Pfefferkörnern in ein sterilisiertes 2-Liter-Glas mit weiter Öffnung schichten. Mit Wasser bedecken und weiterverfahren wie bei den Gurken, aber je $\frac{1}{2}$ l Wasser 2 EL Salz zufügen, außerdem 2 EL Apfelessig. Weiter wie oben.

✦ ***Rote Bete in Salzlake (Foto Seite 22)***
1,5 kg kleine Rote Beten schälen, ganz belassen oder in große Stücke schneiden. Ins Glas schichten und wie die Gurken mit Lake bedecken. Beschweren und zugedeckt gären lassen. Nach einigen Tagen bildet sich Schaum. Täglich abschöpfen und die Glasöffnung sauber abwischen. Die Gärung ist in etwa 1 Monat abgeschlossen; dann das Glas verschließen. Mit der Lake kochen Sie Borschtsch; auch die Roten Beten können zugefügt oder als Pickles gegessen werden.

Schwierigkeitsgrad
Leicht

Kochzeit
1 Minute

Hilfsmittel
Sterilisiertes 1,5-Liter-Glas mit weiter Öffnung und säurefestem Deckel (Seite 42)

Ergibt
Etwa 1 kg

Haltbarkeit
6 Monate;
Rote Bete 3 Monate

Serviervorschlag
Die Gurken fein würfeln und Saucen oder Kartoffelsalat beigeben; Canapés damit garnieren

Eingelegte Rübchen oder Radieschen

Diese kräftig gefärbten Pickles sind in ganz Nahost und im südlichen Teil Rußlands sehr beliebt. Früher war fermentiertes Wurzelgemüse wie dieses in den trüben Wintermonaten eine wichtige Quelle von Vitamin B und C.

750 g weiße Rübchen oder große Radieschen, in 1 cm dicke Scheiben geschnitten

250 g rohe Rote Bete, in 1 cm dicke Scheiben geschnitten

4–5 Knoblauchzehen, in Scheiben geschnitten

Salz

3 EL Weißweinessig oder destillierter Malzessig

1 Die Rübchen oder Radieschen mit den Roten Beten und dem Knoblauch in das sterilisierte Glas schichten.

2 Mit kaltem Wasser bedecken. In einen Meßbecher abgießen. In je $^1/_2$ l Wasser $1^1/_2$ EL Salz unter Rühren auflösen. Den Wein- oder Malzessig zufügen, ins Glas gießen.

3 Das Gemüse beschweren (Seite 46), mit einem sauberen Tuch bedecken und an einem warmen, luftigen Ort etwa 2 Wochen ruhen lassen, bis die Gärung abgeschlossen ist (siehe Salzgurken, Seite 93). Das Glas verschließen. Etwa 1 Monat ziehen lassen.

Schwierigkeitsgrad
Leicht

Hilfsmittel
Sterilisiertes 1-Liter-Glas mit weiter Öffnung und säurefestem Deckel

Ergibt
Etwa 1 kg

Haltbarkeit
3–6 Monate

Serviervorschlag
In Salaten oder als Snack zu Drinks

Tip

Genauso können Sie alle anderen Mitglieder der Rübenfamilie, zum Beispiel weißen Rettich oder Kohlrabi, einlegen.

Eingelegter Möhren-Sellerie-Salat

Der aromatische Knollensellerie läßt sich wunderbar einlegen. Allerdings kann er hohl und faserig sein, wenn er zu alt geerntet wurde. Nehmen Sie feste Knollen, die verhältnismäßig schwer für ihre Größe und frei von grünen Stellen sind.

1 große Sellerieknolle von etwa 1 kg, geschält und in feine Streifchen geschnitten oder grob geraspelt

5 große Möhren, grob geraspelt

2 Zwiebeln, in dünne Ringe geschnitten

$2^1/_2$ EL Salz, 2 EL Dillsamen

in Streifchen geschnittene Schale und Saft von 1 unbehandelten Orange

$^1/_2$ l Weißwein- oder Apfelessig

150 ml Wasser

1 EL Zucker (nach Belieben)

1 Sellerie, Möhren und Zwiebeln in einer Glasschüssel mit 2 EL Salz vermischen. 2 Stunden ziehen lassen.

2 Das Gemüse unter fließendem kaltem Wasser abspülen und gut abtropfen lassen. Die Dillsamen und die Orangenschale untermischen, locker in die heißen, sterilisierten Gläser einfüllen.

3 Orangensaft, Essig, Wasser, Zucker (falls gewünscht) und das restliche Salz in einem säurefesten Topf zum Kochen bringen und 2–3 Minuten kochen lassen, gut abschäumen. Die Gläser damit auffüllen. Das Gemüse mit einem Holzspießchen mehrmals anstoßen, damit alle Luftbläschen entweichen; die Gläser verschließen. Der Salat ist in 1 Woche durchgezogen.

Schwierigkeitsgrad
Leicht

Kochzeit
2–3 Minuten

Hilfsmittel
2 sterilisierte 1-Liter-Gläser mit säurefestem Deckel (Seite 42)

Ergibt
Etwa 2 kg

Haltbarkeit
3–6 Monate

Serviervorschlag
Besonders gut zu heißem oder kaltem Hähnchen

Tip

Ich blanchiere Orangenschalen nie, weil ich ihr volles, leicht bitteres Aroma mag. Falls Sie es vorziehen, können Sie aber die Schalenstreifchen vor der Verwendung 1–2 Minuten blanchieren, abgießen und mit kaltem Wasser abschrecken.

Chow-Chow (Senfgemüse)

In vielen alten Kochbüchern tauchen Rezepte für dieses kräftige, bunte Senfgemüse auf. Hier meine Abwandlung eines Rezepts aus der Kolonialzeit. Bereiten Sie es im Sommer zu, wenn es Gemüse in Hülle und Fülle gibt – alles Frische, Knackige in bunten Farben ist dafür geeignet.

250 g Cornichons oder kleine Gurken

1 kleiner Blumenkohl, in Röschen zerteilt

250 g grüne Tomaten, gewürfelt

300 g Möhren, in dickere Stifte geschnitten

250 g Prinzeßbohnen, geputzt

300 g Perlzwiebeln, geschält

4 rote Paprikaschoten, in Streifen geschnitten

1 kleiner Stangensellerie, in Scheiben geschnitten

100 g Salz

Für die Senfsauce

100 g weißes oder Vollkornmehl

75 g Senfpulver

$1^{1}/_{2}$ EL Selleriesamen

$1^{1}/_{2}$ EL gemahlene Kurkuma

1 EL Salz

$1^{1}/_{4}$ l Apfel- oder Malzessig

300 g weicher hellbrauner oder weißer Zucker

1 Cornichons ganz belassen; kleine Gurken in dicke Scheiben schneiden.

2 Alles Gemüse in einer großen Glasschüssel mit kaltem Wasser bedecken. Das Salz unter Rühren darin auflösen. Beschweren (Seite 46) und über Nacht ziehen lassen.

3 Am nächsten Tag das Gemüse gut abtropfen lassen und 2 Minuten blanchieren (Seite 46).

4 Für die Senfsauce das Mehl in einer kleinen Schüssel mit dem Senfpulver, den Selleriesamen, Kurkuma und Salz vermischen. Nach und nach $^{1}/_{4}$ l Essig zugießen und zu einer glatten, dünnflüssigen Paste verrühren.

5 Den restlichen Essig und den Zucker im Einkochtopf zum Kochen bringen. Nach und nach die Senfpaste einrühren. Das abgetropfte Gemüse hineingeben, noch einmal aufkochen lassen und vom Herd nehmen.

6 Das Chow-chow in die heißen, sterilisierten Gläser füllen und luftdicht verschließen. Die Pickles sind in 2 Wochen durchgezogen, werden aber durch längeres Lagern noch schmackhafter.

Tips

- ✦ Vollkornmehl ergibt eine dunklere, grobere Senfsauce.
- ✦ Wer das Gemüse weicher mag, läßt es weitere 5 Minuten in der Sauce köcheln.

Schwierigkeitsgrad
Mittel

Kochzeit
Etwa 2 Minuten

Hilfsmittel
Säurefester Einkochtopf; sterilisierte Gläser mit säurefestem Deckel (Seite 42)

Ergibt
Etwa 3 kg

Haltbarkeit
1 Jahr

Serviervorschlag
Als würzige Beigabe zu kaltem Fleisch oder Käse reichen

Piccalilli

(Foto Seite 33)

Dieser englische Klassiker unter den Würzsaucen stammt aus Indien und wurde in der Kolonialzeit »importiert«. Mein knakkiges Früchte-Piccalilli orientiert sich an älteren exotischen Vorläufern des unangenehm scharf-sauren knallgelben Produkts, das heute in den Regalen der Supermärkte steht. Als Essig können Sie jeden der Gewürzessige von Seite 129 nehmen.

TIPS

✦ Nach diesem Rezept läßt sich alles knackige Obst und Gemüse in beliebiger Zusammenstellung einlegen.

✦ Das Piccalilli schmeckt noch milder, wenn Sie die Senfkörner 3–4 Minuten mit dem Essig mitkochen lassen.

250 g grüne Bohnen, in mundgerechte Stücke geschnitten
250 g Blumenkohl, in kleine Röschen zerteilt
300 g Möhren, in Scheiben mittlerer Dicke geschnitten
250 g Stachelbeeren, geputzt
250 g Honigmelone, gewürfelt
200 g kernlose Trauben
125 g Salz
400 g gelbe Senfkörner
1 l Gewürzessig (Seite 129)
1 EL gemahlene Kurkuma

1 Gemüse und Obst in einer großen Glasschüssel mit kaltem Wasser bedecken. 100 g Salz darin auflösen. Beschweren (Seite 46) und 24 Stunden ziehen lassen.

2 Am nächsten Tag die Senfkörner in der Gewürz- oder Kaffeemühle grob mahlen – falls nötig, portionsweise.

3 Das Gemüse und Obst abgießen, unter fließendem kaltem Wasser abspülen und gut abtropfen lassen. Probieren – falls es zu salzig ist, nochmals mit kaltem Wasser bedecken und 10 Minuten ziehen lassen, abgießen, nochmals abspülen und abtropfen lassen. Die gemahlenen Senfkörner untermischen.

4 Den Gewürzessig mit Kurkuma und dem restlichen Salz in einem säurefesten Topf zum Kochen bringen, gut abschäumen und 10 Minuten sprudelnd kochen lassen.

5 Den kochenden Essig über das Obst und Gemüse in der Schüssel gießen, gut vermischen. In die heißen, sterilisierten Gläser füllen und verschließen. Dieses Piccalilli kann sofort gegessen werden, wird aber durch längeres Lagern noch besser.

☆☆ **Schwierigkeitsgrad**
Mittel

Kochzeit
Etwa 12 Minuten

Hilfsmittel
Gewürz- oder Kaffeemühle, sterilisierte Gläser mit säurefestem Deckel (Seite 42)

Ergibt
Etwa 3 kg

Haltbarkeit
1 Jahr

Serviervorschlag
Köstlich zu Käse

Zwiebel-Paprika-Pickles

(Foto Seite 19)

Ein bunter, farbenfroher Salat. Nehmen Sie Paprika in allen Farben; die grünen Schoten werden allerdings schnell blaß. Manchmal mische ich noch anderes Gemüse wie Möhren oder Knollensellerie darunter.

1,25 kg Zwiebeln, in dünne Ringe geschnitten
2 rote Paprikaschoten, in dünne Ringe geschnitten
2 gelbe Paprikaschoten, Samen und Scheidewände entfernt, in dünne Ringe geschnitten
4 EL Salz
1 l Weißwein- oder Apfelessig
100 g Zucker
2 EL getrocknete Minze
2 EL Paprikapulver
2 EL Dillsamen
2 TL Salz

1 Die Zwiebeln und Paprikaschoten in einer großen Glasschüssel mit 4 EL Salz vermischen, mit einem sauberen Tuch bedecken und 2 Stunden ziehen lassen.

2 Die am Boden angesammelte Flüssigkeit weggießen, das Gemüse unter fließendem kaltem Wasser abspülen und abtropfen lassen.

3 Den Essig mit dem Zucker, der Minze, dem Paprikapulver, dem Dill und 2 TL Salz in einem säurefesten Topf zum Kochen bringen. Bei schwacher Hitze 5 Minuten leise köcheln lassen.

4 Das Gemüse in das heiße, sterilisierte Glas füllen. Die kochende Essigmischung darübergießen, so daß das Gemüse vollständig bedeckt ist. Den Inhalt mit einem Holzspießchen mehrmals anstoßen, damit alle Luftbläschen entweichen. Das Glas verschließen. Mindestens 1 Woche ziehen lassen.

☆ **Schwierigkeitsgrad**
Leicht

Kochzeit
Etwa 8 Minuten

Hilfsmittel
Sterilisiertes 2-Liter-Glas mit säurefestem Deckel (Seite 42)

Ergibt
Etwa 2 kg

Haltbarkeit
6 Monate

Serviervorschlag
Paprika und Zwiebeln abtropfen lassen, mit etwas Öl beträufeln und als erfrischenden Salat reichen

Butterbrot-Pickles

(Foto Seite 21)

Diese köstlichen altmodischen Pickles kamen früher aufs Butterbrot, daher der Name. Manche führen ihn allerdings darauf zurück, daß die Pickles einmal wie Brot und Butter zu den alltäglichen Grundnahrungsmitteln gehörten. Dieses spezielle Rezept stammt aus Neuengland in den USA und gehört zu den vielen ursprünglich britischen Pickles, die in den amerikanischen Küchen der Kolonialzeit zur höchsten Vollendung entwickelt wurden.

Tip

Am einfachsten läßt sich das Gemüse mit einem Gemüsehobel schneiden.

750 g Einlegegurken

625 g Zwiebeln, in 5 mm dicke Scheiben geschnitten

375 g rote oder gelbe Paprikaschoten, in 5 mm breite Streifen geschnitten

3 EL Salz

1 l Apfel-, Weißwein- oder Malzessig

500 g weicher hellbrauner oder weißer Zucker

2 TL gemahlene Kurkuma

1 EL Senfkörner

2 TL Dillsamen

1 Die Gurken in einer Schüssel mit kochendem Wasser übergießen. Abgießen, unter fließendem kaltem Wasser abschrecken und abtropfen lassen. In 1 cm dicke Scheiben schneiden.

2 Die Gurken, Zwiebeln und Paprikaschoten in einer großen Glasschüssel mit dem Salz vermischen, mit einem sauberen Tuch bedecken und über Nacht ziehen lassen.

3 Am nächsten Tag die angesammelte Flüssigkeit abgießen. Das Gemüse unter fließendem kaltem Wasser abspülen und gut abtropfen lassen. Eine Gurkenscheibe kosten; ist sie zu salzig, das Gemüse nochmals mit Wasser bedecken, 10 Minuten stehen lassen, abgießen, abspülen und gut abtropfen lassen.

4 Den Essig mit Zucker, Kurkuma, Senfkörnern und Dillsamen im Einkochtopf zum Kochen bringen und 10 Minuten sprudelnd kochen lassen. Das abgetropfte Gemüse zufügen, nochmals aufwallen lassen und vom Herd nehmen.

5 Die Pickles in die heißen, sterilisierten Gläser füllen und verschließen. Sie können sofort gegessen werden.

Schwierigkeitsgrad
Leicht

Kochzeit
Etwa 15 Minuten

Hilfsmittel
Säurefester Einkochtopf; sterilisierte Gläser mit säurefestem Deckel (Seite 42)

Ergibt
Etwa 2 kg

Haltbarkeit
1 Jahr

Serviervorschlag
Zu kaltem Braten oder aufs Käsebrot

Pickles mit Olivenöl

(Foto Seite 21)

Dieser Klassiker aus den Kolonialküchen Amerikas ist einfach zubereitet und immer willkommen. Mit ihrer milden Säure sind die Pickles erfrischend und halten sich sehr gut. Die Gurken lassen sich durch dünne Paprikaringe oder Möhrenscheiben ersetzen.

750 g Einlegegurken, in 5 mm dicke Scheiben geschnitten

625 g Zwiebeln, in dünne Scheiben geschnitten

75 g Salz

1/2 l Apfelessig

75 ml Wasser

1 EL Dillsamen

1 EL Selleriesamen

1 EL gelbe Senfkörner

75 ml gutes, fruchtiges, natives Olivenöl

1 Die Gurken und Zwiebeln in einer großen Glasschüssel mit kaltem Wasser bedecken. Das Salz unter Rühren darin auflösen. Beschweren (Seite 46), mit einem sauberen Tuch bedecken und über Nacht stehen lassen.

2 Am nächsten Tag das Gemüse abtropfen lassen. Unter fließendem kaltem Wasser gut abspülen, nochmals abtropfen lassen und soviel Flüssigkeit wie möglich herausdrücken. In die heißen, sterilisierten Gläser füllen.

3 Den Essig mit dem Wasser und den Gewürzen in einem säurefesten Topf zum Kochen bringen, 5 Minuten kochen. Vom Herd nehmen und leicht abkühlen lassen, dann mit dem Schneebesen das Öl unterschlagen.

4 Die Gläser damit auffüllen. Das Gemüse mit einem Holzspießchen mehrmals anstoßen, damit alle Luftbläschen entweichen. Kontrollieren, ob das Öl und die Gewürze gleichmäßig verteilt und die Pickles bedeckt sind. Die Gläser verschließen. 2 Wochen ziehen lassen.

Schwierigkeitsgrad
Leicht

Kochzeit
Etwa 8 Minuten

Hilfsmittel
Sterilisierte Gläser mit säurefestem Deckel (Seite 42)

Ergibt
Etwa 1,5 kg

Haltbarkeit
1 Jahr

Serviervorschlag
Köstlich zu reifem Hartkäse wie Cheddar, rotem Leicester und weißem Stilton

Eingelegtes Gemüse

(Foto Seite 19)

Baby-Gemüse wird heute schon öfter angeboten und ergibt ausgesprochen dekorative, köstliche Pickles. Mischen Sie, was Ihnen unterkommt. Falls Sie kein Baby-Gemüse finden, nehmen Sie normalgroßes Gemüse, schneiden es in Happen und salzen es 24 Stunden ein.

4–5 gelbe Zucchini, in Scheiben geschnitten
3 Baby-Weißkohlköpfe, geviertelt
3 Baby-Blumenkohlköpfe, ganz belassen
250 g Baby-Maiskolben
250 g Schalotten, geschält
100 g Salz
1 1/2 l Gewürzessig nach Wahl (Seite 129)

1 Das Gemüse in einer großen Glasschüssel mit dem Salz vermischen. Mit einem sauberen Tuch bedecken und 24–48 Stunden ruhen lassen, dabei gelegentlich umrühren.

2 Die angesammelte Flüssigkeit wegschütten. Das Gemüse unter fließendem kaltem Wasser abspülen und gut abtropfen lassen. Nochmals mit kaltem Wasser bedecken, 1 Stunde stehen lassen und wieder abgießen.

3 Das Gemüse in das sterilisierte Glas schichten und beschweren (Seite 46).

4 Das Glas mit dem gewählten Essig auffüllen, so daß das Gemüse vollständig bedeckt ist, und verschließen. 4–6 Wochen ziehen lassen.

Schwierigkeitsgrad
Leicht

Hilfsmittel
Sterilisiertes 3-Liter-Glas mit weiter Öffnung und säurefestem Deckel (Seite 42)

Ergibt
Etwa 1,5 kg

Haltbarkeit
1 Jahr

Serviervorschlag
Als Wintersalat oder Krönung eines kalten Buffets

Tobys bunte Gurken-Pickles

Hier habe ich ein Rezept abgewandelt, das ich von Toby Kay aus Johannesburg bekommen habe; seine Ursprünge sind allerdings in Mitteleuropa zu suchen. Die Pickles sind einfach zuzubereiten und schon nach zwei Tagen durchgezogen. Abgetropft und mit etwas Öl und gehackten Kräutern bestreut, ergeben sie einen bunten, erfrischenden Salat.

500 g große Gurken, in 1 cm dicke Scheiben geschnitten
2 EL Salz
375 g Zwiebeln, in dünne Ringe geschnitten
275 g Möhren, grob geraffelt oder in feine Julienne geschnitten
4 Knoblauchzehen, in Scheibchen geschnitten
1 TL schwarze Pfefferkörner
3–4 Lorbeerblätter
3/4 l Wasser
350 ml Weißwein- oder destillierter Malzessig
4 EL Zucker
1–2 getrocknete rote Chilischoten

1 Die Gurkenscheiben in einem Sieb mit 1 EL Salz vermischen, etwa 20 Minuten ziehen lassen. Unter fließendem kaltem Wasser abspülen und gut abtropfen lassen.

2 Die Zwiebelringe und Möhrenjulienne in einer Schüssel mit kochendem Wasser übergießen und gut abtropfen lassen.

3 Den Boden des heißen, sterilisierten Glases mit einer Schicht Gurkenscheiben auskleiden. Ein paar Knoblauchscheibchen, Pfefferkörner und ein Lorbeerblatt darauflegen und mit einer Schicht der Zwiebel-Möhren-Mischung bedecken.

4 Alles Gemüse auf diese Weise einschichten. Das Glas sollte fast voll, das Gemüse aber locker eingelegt sein.

5 Das Wasser mit dem Essig, dem Zucker, den Chilischoten und dem restlichen Salz in einem säurefesten Topf zum Kochen bringen und einige Minuten bei Mittelhitze kochen lassen. Gut abschäumen, die Chilischoten entfernen.

6 Das Glas bis zum Rand mit der heißen Essigmischung auffüllen, so daß das Gemüse vollständig bedeckt ist. Mit einem Holzspießchen mehrmals anstoßen, damit alle Luftbläschen entweichen. Verschließen und im Kühlschrank 2 Tage ziehen lassen.

Schwierigkeitsgrad
Leicht

Kochzeit
Etwa 5 Minuten

Hilfsmittel
Sterilisiertes 1,5-Liter-Glas mit säurefestem Deckel (Seite 42)

Ergibt
Etwa 1 kg

Haltbarkeit
Gekühlt 3 Monate

Serviervorschlag
Als Salat oder pikanten Snack zu Drinks

Eingelegte Okras

Grundlage dieser Pickles ist ein traditionelles iranisches Rezept. Okraschoten sind ein faszinierendes Gemüse mit einzigartigem Aroma und Fruchtfleisch. Kein Grund zur Sorge, wenn die Einlegeflüssigkeit dick wird: Ursache ist der gallertartige Saft der Okras.

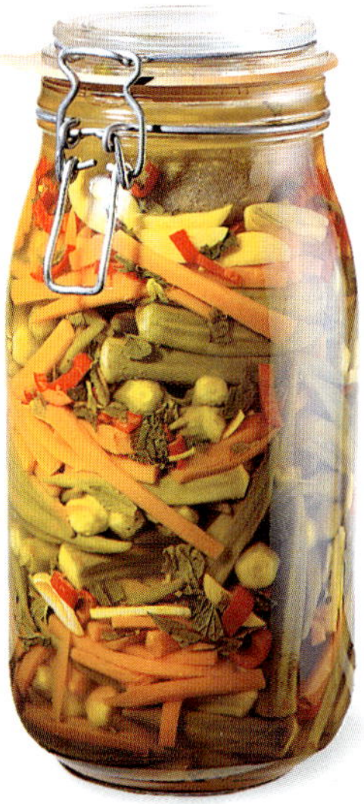

750 g knackige, junge Okraschoten
1 EL Salz
275 g Möhren, in dickere Stifte geschnitten
6 große Knoblauchzehen, in Scheiben geschnitten
3–4 frische rote Chilischoten, Samen entfernt, in Scheiben geschnitten (nach Belieben)
1 kleiner Bund Minze, grob gehackt

Für den Aufguß
1 l Apfelessig
4 EL Zucker oder Honig
1 EL Salz
2 TL gemahlene Kurkuma

1 Vom Stielende der Okras alle dunklen Stellen wegschneiden, den Stiel aber nicht entfernen. Alle Schoten mehrmals mit einem Zahnstocher anstechen.

2 Die Okras auf ein Backblech legen und mit dem Salz bestreuen. 1 Stunde stehen lassen.

3 Unter fließendem kaltem Wasser abspülen, mit Küchenpapier abtrocknen. Die Möhren 2–3 Minuten blanchieren (Seite 46).

4 Knoblauch, Chilischoten (falls verwendet) und Minze vermischen. Die Okraschoten und Möhren in die heißen, sterilisierten Gläser schichten, dazwischen die Knoblauchmischung verteilen. Die Gläser sollten voll, das Gemüse locker eingelegt sein.

5 Für den Aufguß den Essig mit dem Zucker oder Honig und dem Salz in einem säurefesten Topf zum Kochen bringen und gut abschäumen. Kurkuma zufügen, einige Minuten köcheln lassen.

6 Die Gläser bis zum Rand mit dem heißen Essig auffüllen, so daß das Gemüse völlig bedeckt ist. Mehrmals mit einem Holzspießchen anstoßen, damit alle Luftbläschen entweichen, und verschließen. 2 Wochen ziehen lassen.

Schwierigkeitsgrad
Leicht

Kochzeit
Etwa 10 Minuten

Hilfsmittel
Sterilisierte Gläser mit säurefestem Deckel (Seite 42)

Ergibt
Etwa 2 kg

Haltbarkeit
6 Monate

Serviervorschlag
Allein als Snack oder als erfrischende Salatbeilage zu kaltem Fleisch

Ungarische Paprika-Pickles

(Foto Seite 17)

Mit etwas Glück finden Sie im Spätsommer Tomatenpaprika, so benannt nach ihrem Aussehen. Die Schoten sind entweder rot oder hellgelb und sehr fleischig, daher ideal zum Konservieren. Falls Sie keine bekommen, ersetzen Sie sie durch kleine Paprikaschoten in allen Farben außer Grün, das schnell verblaßt.

1 kg rote Paprikaschoten
2 kleine getrocknete Chilischoten
2 Lorbeerblätter
Wasser
Weißweinessig
Zucker
Salz

Für das Gewürzsäckchen (Seite 47)
2 TL schwarze Pfefferkörner
1 TL Pimentkörner
2 Lorbeerblätter

1 Die Paprikaschoten gründlich waschen, die Stiele nicht entfernen. Mit den Chilischoten und Lorbeerblättern in das sterilisierte Glas schichten. Mit Wasser auffüllen.

2 Das Wasser in einen Meßbecher abgießen. Die Hälfte davon wegschütten und durch Essig ersetzen. Je Liter Essigwasser 2 EL Zucker und 2 EL Salz zufügen.

3 Das Essigwasser samt Zucker, Salz und Gewürzsäckchen in einem säurefesten Topf zum Kochen bringen. Bei schwacher Hitze 10 Minuten leise köcheln lassen. Etwas abkühlen lassen.

4 Den warmen Aufguß ins Glas gießen, so daß die Paprikaschoten völlig bedeckt sind; das Glas verschließen. Nach einigen Tagen kontrollieren, ob die Schoten noch bedeckt sind – sie saugen die Flüssigkeit nach und nach ins Innere. Eventuell Flüssigkeit nachgießen. 2 Wochen ziehen lassen.

Schwierigkeitsgrad
Leicht

Kochzeit
Etwa 15 Minuten

Hilfsmittel
Sterilisiertes 2-Liter-Glas mit weiter Öffnung und säurefestem Deckel (Seite 42)

Ergibt
Etwa 1 kg

Haltbarkeit
1 Jahr

Serviervorschlag
Als Beilage zu kaltem Braten oder Käse

Weihnachtsorangen

(Foto Seite 29)

Eingelegte Gewürzorangen gehören seit je zu den englischen Klassikern. Bei dieser eleganten Version werden die Orangen nicht in Scheiben geschnitten, sondern ganz belassen – eine überraschende Beilage für ein festliches Mahl.

1 kg kleine, dünnschalige Orangen, am besten kernlose
1 l Apfel- oder destillierter Malzessig
750 g Zucker
Saft von 1 Zitrone
Gewürznelken
Für das Gewürzsäckchen (Seite 47)
2 TL Gewürznelken
2 Zimtstangen, zerdrückt
1 TL Kardamomkapseln, zerdrückt

1 Die Orangen unter fließendem heißem Wasser kräftig bürsten. Mit dem Ziseliermesser ringsum je 5–6 Streifen aus der Schale schneiden und dem Gewürzsäckchen zufügen.

2 Die Orangen im Einkochtopf mit kaltem Wasser bedecken. Zum Kochen bringen und 20–25 Minuten leise köcheln lassen, bis die Schale knapp weich ist. Mit dem Schaumlöffel herausheben und gut abtropfen lassen.

3 Vom Kochsud 1 l abmessen und mit dem Essig, Zucker, Zitronensaft und Gewürzsäckchen im Einkochtopf zum Kochen bringen. 10 Minuten kochen lassen, vom Herd nehmen und gründlich abschäumen. Die Orangen einlegen und über Nacht ziehen lassen.

4 Am nächsten Tag das Ganze nochmals aufkochen und 20 Minuten sanft köcheln lassen. Die Orangen mit dem Schaumlöffel herausheben und leicht abkühlen lassen.

5 Jede Orange mit einigen Nelken spicken und ins heiße, sterilisierte Glas legen. Den Sirup zum Kochen bringen und sprudelnd kochen lassen, bis er leicht eingedickt ist. Das Glas damit auffüllen, so daß die Orangen völlig bedeckt sind, und verschließen. Mindestens 1 Monat ziehen lassen.

☆☆ **Schwierigkeitsgrad**
Mittel

Kochzeit
Etwa 1 Stunde

Hilfsmittel
Ziseliermesser; säurefester Einkochtopf; sterilisiertes 2-Liter-Glas mit weiter Öffnung und säurefestem Deckel (Seite 42)

Ergibt
Etwa 1 kg

Haltbarkeit
2 Jahre

Serviervorschlag
Zu kaltem Schinken (Rezept Seite 134), zu Truthahn, Hähnchen oder anderem Geflügel

Eingelegte Limetten

(Foto Seite 29)

Eine scharfe, feurige Spezialität aus dem indischen Pandschab. Genauso können Sie Zitronen oder Orangen einlegen.

1 kg Limetten
100 g Salz
1 TL Kardamomkapseln
1 TL schwarzer Kreuzkümmel
1 TL Kümmel
$^1/_2$ TL Gewürznelken
500 g weicher hellbrauner oder weißer Zucker
1 EL Chilipulver
75 g frische Ingwerwurzel, fein geraspelt

1 Die Limetten in einer Schüssel mit kaltem Wasser bedecken. Über Nacht ziehen lassen und abgießen. Beide Enden abschneiden, die Früchte in 5 mm dicke Scheiben schneiden. In einer Glasschüssel mit dem Salz vermischen, mit einem sauberen Tuch bedecken und 12 Stunden ziehen lassen.

2 Am nächsten Tag die Gewürze zu einem feinen Pulver mahlen.

3 Die Limetten abtropfen lassen; den ausgetretenen Saft mit dem Zucker und den gemahlenen Gewürzen im Einkochtopf zum Kochen bringen und den Zucker unter Rühren auflösen. Vom Herd nehmen, das Chilipulver einrühren und abkühlen lassen.

4 Die Limetten und den Ingwer zu dem abgekühlten Sirup geben, gut durchheben und in die sterilisierten Gläser füllen. Mit einem Holzspießchen mehrmals anstoßen, damit alle Luftbläschen entweichen. Die Gläser verschließen. 4–5 Tage an einen warmen Ort stellen, anschließend 4–5 Wochen an einem dunklen Ort ziehen lassen.

☆☆ **Schwierigkeitsgrad**
Mittel

Kochzeit
Etwa 5 Minuten

Hilfsmittel
Gewürz- oder Kaffeemühle; säurefester Einkochtopf; sterilisierte Gläser mit säurefestem Deckel (Seite 42)

Ergibt
Etwa 1 kg

Haltbarkeit
2 Jahre

Serviervorschlag
Als würzige Beigabe auf einer Vorspeisenplatte, ganze Fische oder Fischfilets vor dem Garen damit belegen

Süß-sauer eingelegte Zwetschen

Diese Zwetschen nach einem mitteleuropäischen Rezept sind ein aparter Begleiter für Brot und Käse.

- *1/2 l Apfelessig*
- *150 ml Apfel- oder Birnendicksaft*
- *1 EL Salz*
- *1 kg Zwetschen oder Pflaumen*
- *8 Gewürznelken*
- *8 Pimentkörner*
- *6–8 feine Streifchen frische Ingwerwurzel*
- *2 Lorbeerblätter*

1 Den Apfelessig mit dem Dicksaft und Salz in einem säurefesten Topf zum Kochen bringen und 1–2 Minuten köcheln lassen.

2 Die Zwetschen ringsum mit einem Zahnstocher anstechen und mit den Gewürzen und Lorbeerblättern in die heißen, sterilisierten Gläser schichten. Mit dem kochenden Essig auffüllen und verschließen. 1 Monat ziehen lassen.

Schwierigkeitsgrad
Leicht

Kochzeit
3–4 Minuten

Hilfsmittel
Sterilisierte Gläser mit säurefestem Deckel (Seite 42)

Ergibt
Etwa 1 kg

Haltbarkeit
2 Jahre

Eingelegte gefüllte Melonen

(Foto Seite 20)

Dieses kuriose britische Rezept stammt aus dem 17. Jahrhundert. Damals waren Mangos ein unerhörter Luxus, und viele Rezepte ahmten Mangos mit billigeren, leichter erhältlichen Früchten nach, zum Beispiel mit Treibhausmelonen. Paprikaschoten können genauso eingelegt werden.

- *4–5 kleine, noch unreife Melonen, am besten Galia- oder Charentais-Melonen*
- *Salz*
- *jeder Gewürzessig oder süße Gewürzessig Ihrer Wahl (Seite 129)*

Für die Füllung

- *300 g Weißkohl, fein gehobelt*
- *150 g Möhren, grob geraspelt*
- *2 rote Paprikaschoten oder einige frische rote Chilischoten, in Streifchen geschnitten*
- *3 Selleriestangen, grob gehackt*
- *75 g frische Ingwerwurzel, fein geraspelt*
- *2 Knoblauchzehen, in Scheibchen geschnitten*
- *100 g Salz*
- *1 EL Senfkörner*
- *2 TL Schwarzkümmel (nach Belieben)*

1 Die Melonen vorbereiten (siehe unten, Schritt 1) und in einer Glasschüssel mit kaltem Wasser bedecken. Das Wasser in einen Meßbecher abgießen, je Liter 4 EL Salz darin auflösen. Über die Melonen gießen und 24 Stunden ziehen lassen.

2 Für die Füllung das Gemüse mit dem Ingwer und Knoblauch in eine Schüssel geben. Mit dem Salz vermischen und zugedeckt 24 Stunden ziehen lassen.

3 Die Füllung und die Melonen abgießen, abspülen und abtropfen lassen, noch einmal abspülen und abtropfen lassen. Die Gewürze unter die Füllung mischen, in die Melonen füllen. Ins Glas legen und mit Essig bedecken. Beschweren (Seite 42) und verschließen. 5–6 Wochen ziehen lassen.

Schwierigkeitsgrad
Anspruchsvoll

Hilfsmittel
Sterilisiertes 2-Liter-Glas oder Steinguttopf mit weiter Öffnung und säurefestem Deckel (Seite 42)

Ergibt
2 Liter

Haltbarkeit
1 Jahr

Serviervorschlag
Als Krönung eines kalten Buffets

Die Melonen vorbereiten und füllen

1 Von den Melonen einen Deckel abschneiden. Mit einem Löffel die Samen und Fasern aus der Mitte herausschälen.

2 Die abgetropfte Gemüsefüllung in die Melonen verteilen und mit einem Löffel in die Höhlung drücken.

3 Die Deckel auf die gefüllten Melonen setzen, mit Schnur festbinden oder mit Zahnstochern feststecken.

Kiwi-Paprika-Pickles

Eine exotische, farbenprächtige und milde Delikatesse. Die Kiwis nicht zu lange kochen, denn sie werden schnell weich. Noch bunter werden die Pickles mit roten, gelben und orangefarbenen Paprikaschoten.

- *1 kg harte, unreife Kiwis, geschält und in grobe Stücke zerteilt*
- *Saft von 1 Zitrone*
- *3 rote Paprikaschoten, in breite Streifen geschnitten*
- *1 EL Salz*
- *1 l Apfel- oder Weißweinessig*
- *150 g Honig, am besten Blütenhonig*
- *250 g weicher hellbrauner oder weißer Zucker*
- *1 EL schwarze Pfefferkörner*
- *2 TL Wacholderbeeren*
- *1 TL Pimentkörner*

1 Die Kiwistücke in einer Glasschüssel mit dem Zitronensaft beträufeln und vorsichtig vermischen, 15 Minuten marinieren. Die Paprikastreifen mit Salz bestreuen und 15 Minuten ziehen lassen.

2 Den Essig mit Honig, Zucker und den Gewürzen in einem säurefesten Einkochtopf zum Kochen bringen; 10 Minuten sprudelnd kochen, bis der Sirup etwas eingekocht ist.

3 Die Paprikastreifen unter kaltem Wasser abspülen und gut abtropfen lassen. In den kochenden Sirup geben. Aufkochen und bei schwacher Hitze 5 Minuten leise köcheln lassen. Die Kiwis zufügen und nochmals 5 Minuten köcheln lassen.

4 Mit einem Schaumlöffel herausheben und vorsichtig in die heißen, sterilisierten Gläser füllen. Den Sirup 10 Minuten sprudelnd kochen, bis er weiter reduziert ist. Den kochenden Sirup in die Gläser gießen; verschließen. Mindestens 1 Woche ziehen lassen.

☆☆ **Schwierigkeitsgrad**
Mittel

Kochzeit
Etwa 40 Minuten

Hilfsmittel
Sterilisierte Gläser mit säurefestem Deckel (Seite 42)

Ergibt
Etwa 1,5 kg

Haltbarkeit
1 Jahr

Serviervorschlag
Mit Olivenöl anrichten und als Salat oder als Garnitur für eine Platte mit kaltem Fleisch servieren

Salzzitronen

(Foto Seite 29)

In Salz eingelegte Zitronen sind eine Grundzutat in der Küche Nordafrikas. Das Salz macht die Schale weich und verleiht den Zitronen einen kräftigen Geschmack.

Eingelegte Kaffir-Limetten, siehe Tips

- *1 kg kleine, dünnschalige, unbehandelte Zitronen*
- *Salz*
- *etwa 350 ml Zitronen- oder Limettensaft oder gesäuertes Wasser (siehe unten)*
- *1–2 EL Olivenöl*

1 Die Zitronen waschen und bürsten. Längs von der Spitze aus in Viertel schneiden, aber die Teile am Stielansatz nicht trennen, so daß sie sich wie Blüten öffnen.

2 Jede Zitrone vorsichtig auseinanderfalten, mit etwa 1 TL Salz bestreuen und wieder zusammendrücken. Dicht an dicht in das sterilisierte Glas füllen und beschweren (Seite 46). 4–5 Tage an einem warmen Ort, am besten auf einem sonnigen Fensterbrett, ruhen lassen. Bis dahin sollte sich einige Flüssigkeit angesammelt haben.

3 Die Zitronen vollständig mit Zitronensaft oder gesäuertem Wasser (in je 1/2 l kaltem Wasser 1 1/2 TL Zitronensäure auflösen) bedecken.

4 Eine dünne Schicht Öl auf die Oberfläche verteilen, es verhindert die Schimmelbildung. Das Glas sofort verschließen. Die Lake ist erst trüb, wird aber nach 3–4 Wochen klar – dann können die Zitronen verwendet werden.

Tips

✦ Vor der Verwendung die Zitronen gut unter fließendem kaltem Wasser waschen und weiterverarbeiten, wie im Rezept angegeben. Sie können das Fruchtfleisch wegwerfen und nur die Schale verwenden.
✦ Die wunderbar prickelnde Lake läßt sich in Salaten oder Eintöpfen verwenden.
✦ Limetten genauso einlegen.

☆ **Schwierigkeitsgrad**
Leicht

Hilfsmittel
Sterilisiertes 1,5-Liter-Glas mit säurefestem Deckel (Seite 42)

Ergibt
Etwa 1 kg

Haltbarkeit
2 Jahre

Serviervorschlag
Zum Würzen von Tagine und Kuskus oder als Beigabe zu gegrilltem Fisch

Eingelegte Wassermelonenschale

Die Wassermelone ist eine sehr vielseitige Frucht: Sie kann in Sirup eingelegt, kandiert oder in Salzlake fermentiert werden.

500 g Wassermelonenschale mit noch etwa 5 mm rotem Fruchtfleisch, die grüne Außenhaut entfernt
4 EL Salz
1 kg Einmachzucker
3/4 l Wasser
3/4 l Weißwein- oder Apfelessig

Für das Gewürzsäckchen (Seite 47)
5 cm frische Ingwerwurzel, gehackt
1 Zimtstange, zerbrochen
1 EL Pimentkörner
1 EL Gewürznelken
2–3 Streifen unbehandelte Zitronen- oder Orangenschale (nach Belieben)

1 Die Schale in 2,5 cm große Würfel schneiden und in einer großen Schüssel mit Wasser bedecken. Das Salz darin auflösen. Mit einem sauberen Tuch bedecken, über Nacht ziehen lassen.

2 Am nächsten Tag abgießen und im Einkochtopf mit frischem Wasser bedecken. Zum Kochen bringen und bei schwacher Hitze etwa 15 Minuten leise köcheln lassen. Gut abtropfen lassen.

3 Den Zucker mit dem Wasser, Essig und Gewürzsäckchen im gereinigten Einkochtopf zum Kochen bringen und etwa 5 Minuten kochen lassen. Gut abschäumen, die abgetropften Schalenstücke zufügen und bei schwacher Hitze 45–60 Minuten leise köcheln lassen, bis sie glasig aussehen.

4 Die Melonenschale samt Sirup in die heißen, sterilisierten Gläser füllen und verschließen. Etwa 1 Monat ziehen lassen.

Schwierigkeitsgrad
Leicht

Kochzeit
1–1 1/4 Stunden

Hilfsmittel
Säurefester Einkochtopf; sterilisierte Gläser mit säurefestem Deckel (Seite 42)

Ergibt
Etwa 1,5 kg

Haltbarkeit
2 Jahre

Serviervorschlag
Köstlich zu Geflügel und gekochtem Schinken

TIP

Die grüne Außenhaut der Wassermelone gründlich abschälen, da sie eine abführende Substanz enthält.

Gewürzbirnen

(Foto Seite 30)

Diese aromatischen, im ganzen eingelegten Birnen sehen durch ihre Streifen besonders dekorativ aus. Besonders köstlich schmecken sie zu Wild.

Saft von 1 Zitrone
1 kg harte Birnen
1 1/4 l Rotweinessig
1/2 l Rotwein
500 g Zucker
250 g Honig

Für das Gewürzsäckchen (Seite 47)
1 EL schwarze Pfefferkörner
2 TL Gewürznelken
2 TL Pimentkörner
1 TL Lavendelblüten (nach Belieben)
2 Lorbeerblätter
1 große Zimtstange
einige Streifen unbehandelte Zitronenschale

1 Den Zitronensaft in einer großen Schüssel mit kaltem Wasser verrühren. Mit dem Ziseliermesser oder Gemüseschäler einige Längsstreifen aus jeder Birne herausschälen – wegen der Optik. Die Birnen ins Zitronenwasser legen.

2 Den Essig, Wein, Zucker, Honig und das Gewürzsäckchen im Einkochtopf zum Kochen bringen, gut abschäumen und 5 Minuten kochen.

3 Die Birnen hineingeben. Bei schwacher Hitze 35–40 Minuten leise köcheln lassen, bis sie etwas weicher geworden sind, beim Anstechen mit dem Messer aber noch Widerstand spürbar ist. Mit dem Schaumlöffel herausheben und in das heiße, sterilisierte Glas setzen.

4 Den Sirup sprudelnd kochen, bis er um die Hälfte reduziert und leicht eingedickt ist. Das Gewürzsäckchen entfernen. Das Glas mit dem heißen Sirup auffüllen, so daß die Birnen völlig bedeckt sind, und verschließen. 1 Monat ziehen lassen.

Schwierigkeitsgrad
Mittel

Kochzeit
Etwa 50 Minuten

Hilfsmittel
Ziseliermesser; säurefester Einkochtopf; sterilisiertes 1-Liter-Glas mit weiter Öffnung und säurefestem Deckel (Seite 42)

Ergibt
Etwa 1 kg

Haltbarkeit
2 Jahre

Serviervorschlag
Zu Wild und Truthahn

EINGELEGT IN ÖL

Das Haltbarmachen in Öl ist ein uraltes, schon in römischen Schriften erwähntes Verfahren – das südländische Gegenstück zum Einsiegeln in tierischem Fett, wie es in kalten Ländern üblich war. Das Öl schützt vor Luft und Keimen und verleiht einen wunderbar milden Geschmack; nehmen Sie das beste Öl, das für Sie erschwinglich ist. Natives Olivenöl aus kalter Pressung besitzt meist einen zu kräftigen Eigengeschmack, daher verdünne ich es gern mit einem milden Öl wie Erdnußöl oder raffiniertem Sesamöl; aber es darf auch ein fruchtiges, feineres Olivenöl guter Qualität sein. Probieren Sie verschiedene Ölmischungen aus, bis Sie herausfinden, was Ihnen am besten schmeckt.

Pilze in Öl

Ich liebe Pilze. Ihr Aroma läßt Erinnerungen an kühle Herbsttage, an den unvergeßlichen Duft von Wald und vermodernden Blättern aufsteigen. Die Saison für Wildpilze ist sehr kurz und läßt sich am besten verlängern, wenn Sie die reiche Ernte in Öl einlegen.

½ l Weißweinessig
¼ l Wasser
3–4 Knoblauchzehen, grob gehackt
1 TL schwarze Pfefferkörner
2 TL Salz
4–6 Zweige Thymian
1 kg gemischte Pilze
1–2 Streifen unbehandelte Zitronenschale
1 Lorbeerblatt (nach Belieben)
Olivenöl guter Qualität

1 Den Essig und das Wasser mit dem Knoblauch, den Pfefferkörnern, dem Salz und ein paar Thymianzweigen in einem tiefen, säurefesten Topf zum Kochen bringen. Bei schwacher Hitze 30 Minuten köcheln lassen.

2 Die Pilze darin etwa 10 Minuten köcheln, bis sie knapp gar sind. Mit einem Schaumlöffel herausheben und gut abtropfen lassen. Den Thymian entfernen.

3 Die Pilze mit der Zitronenschale, dem Lorbeerblatt (falls gewünscht) und dem restlichen Thymian in das heiße, sterilisierte Glas schichten.

4 Das Olivenöl in einem Topf auf 75 °C erhitzen und behutsam in das Glas gießen, bis die Pilze völlig bedeckt sind. Mit einem Holzspießchen mehrmals anstoßen, damit alle Luftbläschen aufsteigen, und das Glas verschließen. Die Pilze sind in etwa 2 Wochen durchgezogen.

Schwierigkeitsgrad
Leicht

Kochzeit
Etwa 45 Minuten

Hilfsmittel
Thermometer, sterilisiertes 1,5-Liter-Glas mit säurefestem Deckel (Seite 42)

Ergibt
Etwa 1 kg

Haltbarkeit
6 Monate

Serviervorschlag
Als Hors d'œuvre oder mit etwas Öl aus dem Glas als Pastasauce

BEVOR DAS GLAS verschlossen wird, vergewissern, daß die Pilze gut mit dem Olivenöl bedeckt sind.

EINE MISCHUNG aus frischen Wild- und Zuchtpilzen schmeckt am besten.

DIE ZITRONENSCHALE verleiht den Pilzen ein feines Aroma.

PILZE IN ÖL sind eine köstliche Vorspeise. Servieren Sie sie auf dicken Baguette-Scheiben, die Sie in etwas von dem Einlegeöl anbraten.

TIPS

✦ Pilze saugen Wasser auf wie ein Schwamm; waschen Sie sie daher nur, wenn unbedingt nötig. Sonst putzen, Staub und Schmutz mit einem Pinsel abbürsten und mit Küchenpapier sauberwischen.

✦ Alle kleineren eßbaren Wildpilze eignen sich zum Einlegen, solange sie ganz frisch und unversehrt sind; besonders gut sind Steinpilze und Morcheln. Kleine Zuchtpilze lassen sich genauso zubereiten.

Auberginen in Öl

Diese ungewöhnliche, sehr aromatische Delikatesse geht auf ein libanesisches Rezept zurück. In Öl eingelegte Auberginen werden butterweich und zergehen auf der Zunge. Das Öl, das im Glas zurückbleibt, schmeckt wunderbar in Salatdressings.

1 kg Baby-Auberginen, von den Stielansätzen befreit, Salz

75 g Pekannüsse, in Hälften geteilt

2 unbehandelte Zitronen, in dünne Halbscheiben geschnitten

6 Knoblauchzehen, in hauchdünne Scheibchen geschnitten

1/2 l Olivenöl

1 Die Auberginen 5–7 Minuten dämpfen, bis sie knapp weich sind. Abkühlen lassen.

2 Jede Aubergine längs tief einschneiden. Auseinanderziehen, eine winzige Prise Salz hineinstreuen und mit einer Pekannußhälfte, je einem Zitronen- und Knoblauchscheibchen füllen. Mit einem Zahnstocher zustecken.

3 Die Auberginen in das warme, sterilisierte Glas schichten. Falls noch Zitronen- und Knoblauchscheiben übrig sind, dazwischenstecken.

4 Das Olivenöl in einem Topf auf 80 °C erhitzen. Vorsichtig ins Glas gießen, bis die Auberginen vollständig bedeckt sind. Das Glas verschließen. 3–4 Wochen ziehen lassen.

☆☆ **Schwierigkeitsgrad**
Mittel

Kochzeit
Etwa 10 Minuten

Hilfsmittel
Dämpftopf; Thermometer; sterilisiertes 1,5-Liter-Glas mit weiter Öffnung und Deckel (Seite 42)

Ergibt
Etwa 1 kg

Haltbarkeit
6 Monate

Serviervorschlag
Als Teil einer *Meze*-Platte oder allein zu Drinks

Gegrilltes Gemüse in Öl

Dieses Gemüse, ein leicht abgewandelter sizilianischer Klassiker, bekommt durch das Grillen einen herrlich rauchigen Geschmack. Viele andere Zusammenstellungen von Gemüse sind möglich.

Paprikaschoten in Öl, siehe Variation

500 g kleine Auberginen, längs halbiert, oder große Auberginen, in dicke Stifte geschnitten

300 g Zucchini, in dicke Stifte geschnitten

3 EL Salz

4 Zitronen (1 unbehandelt)

500 g rote und gelbe Paprikaschoten, in breite Streifen geschnitten

300 g Schalotten, geschält

1 große Knoblauchknolle, geschält

600 ml Olivenöl

3 EL Kapern

2–3 Zweige Rosmarin

2–3 Zweige Thymian

1 Die Auberginen und Zucchini in einem Standsieb mit 2 EL Salz vermischen und etwa 1 Stunde Saft ziehen lassen. Unter fließendem kaltem Wasser abspülen, abtropfen lassen und mit Küchenpapier trockentupfen.

2 Von 1 Zitrone die Schale abreiben, dann alle Zitronen auspressen. Das restliche Salz mit der Schale und dem Saft in einer großen Glasschüssel unter Rühren auflösen.

3 Die Auberginen, Zucchini, Paprika, Schalotten und den Knoblauch mit 4–5 EL Öl bepinseln und unter den heißen Grill schieben oder auf einen offenen Grill legen. Nach 5 Minuten wenden und grillen, bis das Gemüse leicht angeröstet ist und die Haut Blasen wirft.

4 Das gegrillte Gemüse in den Zitronensaft einlegen. Mit einem sauberen Tuch bedecken und 1 Stunde marinieren.

5 Mit den Kapern und Kräutern in das heiße, sterilisierte Glas schichten. Das restliche Öl mit der Zitronenmarinade verschlagen und in einem Topf auf 80 °C erhitzen.

6 Das Gemüse vorsichtig mit der heißen Ölmischung bedecken, das Glas verschließen. 4–6 Wochen ziehen lassen.

☆☆ **Schwierigkeitsgrad**
Mittel

Kochzeit
Etwa 12 Minuten

Hilfsmittel
Sterilisiertes 2-Liter-Glas mit weiter Öffnung und Deckel (Seite 42); Thermometer

Ergibt
Etwa 2 kg

Haltbarkeit
1 Jahr

Serviervorschlag
Zusammen mit anderen Vorspeisen

VARIATION

Paprikaschoten in Öl

1,5 kg rote oder gelbe Paprikaschoten rösten und häuten (Seite 56). Die warmen Schoten mit 3–4 zerdrückten Knoblauchzehen in dem Zitronensaft 24 Stunden im Kühlschrank marinieren. Auf Zimmertemperatur erwärmen, abtropfen lassen und die ganzen Schoten in ein sterilisiertes 1-Liter-Glas schichten. Weiter wie oben.

Artischocken in Öl

Artischocken sind im ganzen Mittelmeerraum beliebt, in Salaten, als Zutat in den verschiedensten Gerichten und natürlich eingelegt. Wenn Sie das Glück haben und für dieses Rezept Baby-Artischocken finden, brauchen Sie nur die härteren Außenblätter zu entfernen und die Artischocken zu halbieren. Das zarte Heu kann mitgegessen werden.

2 große Zitronen (1 unbehandelt)
1 EL Salz
1 EL feingehackter Thymian
1,5 kg junge Artischocken
1/2 l mildes Oliven-, Erdnuß- oder raffiniertes Sesamöl

1 Von 1 Zitrone die Schale abreiben, beide Zitronen auspressen. Die ausgepreßten Hälften beiseite stellen.

2 Das Salz in dem Zitronensaft samt der Schale und dem Thymian in einer großen Glasschüssel unter Rühren auflösen.

3 Von den Artischocken die Stiele abschneiden und die Blätter abzupfen; so weit stutzen, bis das Herz freiliegt (siehe unten, Schritte 1–3). Mit den Zitronenhälften abreiben, damit sie sich nicht verfärben. Mit einem spitz zulaufenden Löffel das Heu herausschälen (Schritt 4, unten).

4 Große Artischockenhälften halbieren. Immer gleich im Zitronensaft wenden und 30 Minuten marinieren.

5 Die Artischocken in das sterilisierte Glas schichten. Das Öl mit der Zitronenmarinade verquirlen und die Artischocken damit bedecken. Das Glas verschließen. 6–8 Wochen ziehen lassen, dabei das Glas gelegentlich schütteln, um alles zu vermischen.

Schwierigkeitsgrad
Mittel

Hilfsmittel
Sterilisiertes 1-Liter-Glas mit weiter Öffnung und Deckel (Seite 42)

Ergibt
Etwa 750 g

Haltbarkeit
2 Jahre

Serviervorschlag
Mit anderen Vorspeisen reichen oder in Scheiben schneiden und zu Pasta servieren

BABY-ARTISCHOCKEN sind ideal für dieses Rezept.

DIE ARTISCHOCKEN VORBEREITEN

1 Mit einem scharfen Messer den zähen Stiel von den Artischocken abtrennen; so nah am Boden wie möglich abschneiden.

2 Die Blätter abzupfen und das freigelegte Innere gleich mit den Zitronenhälften einreiben, damit es nicht braun wird.

3 Das Artischockenherz glattschneiden, dabei alle harten Stellen entfernen. Die Schnittflächen mit der Zitrone einreiben.

4 Das »Heu« mit einem Grapefruitlöffel aus der Herzmitte entfernen. Die Herzen in den Zitronensaft legen.

Ofengetrocknete Tomaten in Öl

(Foto Seite 14)

Tomaten entwickeln beim Trocknen einen kräftigen, konzentrierten Geschmack und sind eine Bereicherung für viele pikante Speisen. In heißen Ländern oder bei einer Hitzewelle können die Tomaten auch direkt in der Sonne getrocknet werden (Seite 60), was etwa 2 Tage dauert.

1 kg Fleisch- oder Eiertomaten, halbiert

2 EL Salz, 1 EL Zucker

1 EL getrocknetes Basilikum oder Minze

4 EL natives Olivenöl extra

1 Zweig Rosmarin

1–2 getrocknete Chilischoten (nach Belieben)

1–2 Knoblauchzehen, in Scheibchen geschnitten (nach Belieben)

Olivenöl fürs Glas

1 Die Tomatenhälften mit der Schnittseite nach oben auf einen Rost über ein mit Alufolie ausgekleidetes Blech legen. Mit Salz und Zucker, Basilikum oder Minze bestreuen, mit dem Olivenöl beträufeln.

2 Den Rost mit dem Blech in den auf niedrigester Stufe vorgeheizten Ofen schieben. Die Tomaten 8–12 Stunden bei spaltbreit geöffneter Tür trocknen lassen, bis sie trocken, aber immer noch biegsam sind.

3 Die getrockneten Tomaten mit dem Rosmarin und, falls gewünscht, den Chilischoten und dem Knoblauch in das sterilisierte Glas schichten.

4 Mit Olivenöl bedecken. Mehrmals mit einem Holzspießchen anstoßen, damit alle Luftblasen entweichen. Das Glas verschließen. Mindestens 1–2 Tage ziehen lassen.

☆ **Schwierigkeitsgrad**
Leicht

Kochzeit
8–12 Stunden

Hilfsmittel
Sterilisiertes 600-ml-Glas mit Verschluß (Seite 42)

Ergibt
Etwa 300 g

Haltbarkeit
2 Jahre

Serviervorschlag
Als aromatische Zutat in Salaten, Nudelsaucen, Eintöpfen und Broten; frisch aus dem Ofen mit einem Joghurt-Dressing als köstliche Vorspeise

Labna (Frischkäse)

(Grundtechnik Seite 54)

Labna ***ist ein erfrischend säuerlicher Joghurt-Frischkäse aus dem Nahen Osten. Ursprünglich wurde er aus Schaf- oder Ziegenmilch bereitet, heute mehr aus Kuhmilch. Nehmen Sie das beste native Olivenöl, das für Sie erschwinglich ist, denn es verleiht dem Käse ein himmlisches Aroma!***

2 l griechischer Joghurt

75 ml natives Olivenöl feiner Qualität

abgeriebene Schale und Saft von 1 Zitrone

3 EL getrocknete Minze (nach Belieben)

1 EL feingehackter Thymian (nach Belieben)

1 EL Salz

Olivenöl fürs Glas

1 Den Joghurt mit dem Öl, der Schale und dem Saft der Zitrone, den getrockneten Kräutern (falls gewünscht) und dem Salz in einer großen Glasschüssel mit einem Holzlöffel gründlich durchschlagen.

2 Eine große Schüssel so mit einer doppelten Schicht sterilisiertem Mull auskleiden, daß reichlich Mull an den Rändern überhängt. Die Joghurtmasse hineingießen.

3 Die Enden des Stoffs mit einer Schnur zusammenbinden. Über die Schüssel hängen.

4 Den Joghurt 2–3 Tage lang an einem kühlen Ort bei 6–8 °C abtropfen lassen – im Winter in einem ungeheizten Raum, im Sommer unten im Kühlschrank.

5 Die gut abgetropfte Masse kalt stellen, bis sie sich fest anfühlt und leicht zu formen ist. Mit den Händen 4 cm große Bällchen formen.

6 Die Frischkäse-Bällchen noch einmal kühlen, falls nötig, damit sie nicht zerfallen, dann in das sterilisierte Glas schichten.

7 Mit Olivenöl bedecken. Das Glas mehrmals sacht auf die Arbeitsfläche klopfen, damit alle Luftbläschen entweichen. Die Käsebällchen können sofort gegessen werden.

☆☆ **Schwierigkeitsgrad**
Mittel

Hilfsmittel
Sterilisierter Mull; sterilisiertes 1,5-Liter-Glas mit Deckel (Seite 42)

Ergibt
Etwa 1,25 kg

Haltbarkeit
6 Monate

Serviervorschlag
Die Käsebällchen, mit Öl aus dem Glas beträufelt, zusammen mit anderen Vorspeisen als *Meze* servieren

Meeresfrüchte in Öl

(Foto Seite 27)

Für diese äußerst attraktive Delikatesse brauchen Sie eine möglichst bunte Mischung von Meeresfrüchten. Besonders geeignet sind kleine Tintenfische, Venusmuscheln, Schwertmuscheln, Miesmuscheln und kleine Krustentiere. Falls Sie keine frischen Meeresfrüchte bekommen, können Sie auch tiefgefrorene nehmen, die allerdings nicht so aromatisch sind. Aufgetaute Meeresfrüchte brauchen Sie nicht mehr zu kochen, sondern nur mit kochendem Sud zu übergießen und 3 Stunden zu marinieren.

Tips

- Nach Belieben die Muscheln vor dem Einlegen aus den Schalen lösen oder aber mitsamt einer Schalenhälfte einlegen, was besonders dekorativ aussieht.
- Der durchgeseihte Kochsud ist eine gute Grundlage für eine Fischsuppe.

1 große unbehandelte Zitrone, in dünne Schnitze geschnitten
1 EL Salz
300 g kleine Kalmare, in 1 cm breite Ringe geschnitten
200 g ganze Baby-Kraken oder große Krakenstücke
400 g frische Mies- oder Venusmuscheln
200 g Jakobsmuscheln (ohne Schale gewogen)
400 g Garnelenschwänze, geschält, falls gewünscht
2–3 getrocknete rote Chilischoten
2–3 Zweige Rosmarin
1–2 Lorbeerblätter
1/2 l Olivenöl

Für den Sud

1/4 l trockener Weißwein
1/4 l Wasser, 1/4 l Weißweinessig
1 kleine Fenchelknolle, in Scheiben geschnitten
2–3 Streifen unbehandelte Zitronen- oder Orangenschale
2 TL Salz, 1 Lorbeerblatt
1 TL schwarze Pfefferkörner
1 TL Fenchelsamen

1 Die Zitronenschnitze in einem Sieb mit dem Salz vermischen und etwa 1 Stunde stehen lassen.

2 Alle Zutaten für den Sud in einem großen, säurefesten Topf zum Kochen bringen und 20 Minuten bei schwacher Hitze leise köcheln lassen. Tintenfisch (Kalmare und Kraken) zugeben und 15–20 Minuten köcheln lassen, bis die Kraken weich zu werden beginnen.

3 Die restlichen Meeresfrüchte zufügen und 5 Minuten leise köcheln lassen, bis die Jakobsmuscheln knapp gar sind. Gut abtropfen lassen.

4 Die warmen Meeresfrüchte mit den Zitronenschnitzen, Chilischoten, dem Rosmarin und den Lorbeerblättern in das warme, sterilisierte Glas schichten. Das Olivenöl auf 60 °C erhitzen. Das Glas damit auffüllen, so daß alle Zutaten ganz bedeckt sind, und verschließen. 4–6 Wochen ziehen lassen.

Schwierigkeitsgrad
Mittel

Kochzeit
45–55 Minuten

Hilfsmittel
Sterilisiertes 1,5-Liter-Glas mit weiter Öffnung und Deckel (Seite 42); Thermometer

Ergibt
Etwa 1,25 kg

Haltbarkeit
3–4 Monate

Serviervorschlag
Mit anderen Vorspeisen reichen; über heißen oder kalten Nudeln als kleine Mahlzeit

Heringe in gewürztem Öl

(Foto Seite 27)

Diese kräftige, würzige Delikatesse ist meine eigene Kreation und findet bei Chili-Liebhabern großen Anklang. Nehmen Sie festfleischige Heringe wie Matjes oder selbst eingesalzene Heringe (siehe Einsalzen, Seite 74). Eingesalzene Makrele läßt sich genauso zubereiten.

1 kg Salzheringe oder etwa 500 g fertige Matjesfilets
1/2 l leichtes Oliven-, Erdnuß- oder raffiniertes Sesamöl
5 cm Zimtstange, zerdrückt
1 Stengel Zitronengras, gehackt
3–4 getrocknete rote Chilischoten, aufgeschlitzt
4–5 Gewürznelken
4–5 Kardamomkapseln

1 Die Salzheringe 24 Stunden wässern, das Wasser mehrmals wechseln. Gut abtropfen lassen. Längs halbieren und entgräten. Abspülen, mit Küchenpapier trocknen und in Happen schneiden.

Bei fertigen Matjesfilets entfällt das Wässern.

2 Alle anderen Zutaten in einem Topf langsam erhitzen. Etwa 20 Minuten kurz vor dem Siedepunkt ziehen lassen. Vom Herd nehmen und auf 50 °C abkühlen lassen.

3 Die Heringshappen in das warme, sterilisierte Glas schichten. Mit dem warmen Öl bedecken. Das Glas behutsam rütteln, damit alle Luftblasen entweichen und die Gewürze sich gleichmäßig verteilen, und verschließen. 3–4 Wochen ziehen lassen.

Schwierigkeitsgrad
Leicht

Kochzeit
Etwa 25 Minuten

Hilfsmittel
Thermometer; sterilisiertes Glas mit weiter Öffnung und Deckel (Seite 42)

Ergibt
Etwa 500 g

Haltbarkeit
6 Monate

Serviervorschlag
Mit gekühltem Wodka servieren, Schnittchen damit belegen oder als appetitanregende Vorspeise reichen

RELISHES, WÜRZSAUCEN & GEWÜRZMISCHUNGEN

Aus allen Teilen der Welt stammt diese bunte Mischung sehr unterschiedlicher, für die jeweiligen Landesküchen typischen Würzspezialitäten. Mit ihrem konzentrierten Aroma sind sie wertvolle Hilfen in der Küche. Schon ein Spritzer einer selbstgemachten Sauce oder Würze genügt, um ein wenig interessantes Gericht aufleben zu lassen. Ich habe immer einen Vorrat meiner eigenen Gewürzmischungen, die ich bei vielen Einmachrezepten verwende. Lagern Sie immer nur kleine Mengen, und verbrauchen Sie sie möglichst rasch, da gemahlene Gewürze schnell ihr Aroma verlieren.

Tomaten-Birnen-Relish

Fleischtomaten *Birnen* *Schalotten* *Selleriestange mit Blättern* *Chilischote* *Gelbe Senfkörner* *Süßes Paprikapulver* *Dillsamen* *Wasser* *Apfelessig* *Weicher hellbrauner Zucker* *Salz*

Relishes sind zwar eine Erfindung aus den USA, dieses besondere Rezept stammt jedoch von der Westküste Kanadas, wo Birnen statt der üblichen Äpfel verwendet werden.

- *1 kg Fleisch- oder Eiertomaten, gehäutet, Samen entfernt, grob zerkleinert*
- *625 g Birnen, geschält, entkernt und grob zerkleinert*
- *300 g Schalotten oder Zwiebeln, fein gehackt*
- *6 Selleriestangen mit Blättern, fein gehackt*
- *2–3 frische rote Chilischoten, Samen entfernt, fein gehackt (nach Belieben)*
- *1 EL gelbe Senfkörner*
- *1 EL süßes Paprikapulver*
- *1 EL Dillsamen*
- *$^1/_4$ l Wasser*
- *1 l Apfel- oder Rotweinessig*
- *200 g weicher hellbrauner oder weißer Zucker*
- *1 EL Salz*

1 Von Tomaten bis einschließlich Wasser alle Zutaten in den Einkochtopf geben.

2 Zum Kochen bringen und gut abschäumen. Bei schwacher Hitze unter häufigem Rühren etwa 20 Minuten köcheln lassen, bis die Birnen weich und musig werden.

3 Den Essig, Zucker und das Salz zufügen. Noch 1–$1^1/_2$ Stunden köcheln lassen, bis die meiste Flüssigkeit verdampft und das Relish eingedickt ist; dabei gelegentlich umrühren.

4 Den Topf vom Herd nehmen. Das Relish in die heißen, sterilisierten Gläser füllen und verschließen. Falls gewünscht, sterilisieren, abkühlen lassen und den Verschluß prüfen (Seite 44).

Schwierigkeitsgrad
Leicht

Kochzeit
$1^1/_2$–2 Stunden

Hilfsmittel
Säurefester Einkochtopf; sterilisierte Gläser mit säurefestem Deckel (Seite 42)

Ergibt
Etwa 1,5 kg

Haltbarkeit
6 Monate
Sterilisiert 2 Jahre

Serviervorschlag
Mit Frikadellen, auf belegten Broten und zu gegrilltem Fisch oder Fleisch

Tomaten-Birnen-Relish ist *eine würzige Beigabe zu Fleischspießchen.*

DILLSAMEN UND PAPRIKA runden das Aroma mild ab, während Chilischoten und Senf für Schärfe sorgen.

HITZEBESTÄNDIGE GLÄSER MIT SCHNAPPVERSCHLUSS sind bestens geeignet, wenn Sie das Relish sterilisieren möchten.

VARIATIONEN

✦ ***Tomaten-Quitten-Relish***
Die Birnen durch dieselbe Menge Quitten ersetzen. Die Kochzeit in Schritt 2 auf 30–35 Minuten erhöhen, bis die Quitten weich sind, aber noch nicht zerfallen.

✦ ***Tomaten-Apfel-Relish***
Die Birnen durch dieselbe Menge Äpfel ersetzen, mit zerdrückten Korianderkörnern statt Dillsamen würzen.

Mais-Paprika-Relish

(Foto Seite 17)

Dieses Relish, das so uramerikanisch ist wie der Hamburger, wird oft zu letzterem serviert. Es hat einen reinen, süß- und scharf-säuerlichen Geschmack. Wenn Sie's gern noch schärfer hätten, mischen Sie ein paar kleingeschnittene Chilischoten unter das Gemüse.

- *300 g Weißkohl, Strunk entfernt, grob zerkleinert*
- *300 g Zwiebeln, in dicke Scheiben geschnitten*
- *6 Selleriestangen, grob zerkleinert*
- *2 grüne und 2 rote Paprikaschoten, grob zerkleinert*
- *10 frische Maiskolben, die Körner abgeschnitten*
- *1¼ l Apfelessig*
- *500 g weicher hellbrauner Zucker*
- *2 EL gelbe Senfkörner*
- *1 EL Salz*

1 Alles Gemüse bis auf den Mais in der Küchenmaschine fein hacken. Alle Zutaten im Einkochtopf zum Kochen bringen und 45 – 60 Minuten leise köcheln lassen, bis der Mais weich und die Sauce dick ist.

2 In die heißen, sterilisierten Gläser füllen. Die Masse mit dem Löffel nach unten drücken, so das das Gemüse von Saft bedeckt wird. Alle Luft entweichen lassen, verschließen. Das Relish kann sofort serviert werden.

Schwierigkeitsgrad
Einfach

Kochzeit
45 – 60 Minuten

Hilfsmittel
Küchenmaschine; säurefester Einkochtopf; sterilisierte Gläser mit säurefestem Deckel (Seite 42)

Ergibt
Etwa 2½ kg

Haltbarkeit
1 Jahr

Frisches Cranberry-Orangen-Relish

(Foto Seite 28)

Frische Cranberries (sehr große Moosbeeren) schmekken erfrischend säuerlich. Mit ihnen gebe ich vielen Zubereitungen Farbe und eine pikante Note, zum Beispiel Füllungen, Salaten und Fisch. Dieses Relish ist der perfekte Begleiter für einen weihnachtlichen Truthahn oder Schinken.

- *500 g frische Cranberries, ersatzweise Moos- oder Preiselbeeren*
- *2 unbehandelte Orangen, grob zerkleinert und entkernt*
- *3 – 4 EL Honig*
- *2 – 3 EL Orangenlikör, zum Beispiel Grand Marnier*
- *1 TL Korianderkörner, frisch gemahlen*
- *1 TL Salz*

1 Alle Zutaten in der Küchenmaschine auf der Intervallstufe verarbeiten, bis die Cranberries und Orangen grob zerkleinert sind.

2 In die sterilisierten Gläser füllen, verschließen und gekühlt aufbewahren. Das Relish kann sofort gegessen werden. Wenn Sie es in 2 – 3 Tagen verbrauchen, ist das Einfüllen in Gläser unnötig.

Schwierigkeitsgrad
Leicht

Hilfsmittel
Küchenmaschine; sterilisierte Gläser mit Deckel (Seite 42)

Ergibt
Etwa 750 g

Haltbarkeit
Gekühlt 1 Monat

Tomatensauce

(Foto Seite 15)

Tomatensauce gehört zu den beliebtesten Standardsaucen in jeder modernen Küche und ist bei jung und alt beliebt. Zwar gibt es ein großes Angebot fertiger Saucen, aber keine kann es mit dem frischen, vollen Aroma einer selbstgemachten Tomatensauce aufnehmen. Wählen Sie reife, fleischige Tomaten, am besten Strauchtomaten. Die Sauce ist sofort gebrauchsfertig. Ohne Einkochen kühl aufbewahren und innerhalb von 3 Monaten verbrauchen.

- *4 EL Olivenöl*
- *300 g Zwiebeln, gehackt*
- *6 Knoblauchzehen, gehackt*
- *6 Selleriestangen mit Blättern, gehackt*
- *2 kg Fleisch- oder Eiertomaten, gehäutet, Samen entfernt, grob gehackt*
- *¼ l Wasser oder Weißwein*
- *2 TL Salz, 2 TL Honig oder Zucker (nach Belieben)*

Für den Kräuterstrauß (Seite 47)

- *3 – 4 Zweige Thymian*
- *4 Salbeiblätter, 2 Lorbeerblätter*
- *2 Streifen unbehandelte Orangen- oder Zitronenschale (nach Belieben)*

1 Das Olivenöl in einem großen Topf mit schwerem Boden erhitzen. Die Zwiebeln, den Knoblauch und den Sellerie etwa 10 Minuten bei schwacher Hitze anschwitzen, bis die Zwiebeln glasig sind.

2 Die restlichen Zutaten zufügen, zum Kochen bringen und ohne Deckel 30 – 45 Minuten leise köcheln lassen, bis die meiste Flüssigkeit verdampft ist.

3 Das Kräuterbündel herausnehmen. Die Sauce in die heißen, sterilisierten Gefäße füllen, verschließen. Einkochen, abkühlen lassen, die Verschlüsse prüfen und die Korken in Wachs tauchen (Seite 43).

Schwierigkeitsgrad
Leicht

Kochzeit
45 – 60 Minuten

Hilfsmittel
Sterilisierte Flaschen oder Gläser mit Korken oder Deckeln (Seite 42)

Ergibt
Etwa 1,25 Liter

Haltbarkeit
Eingekocht 1 Jahr

Serviervorschlag
Als Basis für Eintöpfe, Pastasaucen und Pizza

Roter Paprika-Ketchup

(Grundtechnik Seite 56)

Ketchup wurde früher aus verschiedenem Obst und Gemüse hergestellt. Dieser Paprika-Ketchup zeichnet sich durch ein apartes, rauchiges Aroma aus. Er läßt sich auch aus gelben oder orangefarbenen Paprikaschoten zubereiten. Wenn Sie den Ketchup nicht einkochen möchten, bewahren Sie ihn im Kühlschrank auf und verbrauchen ihn innerhalb von 3 Monaten.

2 kg rote Paprikaschoten
500 g Schalotten oder Zwiebeln, geschält
250 g Kochäpfel, entkernt und grob zerkleinert
2–3 frische rote Chilischoten, Samen entfernt, grob gehackt (nach Belieben)
1½ l Wasser
¾ l Rotwein- oder Apfelessig
150 g weißer oder weicher hellbrauner Zucker, 1 EL Salz
1 EL Pfeilwurzelmehl oder Maisstärke

Für den Kräuterstrauß (Seite 47)

1 Zweig Estragon
je 2 Zweige Minze, Thymian, Salbei und Petersilie
2 Streifen Zitronenschale

Für das Gewürzsäckchen (Seite 47)

1 EL Korianderkörner
1 EL schwarze Pfefferkörner
1 TL Gewürznelken

1 Die Paprikaschoten rösten und häuten (Seite 56, Schritte 1 + 2). Gut abspülen, Samen entfernen.

2 Mit den Schalotten oder Zwiebeln, Äpfeln und Chillies in der Küchenmaschine fein zerkleinern.

3 Mit Wasser, dem Kräuterstrauß und Gewürzsäckchen im Einkochtopf zum Kochen bringen und bei schwacher Hitze 25 Minuten leise köcheln lassen. Vom Herd nehmen und abkühlen lassen.

4 Kräuter und Gewürze herausnehmen. Die Mischung durch ein Passiergerät oder Sieb streichen. Das Püree mit dem Essig, Zucker und Salz im gereinigten Einkochtopf zum Kochen bringen, den Zucker unter Rühren auflösen und die Sauce 1–1½ Stunden leise köcheln, bis sie um die Hälfte reduziert ist.

5 Das Pfeilwurzelmehl mit etwas Essig zu einer Paste verrühren. Unter den Ketchup rühren und 1–2 Minuten kochen lassen. In die heißen, sterilisierten Flaschen füllen und verschließen. Einkochen, abkühlen lassen, den Verschluß prüfen und die Korken in Wachs tauchen (Seite 43). Der Ketchup ist sofort gebrauchsfertig.

Schwierigkeitsgrad
Mittel

Kochzeit
1½–2 Stunden

Hilfsmittel
Küchenmaschine; säurefester Einkochtopf; sterilisierte Flaschen mit säurefestem Verschluß oder Korken (Seite 42)

Ergibt
Etwa 1 Liter

Haltbarkeit
Eingekocht 2 Jahre

Serviervorschlag
Zu gegrilltem oder gebratenem Fisch oder als Pastasauce

Pilz-Ketchup

Dies ist die modernisierte Fassung eines Rezepts aus dem 18. Jahrhundert, erschienen im Ratgeber für die ländliche Hausfrau und Gutsherrin *von Richard Bradley, dem ersten Botanikprofessor der Universität Cambridge. Diese Sauce ist ausgesprochen aromatisch, vorausgesetzt, Sie nehmen dafür wirklich vollreife Pilze mit flachen Hüten.*

2 kg große Pilze mit flachen Hüten
60 g getrocknete Steinpilze (nach Belieben)
150 g Salz
300 g Schalotten, ungeschält, geviertelt
5 cm getrocknete Ingwerwurzel, angedrückt
⅛ l Portwein
1 EL Gewürznelken
2 TL zerkrümelte Muskatblüten

1 Die frischen Pilze in der Küchenmaschine grob zerkleinern. Zusammen mit den Steinpilzen, falls verwendet, in dünnen Lagen in eine feuerfeste Form schichten, jede Lage mit etwas Salz bestreuen. Zugedeckt 24 Stunden stehen lassen.

2 Bei 140 °C im vorgeheizten Ofen 3 Stunden garen. Abkühlen lassen, in den Saftbeutel füllen und alle Flüssigkeit herausdrücken. Den Saft mit den restlichen Zutaten im Einkochtopf zum Kochen bringen. 45 Minuten leise köcheln und um ein Drittel einkochen lassen.

3 Nochmals durchseihen, zurück in den Topf gießen und erneut aufkochen. In die heißen, sterilisierten Flaschen gießen und verschließen. Einkochen, abkühlen lassen, die Verschlüsse prüfen und die Korken in Wachs tauchen (Seite 43). Mindestens 1 Monat ziehen lassen.

Schwierigkeitsgrad
Mittel

Kochzeit
3½–4½ Stunden

Hilfsmittel
Küchenmaschine; feuerfeste Form; sterilisierter Saftbeutel; säurefester Einkochtopf; sterilisierte Flaschen mit Verschluß (Seite 42)

Ergibt
Etwa ¾ Liter

Haltbarkeit
Eingekocht 2 Jahre

Serviervorschlag
Sparsam dosiert zum Abschmecken von Suppen und Eintöpfen

Mexikanische Chilisauce

Chipotle-Chillies geben dieser feurigen Sauce ihren charakteristischen Rauchgeschmack. Chipotles sind geräucherte Jalapeño-Chillies, die in vielen Südamerika-Läden, die mexikanische Spezialitäten führen, erhältlich sind. Sollten Sie sie nicht bekommen, ersetzen Sie sie durch die doppelte Menge gegrillter frischer Chilischoten (siehe Gegrilltes Gemüse in Öl, Seite 106).

Tips

✦ Beim Arbeiten mit Chilischoten nicht an die Augen fassen, die Hände gründlich waschen; tragen Sie Einweg-Haushaltshandschuhe.

✦ Extrafein wird die Sauce, wenn Sie sie nach Schritt 3 durch ein feines Sieb passieren.

75–100 g Chipotle-Chillies
1 kg Eiertomaten, gehäutet, Samen entfernt
300 g Zwiebeln, in Scheiben
4 Knoblauchzehen, in Scheiben
3/4 l Apfel- oder destillierter Malzessig
2 EL weicher dunkelbrauner Zucker
1 EL Salz
1 EL gemahlener Koriander
1 EL Pfeilwurzelmehl oder Maisstärke
1 großes Bündel frisches Koriandergrün, gehackt

1 Die Chilischoten in einer Schüssel mit kochendem Wasser bedecken. Stehen lassen, bis das Wasser erkaltet ist. Abgießen, das Wasser dabei auffangen. Die Chilischoten längs aufschlitzen und die Samen mit einem Messer entfernen.

2 Chilischoten, Tomaten, Zwiebeln und den Knoblauch in der Küchenmaschine pürieren. Mit dem Einweichwasser der Chilischoten im Einkochtopf zum Kochen bringen. 30 Minuten leise köcheln lassen, bis die Sauce etwas reduziert ist.

3 Essig, Zucker, Salz und Koriander unterrühren. Aufkochen und 25–30 Minuten leise köcheln lassen, bis die Sauce um die Hälfte reduziert ist; dabei öfter umrühren.

4 Das Pfeilwurzelmehl mit etwas Wasser zu einer Paste verrühren, in die Sauce rühren. Den Koriander zufügen, 1–2 Minuten unter Rühren köcheln. In die heißen, sterilisierten Flaschen gießen, verschließen. Einkochen, abkühlen lassen, die Verschlüsse prüfen, die Korken in Wachs tauchen (Seite 43). Die Sauce ist sofort gebrauchsfertig, wird aber nach 3–4 Wochen noch feiner.

☆☆ **Schwierigkeitsgrad**
Mittel

Kochzeit
Etwa 1 Stunde

Hilfsmittel
Küchenmaschine; säurefester Einkochtopf, sterilisierte Flaschen mit säurefestem Verschluß oder Korken (Seite 42)

Ergibt
Etwa 1 Liter

Haltbarkeit
Eingekocht 1 Jahr

Serviervorschlag
Als Würze für Eintöpfe, Suppen und Dips; besonders gut zu Hühnergerichten

Würziger Tomaten-Ketchup

Dieses Rezept ergibt einen dicken, wunderbar aromatischen, nicht allzu süßen Ketchup. Falls Sie ihn süßer und milder mögen, erhöhen Sie die Zuckermenge auf 100 g je Liter Tomatenpüree und lassen die Chilischoten weg.

Tip

Der beste Sellerie für dieses Rezept ist Schnittsellerie; ersatzweise Selleriestangen nehmen.

2 kg Tomaten
500 g Schalotten, geschält
75 g Ingwerwurzel, geschält
6 Knoblauchzehen, geschält
3–4 Chilischoten, Samen entfernt (nach Belieben)
6 Selleriestangen mit Blättern

Für das Gewürzsäckchen (Seite 47)
2 EL Korianderkörner
1 TL Gewürznelken
1 TL zerkrümelte Muskatblüte

Je Liter Tomatenpüree
1/4 l Apfelessig
75 g weicher brauner Zucker
2 TL Salz
1 EL süßes Paprikapulver

1 Die Tomaten, die Schalotten, den Ingwer, Knoblauch und die Chilischoten, falls verwendet, in der Küchenmaschine grob zerkleinern.

2 Die Selleriestangen mit Küchengarn zusammenbinden. Mit dem Gewürzsäckchen und der Tomatenmischung im Einkochtopf aufkochen. 25 Minuten köcheln lassen, bis die Schalotten glasig sind.

3 Sellerie und Gewürzsäckchen herausnehmen. Die Mischung durch ein Passiergerät streichen und in den gereinigten Topf zurückgeben. Zum Kochen bringen und 45–60 Minuten kochen, bis das Püree um die Hälfte reduziert ist.

4 Das Püree abmessen und den Essig, den Zucker, das Salz und das Paprikapulver zufügen. Noch 1 Stunde unter häufigem Rühren kochen, bis das Püree dick ist. In die heißen, sterilisierten Flaschen füllen und verschließen. Einkochen, abkühlen lassen, die Verschlüsse prüfen und die Korken in Wachs tauchen (Seite 43). Der Ketchup ist sofort gebrauchsfertig.

☆☆ **Schwierigkeitsgrad**
Mittel

Kochzeit
2 1/4–2 1/2 Stunden

Hilfsmittel
Küchenmaschine; säurefester Einkochtopf; sterilisierte Flaschen mit säurefestem Verschluß oder Korken (Seite 42)

Ergibt
Etwa 1 Liter

Haltbarkeit
Eingekocht 2 Jahre

Serviervorschlag
Zum Würzen von Suppen, Eintöpfen und Saucen oder als Pastasauce

Variation

Pflaumen-Ketchup
Die Tomaten durch 2 kg feste, entsteinte Pflaumen oder reife Zwetschen ersetzen.

Gekochte Tomaten-Paprika-Salsa

(Foto Seite 14)

Salsa *heißt Sauce und stammt ursprünglich aus Mexiko. Diese Salsa können Sie zur Abwechslung auch einmal roh essen: Die Tomaten und Kräuter den zerkleinerten Zutaten zufügen und vor Gebrauch 2–3 Stunden durchziehen lassen. Im Kühlschrank aufbewahren und innerhalb von 2 Wochen verbrauchen.*

- *750 g bunte Paprikaschoten*
- *2–3 frische rote oder grüne Chilischoten, Samen entfernt*
- *1 große rote Zwiebel*
- *2 Knoblauchzehen, geschält*
- *3 EL Oliven-, Maiskeim- oder Erdnußöl*
- *3 EL Rotweinessig oder Zitronensaft, 2 TL Salz*
- *500 g feste rote Tomaten, gehäutet, Samen entfernt, fein gehackt*
- *3 EL gehacktes Koriandergrün oder Petersilie*

1 Alles Gemüse außer den Tomaten grob zerkleinern. In der Küchenmaschine mit dem Knoblauch, Öl, Essig oder Zitronensaft und Salz fein hacken.

2 Mit den Tomaten und Kräutern im Einkochtopf aufkochen und 5 Minuten köcheln. In die heißen, sterilisierten Gläser füllen, verschließen. Einkochen, abkühlen lassen, die Verschlüsse prüfen (Seite 43). Die Salsa ist sofort gebrauchsfertig.

Schwierigkeitsgrad
Einfach

Kochzeit
Etwa 5 Minuten

Hilfsmittel
Küchenmaschine; säurefester Einkochtopf; sterilisierte Gläser mit säurefestem Deckel (Seite 42)

Ergibt
Etwa 1 kg

Haltbarkeit
Eingekocht 6 Monate

Pflaumensauce chinesische Art

Süß, sauer und scharf ist diese chinesische Sauce, die köstlich zu gebratener Ente schmeckt, mit der Sie aber auch Suppen und Eintöpfe verfeinern können.

- *2 kg rote Pflaumen, oder halb rote Pflaumen, halb Zwetschen*
- *1 l Rotwein- oder Reisessig*
- *2 TL Salz, $^{1}/_{2}$ l dunkle Sojasauce*
- *300 g Honig oder dunkelbrauner Zucker*
- *1 EL Pfeilwurzelmehl oder Maisstärke*

Für das Gewürzsäckchen (Seite 47)

- *1 EL Sternanis, zerdrückt*
- *2 TL Szechuanpfeffer, zerdrückt*
- *1 TL kleine getrocknete rote Chilischoten, zerdrückt*

1 Die Pflaumen mit dem Essig, Salz und Gewürzsäckchen im Einkochtopf zum Kochen bringen. Etwa 25 Minuten bei schwacher Hitze köcheln lassen, bis die Pflaumen weich und musig sind.

2 Das Gewürzsäckchen entfernen. Die Pflaumen durch ein Sieb passieren. Das Püree im gereinigten Topf mit der Sojasauce und dem Honig oder Zucker verrühren. Aufkochen und 45 Minuten leise köcheln lassen, bis das Püree um ein Viertel reduziert ist.

3 Das Pfeilwurzelmehl mit Wasser zu einer Paste verrühren und 1–2 Minuten unter Rühren mitkochen. In die heißen, sterilisierten Flaschen füllen und verschließen. Einkochen, abkühlen lassen, die Verschlüsse prüfen und die Korken in Wachs tauchen (Seite 43). Die Sauce ist sofort gebrauchsfertig.

Schwierigkeitsgrad
Leicht

Kochzeit
Etwa $1^{1}/_{4}$ Stunden

Hilfsmittel
Säurefester Einkochtopf; sterilisierte Gläser mit säurefestem Verschluß oder Korken (Seite 42)

Ergibt
Etwa 1 Liter

Haltbarkeit
Eingekocht 2 Jahre

Serviervorschlag
Als Salatdressing statt Essig und Öl

Harissa

(Foto Seite 17)

Hier ist das Rezept für diese berühmte, höllisch scharfe marokkanische Paste. Bevor Sie damit würzen, können Sie die Schärfe mit etwas Tomatenmark oder pürierten frischen Tomaten abmildern. Sie können auch etwas Knoblauch, Koriander und Kreuzkümmel zugeben.

- *500 g getrocknete rote Chilischoten, Samen entfernt*
- *150 ml Olivenöl, dazu noch etwas Öl zum Bedecken*
- *2 EL Salz*

1 Die Chilischoten in einer Schüssel mit heißem Wasser bedecken und 15–20 Minuten stehen lassen, bis sie weich sind.

2 Abtropfen lassen und mit $^{1}/_{8}$ l Einweichwasser in der Küchenmaschine zu einer Paste pürieren. Das Öl und das Salz unterrühren. In die sterilisierten Gläser füllen.

3 Die Paste mit einer dünnen Ölschicht bedecken, verschließen und im Kühlschrank aufbewahren. Harissa kann sofort verwendet werden.

Schwierigkeitsgrad
Einfach

Hilfsmittel
Küchenmaschine; sterilisierte Gläser mit Deckel (Seite 42)

Ergibt
Etwa 500 g

Haltbarkeit
Gekühlt 6 Monate

Harrief

Diese Spezialität aus Marokko ist meine Lieblingssauce unter den scharfen Würzsaucen. Mit ihr verleihe ich Saucen, Suppen, Eintöpfen, Salaten und Pasta das gewisse pikante Etwas und pinsele Fleisch vor dem Grillen damit ein.

TIP

Es ist schwierig, bei Chilischoten genaue Mengenangaben zu machen, weil die Sorten unterschiedlich scharf sind. Ich nehme gern die großen roten Westland-Chillies, die nicht so brennend scharf sind.

2 kg rote Paprikaschoten
250 g frische rote Chilischoten, Samen entfernt
250 g Knoblauch, geschält
150 ml fruchtiges Olivenöl
1/4 l Apfelessig
3 EL Salz
1–2 EL Chilipulver (nach Belieben)
2 EL Kreuzkümmel, frisch gemahlen
2 TL Pfeilwurzelmehl

1 Die Paprikaschoten grillen und häuten (Seite 56, Schritte 1 und 2). Gut abspülen, Samen entfernen. Mit den Chilischoten, dem Knoblauch und dem Öl in der Küchenmaschine fein zerkleinern.

2 Mit dem Essig, Salz und den Gewürzen im Einkochtopf aufkochen. Bei schwacher Hitze 1–1 1/2 Stunden leise köcheln lassen, die Sauce um ein Drittel reduzieren.

3 Das Pfeilwurzelmehl mit etwas Essig zu einer Paste verrühren, in die Sauce geben. Die Hitze hochschalten, unter ständigem Rühren 1 Minute sprudelnd kochen.

4 In die heißen, sterilisierten Gläser füllen und verschließen. Die Sauce ist sofort gebrauchsfertig, wird aber durch Lagern besser.

☆☆ **Schwierigkeitsgrad**
Mittel

Kochzeit
1–1 1/2 Stunden

Hilfsmittel
Küchenmaschine; säurefester Einkochtopf; sterilisierte Gläser mit säurefestem Deckel (Seite 42)

Ergibt
Etwa 1 kg

Haltbarkeit
1 Jahr

Serviervorschlag
Vielseitige Würze

Schug

(Foto Seite 17)

Diese teuflisch scharfe Chilipaste stammt aus dem Jemen, wo viele Gerichte damit gewürzt werden. Kurz vor dem Servieren sollten Sie noch mehr frischen, gehackten Koriander unterrühren. Wenn Sie's milder mögen, ersetzen Sie die Hälfte oder mehr der Chilischoten durch grüne Paprikaschoten.

1 große Knolle Knoblauch, geschält
750 g frische grüne Chilischoten
150 g Koriandergrün (etwa 2 Bund)
1 EL Korianderkörner
2 TL Kreuzkümmel
2 TL schwarze Pfefferkörner
1 TL Kardamomkapseln
1 TL Gewürznelken
1 1/2 EL Salz
etwas Olivenöl zum Bedecken

1 Den Knoblauch, die Chilischoten und das Koriandergrün in der Küchenmaschine fein hacken oder durch den Fleischwolf drehen.

2 Alle Gewürze in der Gewürz- oder Kaffeemühle fein mahlen. In die Chili-Knoblauch-Masse sieben. Salz zufügen, gut vermischen.

3 Die Paste in die sterilisierten Gläser drücken. Mit einer dünnen Schicht Öl bedecken und verschließen. Kühl stellen. Schug ist sofort gebrauchsfertig.

☆ **Schwierigkeitsgrad**
Leicht

Hilfsmittel
Küchenmaschine oder Fleischwolf; Gewürz- oder Kaffeemühle; sterilisierte Gläser mit Deckel (Seite 42)

Ergibt
Etwa 1 kg

Haltbarkeit
Gekühlt 3 Monate

Serviervorschlag
Als Beigabe verwenden

Dattel-Blatjang (Dattelsauce)

(Foto Seite 35)

Dieses Rezept ist mir in Südafrika begegnet, wohin es im 17. Jahrhundert mit den malaiischen Sklaven kam. Die scharfe, süß-saure Sauce paßt zu Reis oder fettem Fisch. Die Datteln lassen sich auch durch andere Früchte wie frische oder getrocknete Aprikosen, Pfirsiche und Mangos ersetzen.

150 g Tamarinde am Stück
350 ml kochendes Wasser
500 g entkernte Datteln, grob gehackt
5 cm frische Ingwerwurzel, geschält und gehackt
8 Knoblauchzehen, gehackt
3–4 getrocknete rote Chilischoten, Samen entfernt, gehackt
1 l Rotweinessig
2 TL Salz

1 Die Tamarinde mit kochendem Wasser übergießen und 30 Minuten einweichen. Die Flüssigkeit durch ein Sieb in den Einkochtopf gießen, mit den restlichen Zutaten zum Kochen bringen, 10 Minuten köcheln und abkühlen lassen.

2 Im Mixer pürieren. Im gereinigten Topf noch 1–2 Minuten kochen. In die heißen, sterilisierten Flaschen füllen, verschließen. Die Sauce ist gebrauchsfertig.

☆ **Schwierigkeitsgrad**
Leicht

Kochzeit
Etwa 15 Minuten

Hilfsmittel
Säurefester Einkochtopf; Küchenmaschine; sterilisierte Flaschen mit säurefestem Verschluß oder Korken (Seite 42)

Ergibt
Etwa 1 Liter

Haltbarkeit
2 Jahre

Masalas und Gewürzmischungen

Ich habe die Bezeichnung **Masala** *aus dem Indischen übernommen, auch wenn die folgenden Mischungen aus allen Erdteilen stammen. Masala ist eine Gewürzmischung, mit der indische Köche ihren Gerichten ein volles und doch subtiles Aroma geben. Es gibt ebenso viele Masalas wie Köche. Ganze Gewürze werden manchmal geröstet, dann zerstoßen oder gemahlen und möglichst frisch verwendet. Nehmen Sie diese Rezepte als Ausgangsbasis für die Entwicklung Ihrer eigenen Lieblings-Masalas und Gewürzmischungen, mit denen Sie Ihr Eingemachtes würzen.*

Tips

✦ Getrocknete Rosenblütenblätter sind als Tee erhältlich. Sie sollten nicht mit Chemikalien behandelt sein. Oder trocknen Sie Rosenblüten selbst.

✦ Geben Sie ganze Gewürze zum Rösten in eine trockene Pfanne. Unter ständigem Rühren erhitzen, bis sie aromatisch duften und zu springen beginnen.

1. Chawage (Jemenitische Gewürzmischung)

- *3 EL schwarze Pfefferkörner*
- *3 EL Kreuzkümmel*
- *2 EL Korianderkörner*
- *1 TL Gewürznelken*
- *1 TL grüne Kardamomkapseln*
- *2 TL gemahlene Kurkuma*

2. Garam Masala

- *1 EL Kreuzkümmel, geröstet*
- *1 EL Korianderkörner, geröstet*
- *2 TL schwarze Pfefferkörner*
- *5 cm Zimtstange, zerdrückt*
- *1 TL zerkrümelte Muskatblüte*
- *1 TL schwarzer Kreuzkümmel (Kalajeera)*
- *½ Muskatnuß, in Stückchen*

3. Mein Lieblings-Masala für Pikantes

- *2 EL Korianderkörner*
- *2 TL schwarze Pfefferkörner*
- *2 TL Kreuzkümmel*
- *2 TL Kümmel*
- *1 TL grüne Kardamomkapseln*

4. Mein Lieblings-Masala für Süsses

- *2 EL Korianderkörner*
- *1 EL Pimentkörner*
- *1 EL Gewürznelken*
- *1 EL Kardamomkapseln*
- *2 TL Kümmel*
- *1 TL Anis (nach Belieben)*

5. Weihnachtsmischung

- *5 cm Zimtstange, zerdrückt, oder 1½ EL gemahlener Zimt*
- *1 EL Pimentkörner*
- *2 TL Gewürznelken*
- *2 TL Korianderkörner*
- *1 Muskatnuß, in Stückchen*
- *1–2 Streifen getrocknete Orangenschale (nach Belieben)*

6. Marokkanisches Fleischgewürz

- *1 EL schwarze Pfefferkörner*
- *1 EL Pimentkörner*
- *2 TL zerkrümelte Muskatblüte*
- *1 Muskatnuß, in Stückchen*
- *2,5 cm Zimtstange, zerdrückt*
- *1 EL süßes Paprikapulver*
- *2 TL gemahlene Kurkuma*

7. Ras El Hanout

- *2 TL schwarze Pfefferkörner*
- *1 TL Korianderkörner*
- *1 TL Kreuzkümmel*
- *1 TL Pimentkörner*
- *5 cm Zimtstange, zerdrückt*
- *½ Muskatnuß, in Stückchen*
- *½ TL Gewürznelken*
- *½ TL Kardamomkapseln*
- *1 EL getrocknete Rosenblütenblätter, zerkrümelt (nach Belieben)*
- *1 TL gemahlener Ingwer*
- *½ TL scharfes Chilipulver*

1 Für jedes Masala oder jede Gewürzmischung alle Zutaten (außer die bereits gemahlenen Gewürze) in der Gewürz- oder Kaffeemühle fein mahlen oder im Mörser zerstoßen. Mit den schon gemahlenen Gewürzen vermischen.

2 Soll das Pulver besonders fein werden, durch ein feines Sieb schütteln, die Reste noch einmal mahlen und erneut durchsieben. In einem kleinen, luftdicht schließenden Gläschen aufbewahren.

☆ **Schwierigkeitsgrad**
Leicht

Hilfsmittel
Gewürz- oder Kaffeemühle oder Mörser; luftdicht schließende Gläschen

Haltbarkeit
3 Monate

Serviervorschlag
(1) paßt gut zu Fleisch, vor allem zu Hähnchen; (2) kann in Pickles oder für eingelegtes Wildbret (Seite 132) verwendet werden; (3) und (6) sind eine pikante Würze für Hamburger, Köfte und Fleischbällchen; (4) und (5) schmecken in süßen Fruchtfüllungen wie Mincemeat (Seite 169); mit (7) können Sie Süßes wie Pikantes verfeinern.

CHUTNEYS

Chutneys können süß, scharf, sauer oder würzig, glatte Pürees oder Saucen mit herzhaften Stücken sein. Alle jedoch werden mit Zucker und Essig haltbar gemacht. In Indien, der Heimat der Chutneys, werden damit auch frisch marinierte, nur kurz haltbare Salatbeigaben bezeichnet, für die ich ebenfalls einige Rezepte aufgenommen habe (obwohl sie nicht zum Eingemachten gehören). Ich mag meine Chutneys mit herzhaftem Biß und schneide die Zutaten daher in grobe Stücke. Wenn Sie ein musigeres Chutney bevorzugen, schneiden Sie Früchte und Gemüse kleiner. Chutneys sind eine traditionelle Beigabe zu Fleisch, und ihre Rolle wurde von der Autorin des Ingwer-Chutneys in dem Rezept unten vielleicht in die besten Worte gefaßt: »Chutneys wirken im direkten Kontrast zum Fleisch auf den Geschmackssinn; deshalb geben Gewürze und Säure den Ton an.« Nehmen Sie für Chutneys milden Essig, zum Beispiel Apfel-, Wein- oder Zitrusessig (Seite 127); Malzessig schmeckt zu scharf. Lassen Sie Chutneys mindestens einen Monat reifen, damit die Aromen harmonisch miteinander verschmelzen.

Ingwer-Chutney

Frische Ingwerwurzel — *Rote Paprikaschote* — *Gurke* — *Rosinen* — *Zwiebel* — *Zitrone* — *Zucker*

Hier habe ich das Rezept eines indischen Chutneys abgewandelt, das vor etwa 90 Jahren im Einmachbuch von Marion Harris Neil veröffentlicht wurde.

300 g frische Ingwerwurzel, in feine Streifchen geschnitten

300 g rote Paprikaschoten, gewürfelt

250 g Gurke, längs geviertelt und in dicke Scheiben geschnitten

250 g Rosinen

250 g Zwiebeln, grob zerkleinert

4 unbehandelte Zitronen, längs halbiert, entkernt und in dünne Scheiben geschnitten

1 l Apfel- oder Weißweinessig

500 g Einmachzucker

2 TL Salz

1 Alle Zutaten bis auf den Einmachzucker und das Salz im Einkochtopf zum Kochen bringen. Bei schwacher Hitze etwa 30 Minuten köcheln lassen, bis das Gemüse weich ist.

2 Den Zucker und das Salz unterrühren. Weitere 30–45 Minuten köcheln lassen, bis die meiste Flüssigkeit verdampft und das Chutney ausreichend dick geworden ist.

3 Mit der Schöpfkelle in die heißen, sterilisierten Gläser füllen und verschließen. Mindestens 1 Monat ziehen lassen.

Schwierigkeitsgrad
Leicht

Kochzeit
1–1¼ Stunden

Hilfsmittel
Säurefester Einkochtopf; sterilisierte Gläser mit säurefestem Deckel (Seite 42)

Ergibt
Etwa 1,5 kg

Haltbarkeit
2 Jahre

Serviervorschlag
Zu Wild, Käse oder gegrilltem Fisch

INGWER-CHUTNEY ist ein köstlicher Begleiter für gegrilltes Thunfischsteak. Servieren Sie den Fisch auf einem würzigen Tomaten-Coulis und mit einer Mischung aus weißem Reis und Wildreis.

GROB ZERKLEINERTES GEMÜSE, Zitronenscheiben und ganze Rosinen geben diesem Chutney »Biß«.

FRISCHE INGWERWURZEL verliert beim langen Köcheln ihre Schärfe und verleiht dem Chutney ein intensives Aroma.

TIPS

- ✦ Wählen Sie beim Kauf von frischem Ingwer feste Stücke mit einer glatten, seidigen Schale. Im Kühlschrank aufbewahren.
- ✦ Reste von frischem Ingwer lassen sich einfrieren und für andere Gerichte verwenden. Reiben Sie den gefrorenen Ingwer.
- ✦ Ingwerstücke lassen sich auch in trockenem Sherry, Wodka oder Weinbrand einlegen. Würzen Sie damit Drinks und Desserts.
- ✦ Werfen Sie die Ingwerschalen nicht weg – gründlich waschen, mit Essig bedecken und 3 Monate ziehen lassen. Den Essig durchfiltern und für Salate und Reisgerichte verwenden.

Grünes Tomaten-Chutney

(Foto Seite 15)

Es lohnt sich, diese süß-saure Version eines klassischen Kolonialrezepts auszuprobieren! Grüne Tomaten sind sehr schwer zu schälen; und wenn Tomatenschalen im Chutney Sie nicht weiter stören, machen Sie's wie ich und lassen die Schalen einfach dran.

- *750 g grüne Tomaten*
- *500 g Kochäpfel*
- *250 g Zwiebeln, grob gehackt*
- *1 EL Salz, 125 g Rosinen*
- *500 g weicher hellbrauner oder weißer Zucker*
- *1/4 l Apfelessig*
- *abgeriebene Schale und Saft von 2 großen unbehandelten Zitronen*
- *2 EL schwarze oder gelbe Senfkörner*
- *2–3 frische rote Chilischoten, Samen entfernt, gehackt (nach Belieben)*

Für das Gewürzsäckchen (Seite 47)

- *1 EL Korianderkörner*
- *2 TL schwarze Pfefferkörner*
- *2 TL Pimentkörner*
- *1 TL Gewürznelken*
- *2 Zimtstangen, zerdrückt*

1 Die Tomaten häuten, falls gewünscht (Seite 46), grob hacken. Die Äpfel schälen, entkernen und zerkleinern; Schalen und Kerngehäuse zum Gewürzsäckchen geben. Die Tomaten, Äpfel, Zwiebeln und das Salz im Einkochtopf langsam zum Kochen bringen und 20 Minuten leise köcheln lassen.

2 Rosinen, Zucker, Essig, Zitronenschale und -saft und das Gewürzsäckchen zufügen. Aufkochen, den Zucker unter Rühren auflösen. 30 Minuten leise köcheln lassen, bis die meiste Flüssigkeit verdampft und das Chutney dick geworden ist.

3 Die Senfkörner und, falls gewünscht, die Chilischoten zufügen. In die heißen, sterilisierten Gläser füllen und verschließen. 1 Monat ziehen lassen.

Schwierigkeitsgrad
Leicht

Kochzeit
Etwa 1 Stunde

Hilfsmittel
Säurefester Einkochtopf; sterilisierte Gläser mit säurefestem Deckel (Seite 42)

Ergibt
Etwa 1,5 kg

Haltbarkeit
1 Jahr

Serviervorschlag
Als würzige Beigabe zu reifem Käse oder auf belegten Broten

Kürbis-Chutney

(Grundtechnik Seite 58)

Aus Kürbis läßt sich ein leckeres goldgelbes Chutney kochen. Wenn Sie wie ich Ihr Chutney gern noch zwischen den Zähnen spüren, kochen Sie es weniger lang, als in Schritt 2 empfohlen, damit der Kürbis noch etwas Biß hat. Lassen Sie das Chutney bis zu 6 Wochen lang reifen.

- *1,25 kg Kürbis, geschält, Samen entfernt und in 2,5 cm große Stücke geschnitten*
- *750 g Äpfel, geschält, entkernt und grob zerkleinert*
- *75 g frische Ingwerwurzel, in feine Streifchen geschnitten*
- *3–4 frische rote Chilischoten, Samen entfernt, in Streifchen geschnitten*
- *2 EL gelbe Senfkörner*
- *2 EL schwarze Senfkörner*
- *1 l Apfel- oder destillierter Malzessig*
- *500 g weißer oder weicher hellbrauner Zucker*
- *1 EL Salz*

1 Alle Zutaten bis auf Zucker und Salz im Einkochtopf gut vermischen.

2 Zum Kochen bringen und bei schwacher Hitze 20–25 Minuten köcheln lassen, bis der Kürbis knapp weich ist.

3 Den Zucker und das Salz zufügen. Aufkochen, den Zucker unter Rühren auflösen. Etwa 1 Stunde unter häufigem Rühren köcheln lassen, bis die meiste Flüssigkeit verdampft und das Chutney dick geworden ist.

4 In die heißen, sterilisierten Gläser füllen und verschließen. Das Chutney kann nach 1 Monat gegessen werden, wird aber durch längeres Lagern noch besser.

VARIATION

Ananas-Chutney (Foto Seite 34)
Den Kürbis durch 1 mittelgroße Ananas und 625 g geschälte, entkernte und zerkleinerte Kochäpfel ersetzen. Mit 1/4 l Wasser in einem säurefesten Einkochtopf aufkochen und weich köcheln. 350 ml Essig, 300 g Zucker und je 1 EL gelbe und schwarze Senfkörner zufügen, dann weiter wie oben ab Schritt 3. Vor dem Einfüllen 5 in feine Streifchen geschnittene grüne Chilischoten und 2 TL Kümmel unterrühren.

Schwierigkeitsgrad
Leicht

Kochzeit
1 1/4–1 1/2 Stunden

Hilfsmittel
Säurefester Einkochtopf; sterilisierte Gläser mit säurefestem Deckel (Seite 42)

Ergibt
Etwa 2 kg

Haltbarkeit
2 Jahre

Serviervorschlag
Ein paar gehäufte Eßlöffel Chutney unter gekochten Reis mischen oder zu kaltem Braten und Käse reichen

Frisches Zwiebel-Chutney

(Foto Seite 18)

Dieses Rezept gehört zur großen Familie frischer, salatähnlicher Chutneys, die gereicht werden, um den Gaumen zu erfrischen und den Appetit wiederzubeleben. Geriebene Äpfel, Quitten, Möhren und Rübchen können die Zwiebeln ersetzen.

- *500 g große, milde rote oder weiße Zwiebeln, in dünne Ringe geschnitten, 1 EL Salz*
- *1–2 grüne oder rote Chilischoten, Samen entfernt, fein gehackt*
- *3 EL Weißwein- oder Apfelessig*
- *2 EL gehackte Minze oder Koriandergrün*
- *1 TL Schwarzkümmel (nach Belieben)*

1 Die Zwiebelringe in einem Sieb mit dem Salz vermischen und etwa 1 Stunde abtropfen lassen.

2 Aus den Zwiebeln möglichst viel Saft herausdrücken, mit den restlichen Zutaten vermischen und 1 Stunde durchziehen lassen, damit sich das Aroma entfaltet. Dieses Chutney wird sofort verzehrt.

Schwierigkeitsgrad
Leicht

Ergibt
Etwa 250 g

Haltbarkeit
Gekühlt 1 Woche

Serviervorschlag
Zu Currygerichten, als Vorspeise oder erfrischender Salat

Möhren-Mandel-Chutney

(Foto Seite 23)

Hier habe ich die berühmte Engelshaar-Konfitüre, einen Klassiker aus Nahost, der aus langen, dünnen Möhrenstreifchen hergestellt wird, zu einem Chutney abgewandelt. Die Möhren werden glasig und sehen dadurch besonders hübsch aus. Dieses aromatische, süß-saure Chutney paßt hervorragend zu reifem Käse, und mein Freund Ron ißt inzwischen seine Frikadellen niemals ohne.

- *1,2 kg Möhren, längs geraspelt*
- *125 g frische Ingwerwurzel, in feine Streifchen geschnitten*
- *1/4 l Weißweinessig*
- *abgeriebene Schale und Saft von 2 großen unbehandelten Zitronen*
- *150 ml Wasser*
- *400 g weißer oder weicher hellbrauner Zucker, 4 EL Honig*
- *2 EL Koriandeškörner, frisch gemahlen, 1 EL Salz*
- *3–4 getrocknete Vogelaugen-Chillies*
- *3 EL Mandelblättchen*

1 Sämtliche Zutaten bis auf Chilischoten und Mandeln in einer Glasschüssel gut vermischen. Zugedeckt über Nacht stehen lassen.

2 Am nächsten Tag im Einkochtopf zum Kochen bringen und 20 Minuten leise köcheln lassen. Die Hitze hochschalten und 10–15 Minuten sprudelnd kochen, bis die meiste Flüssigkeit verdampft und das Chutney dick geworden ist.

3 Die Chilischoten in der Gewürz- oder Kaffeemühle mahlen. Mit den Mandeln unter das Chutney rühren. In die heißen, sterilisierten Gläser füllen und verschließen. Mindestens 1 Monat ziehen lassen.

Schwierigkeitsgrad
Leicht

Kochzeit
30–35 Minuten

Hilfsmittel
Säurefester Einkochtopf; Gewürz- oder Kaffeemühle; sterilisierte Gläser mit säurefestem Deckel (Seite 42)

Ergibt
Etwa 1,5 kg

Haltbarkeit
2 Jahre

Serviervorschlag
Zu kaltem Braten oder als Brotbelag

Gartenkürbis-Chutney

Ein einfaches und köstliches Chutney, das vor allem große, ausgewachsene Gartenkürbisse – auch Markkürbisse genannt – in eine Delikatesse verwandelt. Bei sehr großen Kürbissen entfernen Sie die Samen und das wattige Innere.

- *1 kg Gartenkürbis, geschält, Samen entfernt, in 2,5 cm große Würfel geschnitten*
- *2 EL Salz*
- *2 große Zwiebeln, grob gehackt*
- *300 g Möhren, grob geraspelt*
- *100 g kandierter Ingwer, grob gehackt*
- *1–2 frische rote Chilischoten, fein gehackt*
- *2 EL schwarze Senfkörner*
- *1 EL gemahlene Kurkuma*
- *3/4 l Apfelessig*
- *250 g Zucker*

1 Den Kürbis in einem Sieb mit 1 EL Salz vermischen. 1 Stunde ziehen lassen, abspülen und trockentupfen. Mit den restlichen Zutaten außer dem Zucker und dem restlichen Salz im Einkochtopf aufkochen und 25 Minuten leise köcheln lassen, bis der Kürbis weich ist.

2 Zucker und 1 EL Salz unter Rühren darin auflösen. Noch 1–1 1/4 Stunden köcheln, bis die meiste Flüssigkeit verdampft und das Chutney dick ist. In die heißen, sterilisierten Gläser füllen und verschließen. 1 Monat ziehen lassen.

Schwierigkeitsgrad
Leicht

Kochzeit
1 1/2–2 Stunden

Hilfsmittel
Säurefester Einkochtopf; sterilisierte Gläser mit säurefestem Deckel (Seite 42)

Ergibt
Etwa 1,5 kg

Haltbarkeit
2 Jahre

Serviervorschlag
Gut zu Käse

Auberginen-Knoblauch-Chutney

Ein weiches Chutney, das im Munde zergeht und die Milde der Auberginen mit dem wunderbaren Aroma des Knoblauchs verbindet. Nehmen Sie nach Möglichkeit große, feste Auberginen mit hellvioletter Färbung.

- *1 kg Auberginen, in 2,5 cm große Würfel geschnitten*
- *2 EL Salz*
- *3 EL Erdnuß-, Oliven- oder Sesamöl*
- *1 EL Schwarzkümmel*
- *3 EL Sesamsamen*
- *4 Knoblauchknollen, geschält*
- *250 g Schalotten, geviertelt*
- *2–3 rote oder grüne Chilischoten, Samen entfernt, grob gehackt*
- *3/4 l Apfel- oder Weißweinessig*
- *150 g weicher brauner Zucker*
- *3 TL süßes Paprikapulver*
- *1 kleiner Bund Minze, gehackt (nach Belieben)*

1 Die Auberginenwürfel in einem Sieb mit 1 EL Salz vermischen und 1 Stunde abtropfen lassen. Gut abspülen und mit Küchenpapier abtrocknen.

2 Das Öl im Einkochtopf erhitzen, Schwarzkümmel und Sesam darin 1–2 Minuten braten, bis der Sesam zu springen beginnt.

3 Die Auberginen mit dem Knoblauch, den Schalotten und den Chilischoten zufügen und unter häufigem Rühren etwa 5 Minuten andünsten.

4 Den Essig zugießen und zum Kochen bringen. Bei schwacher Hitze 15 Minuten köcheln lassen, bis die Auberginen weich sind. Den Zucker, das Paprikapulver und das restliche Salz unterrühren.

5 Die Hitze etwas hochschalten und das Chutney unter häufigem Rühren 45–60 Minuten kochen, bis die meiste Flüssigkeit verdampft und das Chutney dick geworden ist. Falls gewünscht, die Minze unterrühren und den Topf vom Herd nehmen.

6 In die heißen, sterilisierten Gläser füllen und verschließen. Mindestens 1 Monat ziehen lassen.

Schwierigkeitsgrad
Leicht

Kochzeit
1–1 1/4 Stunden

Hilfsmittel
Säurefester Einkochtopf; sterilisierte Gläser mit säurefestem Deckel (Seite 42)

Ergibt
Etwa 1,5 kg

Haltbarkeit
1 Jahr

Serviervorschlag
Besonders lecker zu Hühnercurry, Käse oder in Sandwiches

Rotes Tomaten-Chutney

Ein mildes, aromatisches Chutney. Ursprünglich wurde Jaggery (unraffinierter indischer Palmzucker) dafür verwendet, der aber schwer erhältlich ist; ersetzen Sie ihn durch braunen Zucker.

- *3 EL Erdnuß- oder Sesamöl*
- *300 g Zwiebeln, grob gehackt*
- *1 Knoblauchknolle, geschält und grob gehackt*
- *90 g frische Ingwerwurzel, in feine Streifchen geschnitten*
- *2–3 frische rote Chilischoten, Samen entfernt, in dicke Streifen geschnitten (nach Belieben)*
- *1 kg feste rote Eiertomaten, gehäutet, Samen entfernt, gehackt*
- *125 g Jaggery oder weicher brauner Zucker*
- *1/4 l Rotweinessig*
- *6 Kardamomkapseln*
- *90 g Basilikum, grob gehackt*

1 Das Öl im Einkochtopf mäßig erhitzen. Die Zwiebeln, den Knoblauch, den Ingwer und, falls gewünscht, die Chilischoten darin 5 Minuten anschwitzen, bis die Zwiebeln zu bräunen beginnen. Die Tomaten zufügen und etwa 15 Minuten weich köcheln lassen.

2 Den Zucker mit dem Essig zufügen und unter Rühren auflösen. Aufkochen und 25–30 Minuten unter häufigem Rühren bei schwacher Hitze köcheln lassen, bis die meiste Flüssigkeit verdampft und das Chutney dick geworden ist. Vom Herd nehmen.

3 Den Kardamom in der Gewürz- oder Kaffeemühle mahlen. Ins Chutney sieben, Basilikum unterrühren. In die heißen, sterilisierten Gläser füllen und verschließen. Mindestens 1 Monat ziehen lassen.

Schwierigkeitsgrad
Leicht

Kochzeit
45–50 Minuten

Hilfsmittel
Säurefester Einkochtopf; Gewürz- oder Kaffeemühle; sterilisierte Gläser mit säurefestem Deckel (Seite 42)

Ergibt
Etwa 1 kg

Haltbarkeit
1 Jahr

Serviervorschlag
Vor dem Füllen von Quiches und Pies ein paar Eßlöffel Chutney auf dem Teigboden verteilen

Scharfes Mango-Chutney

Dieses Chutney – scharf, äußerst aromatisch, goldgelb – stammt aus Bihar in Indien. Sie können Safran durch Kurkuma ersetzen, doch Safran liefert einen einzigartigen Geschmack.

2 kg unreife Mangos, geschält und in 2,5 cm große Stücke geschnitten (Seite 175)
2 unbehandelte Limetten oder Zitronen, in halbe Scheiben geschnitten
3–4 frische rote Chilischoten, Samen entfernt, grob gehackt
3/4 l Weißwein- oder weißer Branntweinessig
500 g weicher hellbrauner Zucker
1 EL Salz
1 EL grüne Kardamomkapseln
1 TL Kreuzkümmel
1 TL Chilipulver (nach Belieben)
1/2 TL Safranfäden oder 1 TL gemahlene Kurkuma

1 Die Mangos, Limetten oder Zitronen und die Chilischoten mit dem Essig im Einkochtopf aufkochen. 10–15 Minuten bei schwacher Hitze köcheln lassen, bis die Mangos knapp weich sind. Den Zucker und das Salz unter Rühren darin auflösen. 50–60 Minuten köcheln lassen, bis die meiste Flüssigkeit verdampft und das Chutney dick geworden ist.

2 Den Kardamom und Kreuzkümmel in der Gewürz- oder Kaffeemühle mahlen. In das Chutney sieben, eventuell zusammen mit dem Chilipulver. Die Safranfäden ein paar Minuten in etwas heißem Wasser einweichen. In das Chutney rühren oder Kurkuma zufügen.

3 In die heißen, sterilisierten Gläser füllen und verschließen. 1 Monat ziehen lassen.

Schwierigkeitsgrad
Leicht

Kochzeit
1–1 1/4 Stunden

Hilfsmittel
Säurefester Einkochtopf; Gewürz- oder Kaffeemühle; sterilisierte Gläser mit säurefestem Deckel (Seite 42)

Ergibt
Etwa 1,5 kg

Haltbarkeit
2 Jahre

Serviervorschlag
Zu Pappadoms oder gekochtem Reis als leichtes Abendessen

Pflaumen-Chutney

Ein dunkelrotes, vollmundiges Chutney. Das Originalrezept aus Assam enthält 15 Chilischoten, dazu mehrere Löffel Chilipulver. Ich hab's ausprobiert – es war herrlich scharf, ein Hochgenuß für Chili-Liebhaber. Trotzdem habe ich mein Rezept etwas abgemildert; Sie können ja ganz nach Wunsch noch mehr Chilischoten zufügen, falls Sie's gern schärfer hätten.

500 g dunkelrote Pflaumen
500 g hellrote Pflaumen
6 große Knoblauchzehen, grob gehackt
6 frische rote Chilischoten, grob gehackt
75 ml Wasser
125 g Tamarinde am Stück oder 2 EL Tamarindenmark
3/4 l Malzessig
400 g weicher hellbrauner oder weißer Zucker
2 TL Salz
1 TL Gewürznelken
1 TL Pimentkörner
1 Zimtstange, zerbrochen
1/2 TL schwarzer Kreuzkümmel (Kalajeera)

1 Die Pflaumen halbieren und entsteinen. Die Steine mit einem Nußknacker oder Hammer aufknacken und in ein Stück Mull binden.

2 Die Pflaumen mit dem Mullsäckchen, dem Knoblauch, den Chilischoten und dem Wasser im Einkochtopf aufkochen. Unter häufigem Rühren 15–20 Minuten leise köcheln lassen, bis die Pflaumen weich sind.

3 Falls Sie Tamarinde am Stück verwenden, 20 Minuten in 1/8 l heißem Wasser einweichen, durch ein Sieb passieren und die großen Samen wegwerfen.

4 Den Essig, die passierte Tamarinde oder das Tamarindenmark, den Zucker und das Salz in den Topf geben. Aufkochen und unter Rühren auflösen. 25–30 Minuten unter häufigem Rühren köcheln lassen, bis die meiste Flüssigkeit verdampft und das Chutney dick geworden ist. Vom Herd nehmen, das Mullsäckchen entfernen.

5 Nelken, Piment und Zimtstange in der Gewürz- oder Kaffeemühle mahlen. Mit dem Kreuzkümmel unter das Chutney rühren. In die heißen, sterilisierten Gläser füllen und verschließen. 1 Monat ziehen lassen.

Schwierigkeitsgrad
Leicht

Kochzeit
Etwa 1 1/4 Stunden

Hilfsmittel
Nußknacker oder Hammer; Mull; säurefester Einkochtopf; Gewürz- oder Kaffeemühle; sterilisierte Gläser mit säurefestem Deckel (Seite 42)

Ergibt
Etwa 1 kg

Haltbarkeit
2 Jahre

Serviervorschlag
Zu kaltem Braten und Käse oder als Brotbelag

TIP

Nehmen Sie feste, fleischige Pflaumen mit kräftiger Färbung. Ich mische immer dunkelrote Pflaumen mit helleren, doch können Sie auch nur eine einzige Sorte verwenden.

Apfel-Chutney

Dieses milde, fruchtige Chutney ist ein englischer Klassiker geworden. Sie können dafür auch Äpfel und Birnen mischen. Es schmeckt köstlich zu Käse oder einfach aufs Brot als ungewöhnlicher Belag.

- *1,25 kg unreife Kochäpfel (gern Fallobst), geschält, entkernt und grob gehackt*
- *625 g Zwiebeln, grob gehackt*
- *2 unbehandelte Zitronen, in dünne halbe Scheiben geschnitten*
- *300 g Rosinen*
- *2 Knoblauchzehen, fein gehackt (nach Belieben)*
- *1/2 l Apfelessig*
- *400 g dunkelbrauner Zucker*
- *1 EL Salz*
- *1 TL gemahlener Ingwer*
- *1 TL gemahlener Zimt*
- *1 TL gemahlene Kurkuma*

1 Die Äpfel mit den Zwiebeln, Zitronen, Rosinen, dem Knoblauch (falls gewünscht) und dem Essig im Einkochtopf aufkochen. 15 – 20 Minuten köcheln lassen, bis die Äpfel weich, aber noch nicht zerfallen sind.

2 Den Zucker unter Rühren darin auflösen. 30 – 45 Minuten köcheln lassen, bis die meiste Flüssigkeit verdampft und das Chutney dick geworden ist. Vom Herd nehmen, Salz und Gewürze zufügen.

3 In die heißen, sterilisierten Gläser füllen und verschließen. 1 Monat ziehen lassen.

Schwierigkeitsgrad
Leicht

Kochzeit
45 – 60 Minuten

Hilfsmittel
Säurefester Einkochtopf; sterilisierte Gläser mit säurefestem Deckel (Seite 42)

Ergibt
Etwa 2 kg

Haltbarkeit
1 Jahr

Serviervorschlag
Zu Käse oder als Belag auf ein gebuttertes Brot

Exotisches Früchte-Chutney

Ein Chutney mit einem herrlich frischen Aroma. Ich mache es gern im Winter, manchmal auch mit Papaya, Kiwis und Lychees, die ich mit den Kumquats, Äpfeln und Maiskölbchen mische.

- *250 g Kumquats oder unbehandelte Orangen*
- *1 kleine Ananas, geschält, Strunk entfernt, in 2,5 cm große Stücke geschnitten*
- *600 g Äpfel, geschält, entkernt und grob zerkleinert*
- *300 g getrocknete Aprikosen, eingeweicht, grob zerkleinert*
- *250 g Baby-Maiskölbchen, in 2,5 cm lange Stücke geschnitten*
- *1 l Apfel- oder Weißweinessig*
- *500 g Zucker*
- *3 – 4 frische rote Chilischoten, Samen entfernt, gehackt*
- *2 EL schwarze Senfkörner*
- *2 EL Salz*
- *1 EL grüne Pfefferkörner*
- *100 g Minze, grob gehackt*

1 Kumquats ganz belassen; Orangen halbieren und in Scheiben mittlerer Dicke schneiden. Alle Früchte mit dem Mais und Essig im Einkochtopf aufkochen und 15 Minuten leise köcheln lassen.

2 Den Zucker mit den Chilischoten, Senfkörnern, Salz und Pfefferkörnern zufügen, den Zucker unter Rühren auflösen. Unter häufigem Rühren 50 – 60 Minuten köcheln lassen, bis die meiste Flüssigkeit verdampft und das Chutney dick geworden ist.

3 Vom Herd nehmen und die Minze untermischen. In die heißen, sterilisierten Gläser füllen und verschließen. Mindestens 1 Monat ziehen lassen.

Schwierigkeitsgrad
Leicht

Kochzeit
1 – 1 1/4 Stunden

Hilfsmittel
Säurefester Einkochtopf; sterilisierte Gläser mit säurefestem Deckel (Seite 42)

Ergibt
Etwa 3 kg

Haltbarkeit
1 Jahr

Serviervorschlag
Zu Geflügel, Käse oder Currygerichten

Feigen-Chutney

Auf dieses ungewöhnliche Rezept stieß ich in einem Kochbuch aus viktorianischer Zeit, dessen Verfasserin nicht genannt ist. Das dunkle, köstliche Chutney ist ideal zum Verwerten unreifer Feigen.

- *1 1/4 l Rotweinessig*
- *500 g weicher hellbrauner Zucker*
- *2 EL Salz*
- *1 kg feste dunkle Feigen, in 1 cm dicke Scheiben geschnitten*
- *500 g Zwiebeln, in dünne Ringe geschnitten*
- *250 g entkernte Datteln, grob gehackt*
- *150 g frische Ingwerwurzel, in feine Streifchen geschnitten*
- *2 EL süßes Paprikapulver*
- *1 EL gelbe Senfkörner*
- *3 EL gehackter frischer oder 1 EL getrockneter Estragon*

1 Den Essig in den Einkochtopf gießen, den Zucker und das Salz darin unter Rühren auflösen. Aufkochen und etwa 5 Minuten köcheln lassen.

2 Die Feigen, Zwiebeln, Datteln und Gewürze zufügen. Aufkochen und etwa 1 Stunde köcheln lassen, bis die meiste Flüssigkeit verdampft und das Chutney dick geworden ist.

3 Vom Herd nehmen, den Estragon unterrühren. In die heißen, sterilisierten Gläser füllen und verschließen. 1 Monat ziehen lassen.

Schwierigkeitsgrad
Leicht

Kochzeit
Etwa 1 1/4 Stunden

Hilfsmittel
Säurefester Einkochtopf; sterilisierte Gläser mit säurefestem Deckel (Seite 42)

Ergibt
Etwa 2 kg

Haltbarkeit
1 Jahr

Serviervorschlag
Zu Käse und kaltem Braten oder scharfen Currygerichten zugeben

Pfirsich-Chutney

(Foto Seite 31)

Ein leichtes, raffiniertes und erfrischendes Chutney. Es wird manchmal recht blaß; Sie können es – wie ich – mit 2 EL süßem Paprikapulver rötlich oder mit 2 TL gemahlener Kurkuma goldgelb färben. Mit den anderen Gewürzen ins Chutney rühren.

- *1 kg Pfirsiche, gehäutet, entsteint und in 2,5 cm dicke Scheiben geschnitten*
- *300 g Kochäpfel, geschält, entkernt und zerkleinert*
- *250 g kernlose Trauben*
- *2 unbehandelte Zitronen, in sehr dünne halbe Scheiben geschnitten*
- *275 g Schalotten, grob gehackt*
- *3 Knoblauchzehen, fein gehackt*
- *75 g frische Ingwerwurzel, in feine Streifchen geschnitten*
- *1/2 l Apfel- oder Weißweinessig*
- *250 g Zucker*
- *1 TL Gewürznelken*
- *1 TL Kardamomkapseln*
- *5 cm Zimtstange*
- *2 TL Kümmel*

1 Alle Früchte mit den Schalotten, dem Knoblauch, Ingwer und Essig im Einkochtopf aufkochen und bei schwacher Hitze etwa 25 Minuten köcheln lassen, bis die Äpfel knapp weich und die Schalotten glasig sind.

2 Den Zucker unter Rühren darin auflösen. 35–40 Minuten köcheln lassen, bis die meiste Flüssigkeit verdampft und das Chutney dick geworden ist. Vom Herd nehmen.

3 Die Nelken, den Kardamom und die Zimtstange in der Gewürz- oder Kaffeemühle mahlen.

4 Die Gewürze ins Chutney sieben (faserige Kardamomteile bleiben im Sieb hängen), den Kümmel zufügen und alles gut vermischen.

5 Das Chutney in die heißen, sterilisierten Gläser füllen und verschließen. 1 Monat ziehen lassen.

Schwierigkeitsgrad
Leicht

Kochzeit
Etwa 1 1/4 Stunden

Hilfsmittel
Säurefester Einkochtopf; Gewürz- oder Kaffeemühle; sterilisierte Gläser mit säurefestem Deckel (Seite 42)

Ergibt
Etwa 1,75 kg

Haltbarkeit
6 Monate

Serviervorschlag
Köstlich zu scharfen Currys oder Wild

Tip

Längeres Kochen verändert das Aroma gemahlener Gewürze. Deshalb rühren Sie sie am besten erst unter das Chutney, wenn Sie den Topf vom Herd genommen haben.

Aromatisierte Essige, Öle & Senf

Öl und Essig nehmen fremde Aromen gut auf: Lassen Sie Kräuter, Gewürze und weiche Früchte darin ziehen, dann erhalten Sie wunderbare Würzen. Öle mit starkem Eigengeschmack wie natives Olivenöl extra kommen dafür allerdings weniger in Frage, da sie die Würzzutaten übertönen. Als Essig nehme ich klaren, milden Apfel- oder Weißweinessig, deren fruchtiges Aroma die Gewürze gut ergänzt. Wer glücklicher Besitzer eines kleinen Eichenfäßchens ist, kann den gewürzten Essig darin 2–3 Jahre reifen lassen – über das Ergebnis werden Sie staunen! Der Salatessig unten ist dazu besonders geeignet. Senf ist eine der ältesten Würzzubereitungen. Früher kaute man ein paar Senfkörner zusammen mit einem Bissen Fleisch, das dadurch eine milde, aromatische Würze bekam. Die Schärfe, die wir heute mit Senf verbinden, kommt erst zustande, wenn trockenes Senfpulver mit kaltem Wasser vermischt wird.

Salatessig

Weißweinessig *Estragon* *Thymian* *Chilischoten* *Knoblauch* *Pfefferkörner*

Wie schon der Name besagt, ist dieser milde, vollmundige Essig ideal für Vinaigrettes und Salatsaucen. Bei langer Reifung – etwa 2–3 Jahre – entwickelt er ein immer köstlicheres Aroma. Filtern Sie ihn danach durch (Seite 47), und verwenden Sie ihn sparsam.

1 l Weißwein- oder Apfelessig
2 Zweige Estragon
2 Zweige Thymian
2 frische oder getrocknete rote Chilischoten (nach Belieben)
2 Knoblauchzehen, geschält und angedrückt
2 TL schwarze Pfefferkörner

1 Den Essig in einem säurefesten Topf aufkochen und 1–2 Minuten sprudelnd kochen lassen. Vom Herd nehmen und auf 40 °C abkühlen lassen.

2 Die Kräuter nur waschen, falls nötig; gut trocknen und mit einer breiten Messerklinge leicht andrücken. Die Chilischoten, falls verwendet, längs einschneiden.

3 Den Estragon, den Thymian, die Chilischoten, den Knoblauch und den Pfeffer gleichmäßig in die beiden sterilisierten Flaschen verteilen. Mit dem warmen Essig übergießen und verschließen. Die Flaschen ab und zu schütteln, um die Zutaten zu vermischen. Etwa 3 Wochen ziehen lassen.

Schwierigkeitsgrad
Leicht

Kochzeit
3–4 Minuten

Hilfsmittel
Thermometer; 2 sterilisierte 1/2-Liter-Flaschen mit säurefestem Verschluß (Seite 42)

Ergibt
Etwa 1 Liter

Haltbarkeit
2–3 Jahre

Eine Flasche nehmen, deren Hals weit genug ist, um die Kräuter hineinschieben zu können.

Das Andrücken der Kräuter setzt mehr Aroma frei.

Ganze Chilischoten geben ihr Aroma, aber nicht viel von ihrer Schärfe an den Essig ab.

Salatessig gibt vielen frischen Zutaten Pfiff, ohne ihren Eigengeschmack zu überdecken.

Variationen

✦ ***Provenzalischer Kräuteressig***
Je 3–4 Zweige Rosmarin, Lavendel und Thymian, möglichst mit Blüten, wie oben einlegen. Mit diesem Essig können Sie Erdbeeren und andere Früchte abrunden.

✦ ***Schalottenessig** (Foto Seite 19)*
500 g Schalotten schälen, grob zerkleinern und in die Flaschen verteilen. Mit warmem Essig auffüllen wie oben. Für Dressings verwenden oder statt frischer Schalotten an Sauce hollandaise geben.

✦ ***Orangen- oder Zitronenessig** (Foto Seite 29)*
Von 3–4 unbehandelten Orangen oder Zitronen die Schale abschälen, das Weiße möglichst entfernen. Die Schale auf zwei Holzspießchen fädeln und in die Flaschen schieben. Mit dem warmen Essig aufgießen, weiter wie oben.

Stachelbeeressig

Dieser helle gelbgrüne Essig schmeckt köstlich zu Fisch.

$1^1/_4$ l Apfelessig

1 kg saure Stachelbeeren

150 g Sauerampfer oder Spinat

einige Streifen unbehandelte Zitronenschale

1 Den Essig in einem säurefesten Topf zum Kochen bringen und 1–2 Minuten sprudelnd kochen. Abkühlen lassen.

2 Die Stachelbeeren und den Sauerampfer oder Spinat waschen und gut abtropfen lassen. In der Küchenmaschine grob hacken.

3 Mit der Zitronenschale in ein großes Schraubglas geben. Den Essig zugießen, mit einem sauberen Tuch bedecken. 3–4 Wochen an einem warmen Ort ziehen lassen, das Glas gelegentlich schütteln.

4 Durch den Saftbeutel gießen, dann durchfiltern (Seite 47). In die sterilisierten Flaschen füllen und verschließen. Die anfängliche Trübung legt sich nach einigen Wochen, unten bildet sich Satz.

VARIATION

Heidelbeeressig
Die Stachelbeeren durch Heidelbeeren ersetzen, den Sauerampfer oder Spinat und die Zitronenschale weglassen. Die Essigmenge auf $1^1/_2$ l erhöhen. Für Salate oder verdünnt als Getränk verwenden.

Schwierigkeitsgrad
Leicht

Kochzeit
3–4 Minuten

Hilfsmittel
Küchenmaschinie; sterilisierter Saftbeutel; sterilisierte Flaschen mit säurefestem Verschluß (Seite 42)

Ergibt
Etwa 2 Liter

Haltbarkeit
2 Jahre

Serviervorschlag
Fischgerichte und Saucen damit abrunden

Erdbeeressig

(Foto Seite 33)

In diesem rosa gefärbten Essig lassen sich überreife Erdbeeren gut verwerten. Alle angedrückten Beeren wegwerfen.

$1^1/_4$ l Apfel- oder Weißweinessig

1 kg reife Erdbeeren mit kräftigem Aroma

einige Wald- oder kleine Gartenerdbeeren und ein paar Basilikumblätter (nach Belieben)

1 Den Essig in einem säurefesten Topf aufkochen und 1–2 Minuten sprudelnd kochen lassen. Vom Herd nehmen und auf 40 °C abkühlen lassen.

2 Die Erdbeeren von den Stielansätzen befreien, in der Küchenmaschine fein zerkleinern. In ein großes Schraubglas oder eine Glasschüssel umfüllen.

3 Den warmen Essig über die Beeren gießen, gut durchmischen. Mit einem sauberen Tuch bedecken, 2 Wochen an einem warmen Ort (ein sonniges Fensterbrett ist ideal) stehen lassen und gelegentlich umrühren.

4 Den Essig durch den Saftbeutel gießen, dann durchfiltern (Seite 47). In sterilisierte Flaschen füllen und verschließen.

5 Für einen noch intensiveren Essig einige kleine Erdbeeren im Wechsel mit Basilikumblättern auf dünne Holzspießchen stecken, in die Flaschen schieben und verschließen. Der Essig kann sofort verwendet werden, wird aber mit der Zeit noch besser.

TIPS

✦ Zwar wird Fruchtessig mit der Zeit immer aromatischer, doch verfärbt er sich bräunlich.
✦ Manchmal sind Fruchtessige trüb. Wenn sie ungestört an einem kühlen, dunklen Ort stehen, bildet sich meist ein Satz, und der klare Essig kann abgezogen werden. Sonst klären wie folgt: 2 Eiweiße mit etwas Essig schaumig schlagen. Nach und nach unter den Essig rühren. In Flaschen füllen und etwa 1 Woche an einem kühlen Ort stehen lassen, bis die Partikel zu Boden sinken. Den klaren Essig abziehen.

VARIATIONEN

Brombeeressig oder Essig von schwarzen Johannisbeeren
Die Erdbeeren durch Brombeeren oder schwarze Johannisbeeren ersetzen, die Essigmenge auf $1^1/_2$ l erhöhen. Wie im Rezept beschrieben vorgehen. Die Walderdbeeren und das Basilikum weglassen. Beide ergeben ein köstliches Salatdressing oder können verdünnt als erfrischendes Getränk gereicht werden.

Schwierigkeitsgrad
Leicht

Kochzeit
3–4 Minuten

Hilfsmittel
Thermometer; Küchenmaschine; sterilisierter Saftbeutel; sterilisierte Flaschen mit säurefestem Verschluß (Seite 42)

Ergibt
Etwa 2 Liter

Haltbarkeit
2 Jahre

Serviervorschlag
Für Salatdressings, zum Abrunden von Fleischsaucen oder frische Erdbeeren damit beträufeln

Gewürzessige

Gewürzte Essige sind sehr einfach zuzubereiten und halten sich sehr lange. Sie reifen und werden mit der Zeit milder. Jeder Essig mit mindestens 5 Prozent Säuregehalt ist geeignet. Ich mag das fruchtige Aroma von Apfelessig, das auch gut zu Pickles paßt. Für süße Essige lösen Sie je Liter Essig 2–4 EL weißen Zucker, weichen braunen Zucker oder Honig auf. Probieren Sie verschiedene Gewürzkombinationen aus, bis Sie »Ihre« Note gefunden haben.

Duftessig

2 l Essig

1. Universal-Gewürzessig

2 EL Pfefferkörner
2 EL Senfkörner
1 EL Gewürznelken
2 TL zerkrümelte Muskatblüten
2 Muskatnüsse, in Stückchen
2–3 getrocknete rote Chilischoten, zerdrückt (nach Belieben)
1 Zimtstange, zerdrückt
2–3 Lorbeerblätter, 1 EL Salz

2. Scharf-würziger Essig

90 g Schalotten, gehackt
75 g Ingwerwurzel, zerdrückt
5–6 getrocknete rote Chilischoten, zerdrückt
1 Zimtstange, zerdrückt
1 EL schwarze Pfefferkörner
1 EL Pimentkörner
2 TL Gewürznelken, 2 TL Salz

3. Duftessig

5 cm Ingwerwurzel, in Scheiben geschnitten
2 EL Korianderkörner
1 EL schwarze Pfefferkörner
1 EL Kardamomkapseln
1 EL Pimentkörner
2 Zimtstangen, zerdrückt
2 Muskatnüsse, in Stückchen
einige Streifen unbehandelte Zitronen- oder Orangenschale
1 TL Anis, 1 EL Salz

4. Milder Gewürzessig

1 EL schwarze Pfefferkörner
1 EL Wacholderbeeren
1 EL Pimentkörner
2 TL Dill- oder Selleriesamen
2–3 Lorbeerblätter
2–3 Knoblauchzehen, zerdrückt
2–3 getrocknete rote Chilischoten (nach Belieben)
1 EL Kümmel, 2 EL Salz

5. Schalotten-Estragon-Essig

100 g Schalotten oder Zwiebeln, grob gehackt
1 kleines Bündel frischer Estragon
4 Knoblauchzehen, zerdrückt
2 TL schwarze Pfefferkörner
1 TL Gewürznelken
2 EL Salz

6. Meerrettichessig

90 g frischer Meerrettich, in Scheiben geschnitten
1 EL schwarze Pfefferkörner
1 EL Senfkörner
1 EL Pimentkörner
2 TL Gewürznelken
2 Stücke getrocknete Ingwerwurzel
1 Zimtstange, zerdrückt
2 EL Salz

1 Für jeden Essig die Würzzutaten bis auf das Salz in ein Mullsäckchen binden (siehe Gewürzsäckchen, Seite 47). Mit dem Salz und dem Essig in einem säurefesten Topf aufkochen und etwa 10 Minuten köcheln lassen.

2 Abkühlen lassen, das Gewürzsäckchen herausnehmen. Trüben Essig durchfiltern (Seite 47). In die sterilisierten Flaschen füllen und verschließen. Der Essig kann sofort verwendet werden, wird aber mit der Zeit noch aromatischer.

Schwierigkeitsgrad
Leicht

Kochzeit
Etwa 12 Minuten

Hilfsmittel
Mull; sterilisierte Flaschen mit säurefestem Verschluß (Seite 42)

Ergibt
Etwa 2 Liter

Haltbarkeit
2 Jahre

Serviervorschlag
(1) oder (2) für eingelegte Zwiebeln (Seite 92), (3) für eingelegten Knoblauch (Seite 94), (4) für eingelegtes Gemüse (Seite 98); (5) für Pickles mit Olivenöl (Seite 97); (6) für Chow-Chow (Seite 95)

Universal-Gewürzessig

Zuckerfreier süßer Essig

Dieser vielseitige Einlege-Essig wird nicht mit Zucker, sondern mit Fruchtdicksaft (erhältlich in Reformhäusern und Naturkostläden) gesüßt. Ich mache zu Anfang des Winters große Mengen davon und lasse ihn bis zum nächsten Sommer reifen.

- *4 l Apfel- oder destillierter Malzessig*
- *300 ml Apfel- oder Birnendicksaft*
- *2 EL schwarze Pfefferkörner*
- *1 EL Pimentkörner*
- *2 TL Gewürznelken*
- *2 EL Korianderkörner*
- *3 Zimtstangen*
- *einige frische oder getrocknete Chilischoten (nach Belieben)*

1 Den Essig mit dem Dicksaft in einem säurefesten Topf zum Kochen bringen und gut abschäumen. Die restlichen Zutaten in ein Gewürzsäckchen binden (Seite 47). 10 Minuten mitköcheln lassen.

2 Das Gewürzsäckchen herausnehmen. Den Essig in die heißen, sterilisierten Flaschen gießen und verschließen. Er ist sofort gebrauchsfertig, wird aber mit der Zeit noch besser.

Schwierigkeitsgrad
Leicht

Kochzeit
Etwa 12 Minuten

Hilfsmittel
Große, sterilisierte Flaschen mit säurefestem Verschluß (Seite 42)

Ergibt
Etwa 4,3 Liter

Haltbarkeit
Nahezu unbegrenzt

Malaiisches Chili-Schalotten-Öl

In Malaysia steht dieses Würzöl, das ein wunderbar nussiges, scharfes Aroma besitzt, auf jedem Tisch. Alles, was zu fade schmeckt, läßt sich damit aufwerten. Geben Sie wohldosierte Mengen davon in Suppen, Eintöpfe und Reisgerichte.

- *100 g getrocknete Chilischoten, die Stiele entfernt*
- *325 g Schalotten, geschält*
- *8–10 Knoblauchzehen, geschält*
- *1 l Erdnuß- oder raffiniertes Sesamöl*

1 Die getrockneten Chilischoten mit den Schalotten und dem Knoblauch in der Küchenmaschine fein zerkleinern.

2 Die Mischung in einem Topf mit dem Erdnußöl vorsichtig erhitzen und 20 Minuten köcheln lassen, bis die Schalotten schön angebräunt sind.

3 Abkühlen lassen. Das Öl filtern (Seite 47), in die sterilisierte Flasche füllen und verschließen. Es kann sofort verwendet werden.

Schwierigkeitsgrad
Leicht

Kochzeit
Etwa 23 Minuten

Hilfsmittel
Küchenmaschine; sterilisierte Flasche mit Verschluß (Seite 42)

Ergibt
Etwa 1 Liter

Haltbarkeit
6 Monate

Basilikumöl

Kräuteröle gehören in meiner Küche zu den unverzichtbaren Würzzutaten. Ich richte damit Salate an oder gebe sie kurz vor dem Servieren in Suppen oder Eintöpfe, als Tüpfelchen auf dem i. Basilikumöl ist besonders aromatisch, aber viele Kräuter – mit oder ohne Gewürze – eignen sich genausogut, vor allem Thymian mit Zitrone und Rosmarin mit Koriander.

- *1 l leichtes Olivenöl*
- *150 g Basilikum*

1 Das Öl in einem Topf vorsichtig auf 40 °C erhitzen.

2 Das Basilikum andrücken und in das warme, sterilisierte Schraubglas oder die Flasche schieben. Das warme Öl zugießen, verschließen. 3–4 Wochen ziehen lassen.

Tip

Wenn Sie das Öl länger als einige Wochen lagern möchten, filtern Sie es durch (Seite 47), da Basilikumblätter nach 3–4 Monaten schleimig werden. Erneut in Flaschen füllen und verschließen.

Schwierigkeitsgrad
Leicht

Kochzeit
3–4 Minuten

Hilfsmittel
Thermometer; sterilisiertes 1-Liter-Glas oder -flasche mit Verschluß (Seite 42)

Ergibt
Etwa 1 Liter

Haltbarkeit
Gefiltert 1 Jahr

Serviervorschlag
Zum Würzen von Salaten, Saucen und Suppen

Chili-Öl

Ein paar Tropfen dieses brennend scharfen, wunderbar vielseitigen Öls verleihen jedem Gericht feurige Würze.

100 g frische rote Chilischoten
1 l Erdnuß-, raffiniertes Sesam- oder Maiskeimöl
2 EL süßes oder scharfes Paprikapulver

1 Die Chilischoten entstielen (die Samen nicht entfernen, sie liefern die Schärfe), in der Küchenmaschine fein hacken. Mit dem Öl in einen Topf geben.

2 Vorsichtig auf 120 °C erhitzen und 15 Minuten köcheln lassen, dabei die Mischung nicht weiter erhitzen.

3 Das Öl etwas abkühlen lassen und das Paprikapulver einrühren. Völlig erkalten lassen und filtern (Seite 47). In die sterilisierte Flasche gießen (Trichter verwenden) und verschließen. Das Öl ist sofort gebrauchsfertig.

Schwierigkeitsgrad
Leicht

Kochzeit
Etwa 18 Minuten

Hilfsmittel
Küchenmaschine; Thermometer; sterilisierte Flasche mit Verschluß (Seite 42)

Ergibt
Etwa 1 Liter

Haltbarkeit
1 Jahr

Orangen-Estragon-Senf

Dieser grobkörnige Senf eignet sich besonders zum Bestreichen von Fleisch vor dem Braten. Wenn Sie ihn sofort verwenden, brauchen Sie den Orangensaft nicht zu kochen.

Fein abgeriebene Schale und Saft von 2 unbehandelten Orangen
250 g gelbe Senfkörner
100 ml Weißweinessig
2 TL Salz
1 EL gehackter frischer oder 1 TL getrockneter Estragon
etwas Weinbrand oder Whisky

1 Die Schale und den Saft der Orangen in einem kleinen Topf aufkochen, bei schwacher Hitze ein paar Sekunden köcheln lassen (dadurch hält sich der Senf länger). Vollständig erkalten lassen.

2 200 g Senfkörner in der Gewürz- oder Kaffeemühle grob mahlen. Mit den restlichen Senfkörnern in einer Glasschüssel mit dem Orangensaft verrühren. Etwa 5 Minuten ziehen lassen, dann den Essig, das Salz und den Estragon untermischen.

3 Den Senf in sterilisierte Gläser füllen. Mit in Weinbrand oder Whisky eingetauchten Wachspapierscheiben bedecken und verschließen. Der Senf ist in ein paar Tagen durchgezogen (dann sind die ganzen Senfkörner aufgequollen und weich).

Schwierigkeitsgrad
Leicht

Kochzeit
1–2 Minuten

Hilfsmittel
Gewürz- oder Kaffeemühle; kleine, sterilisierte Gläser mit säurefestem Deckel (Seite 42)

Ergibt
Etwa 500 g

Haltbarkeit
6 Monate

Serviervorschlag
Zu kaltem Braten

Dunkler Senf

Selbstgemachter Senf ist köstlich, preiswert und vielseitig verwendbar. Reichen Sie ihn einfach als Würze, schmecken Sie die verschiedensten Saucen damit ab oder bestreichen Sie einen Braten damit – so erhält er eine schmackhafte Kruste.

100 g gelbe Senfkörner
3 EL braune oder schwarze Senfkörner
250 g Tamarinde am Stück, 25 Minuten in 300 ml Wasser eingeweicht
1 EL Honig
1 TL Salz
1 TL gemahlene Pimentkörner
1/4 TL gemahlener Zimt
1/4 TL gemahlene Gewürznelken
1/4 TL gemahlener Kardamom
etwas Weinbrand oder Whisky

1 Die Senfkörner in der Gewürz- oder Kaffeemühle mahlen und in einer Schüssel vermischen.

2 Die Tamarinde abtropfen lassen, passieren und mit dem Honig, Salz und den Gewürzen gründlich mit den Senfkörnern vermengen.

3 Den Senf in die sterilisierten Gläser füllen, darauf achten, daß keine Luftbläschen eingeschlossen bleiben. Mit in Weinbrand oder Whisky getauchten Wachspapierscheiben bedecken und verschließen. Einige Tage ruhen lassen.

Schwierigkeitsgrad
Leicht

Hilfsmittel
Gewürz- oder Kaffeemühle; sterilisierte Gläser mit säurefestem Deckel (Seite 42)

Ergibt
Etwa 500 g

Haltbarkeit
6 Monate

Serviervorschlag
Für Dressings und Saucen

FLEISCH & WURST

Fleisch selbst zu bevorraten ist nicht schwer, erfordert aber Geduld, Sorgfalt und Genauigkeit. Der Lohn dafür sind köstliche, lang haltbare Delikatessen. Halten Sie sich genau an die Rezepte; sobald Sie diese beherrschen, können Sie sie mit anderen Würzen und Zutaten abwandeln. Bitte lesen Sie vor Beginn die Informationen auf Seite 42 über Hygiene und Sicherheit durch, und befolgen Sie diese Empfehlungen.

Eingelegtes Wildbret

Erdnußöl · *Rehfleisch* · *Rotweinessig* · *Tamarinde* · *Salz* · *Jaggery (grober brauner Palmzucker)* · *Kardamom* · *Schwarzkümmel* · *Kreuzkümmel* · *Zwiebel* · *Knoblauch* · *Chilischote* · *Ingwerwurzel* · *Korianderkörner*

In Nordindien werden Wild, Fisch und Fleisch durch das Garen in intensiven Gewürzen, die mit ihren antiseptischen Eigenschaften auf natürliche Weise konservieren, haltbar gemacht. Sie lagern mehrere Monate lang in ihrem eigenen Kochöl – das Gegenstück zu den europäischen Confits und Fleischpasteten. In Indien wird Senföl verwendet, das Sie auch durch Erdnußöl oder ein mildes Olivenöl ersetzen können.

WICHTIG

Kardamomkapseln, Schwarz- und Kreuzkümmel vorher in der trockenen Pfanne leicht rösten. Dabei entwickelt sich ein intensiveres Aroma (siehe Tips auf der rechten Seite).

1/4 l Erdnuß- oder Senföl

1 kg Wildbret (Schulter oder Keule), in 5 cm großen Würfeln

300 ml Rotweinessig

100 g Tamarinde am Stück

1 EL Salz

1 EL Jaggery oder weicher dunkelbrauner Zucker

2 TL grüne Kardamomkapseln

1 TL Schwarzkümmel

1 TL Kreuzkümmel

Für die Würzpaste

500 g Zwiebeln, grob gehackt

5 Knoblauchzehen, geschält

3–4 frische Chilischoten, Samen entfernt

5 cm frische Ingwerwurzel, grob zerkleinert

2 EL Korianderkörner, frisch gemahlen

1 Alle Zutaten für die Würzpaste in der Küchenmaschine pürieren. Das Öl in einem Topf erhitzen und das Fleisch darin von allen Seiten anbräunen. Herausnehmen.

2 Die Würzpaste bei starker Hitze einige Minuten in dem verbliebenen Öl anbraten, 30 Minuten bei schwacher Hitze köcheln, bis sie hellbraun ist. Das Fleisch dazugeben und in etwa 1 1/2 Stunden weich schmoren. Wird es zu trocken, 1–2 EL Wasser zufügen.

3 Den Essig erwärmen; die Tamarinde 30 Minuten darin einweichen, durchpassieren, die Samen wegwerfen. Das Salz und den Zucker in das Tamarindenwasser rühren und zum Fleisch gießen. Zum Kochen bringen und 15 Minuten leise köcheln lassen, bis das Öl nach oben steigt.

4 Den Kardamom in der Gewürz- oder Kaffeemühle mahlen. In den Topf sieben; den Schwarzkümmel und den Kreuzkümmel zufügen. In die heißen, sterilisierten Gläser füllen und verschließen. Das Fleisch kann sofort gegessen werden, wird aber nach 1 Woche noch besser. Gekühlt aufbewahren oder 35 Minuten einkochen (Seite 44).

☆☆ **Schwierigkeitsgrad**
Mittel

Kochzeit
Etwa 2 1/2 Stunden

Hilfsmittel
Küchenmaschine; Gewürz- oder Kaffeemühle; sterilisierte 1/2-Liter-Gläser mit weiter Öffnung und säurefestem Deckel (Seite 42)

Ergibt
Etwa 1,5 kg

Haltbarkeit
Gekühlt 5 Wochen
Eingekocht 1 Jahr

Serviervorschlag
Als Hauptgericht mit Reis

EINGELEGTES WILDBRET ist ein köstliches schnelles Essen: das Fleisch nur erwärmen und mit angewärmten Chapatis servieren. Nach Belieben mit frischem Koriandergrün und ein paar Chiliringen garnieren.

TAMARINDE UND JAGGERY (indischer brauner Palmzucker) oder brauner Zucker färben die Sauce appetitlich dunkel.

DIE GERÖSTETEN GEWÜRZE runden den kräftigen Wildgeschmack aromatisch ab.

TIPS

✦ Beim Rösten entfalten ganze Gewürze ihr volles Aroma. Eine kleine Pfanne ohne Öl erhitzen und die Gewürze darin unter häufigem Rütteln kurz anrösten, bis sie leicht bräunen und anfangen, aufzuspringen. Sofort auf einen Teller geben. (In der Pfanne rösten sie in der Resthitze weiter und brennen an.)

✦ Bevor Sie das Fleisch erwärmen, heben Sie das Fett oben im Glas ab.

Gepökelter Schinken

(Grundtechnik Seite 64)

Dieser milde Schinken kann nach kurzer Reifezeit gekocht werden. Kräftiger schmeckt er, wenn Sie ihn länger trocknen und vor dem Kochen, falls gewünscht, räuchern (siehe Tip unten). Statt Schweinefleisch können Sie auch Hammel oder Lamm nehmen. Anfänger tun sich damit sogar leichter, weil diese Stücke kleiner und besser zu handhaben sind. Hammel ist aromatischer als Lamm; ein guter Metzger kann Ihnen eine Keule besorgen.

Wichtig

Lesen Sie bitte erst die Informationen auf den Seiten 42 und 64.

Tip

Falls gewünscht, können Sie den Schinken vor dem Kochen nach Schritt 4 oder 5 kalträuchern: 18 – 24 Stunden bei höchstens 30 °C, ganz nach Geschmack (Seite 66).

1 Schweinekeule von 5 – 6 kg

500 g grobes Salz

Für die Lake

3 l Wasser oder 2 l Wasser und 1 l helles (Stark-)Bier

750 g Salz

250 g Melassezucker oder weicher dunkelbrauner Zucker

1 EL Salpeter

1 kleines Bündel Thymian

3 Zweige Rosmarin

3 Lorbeerblätter

2 EL Wacholderbeeren, zerdrückt

2 TL Gewürznelken

Für die Paste

150 g Mehl

150 g Salz

8 – 10 TL Wasser

1 Das Fleisch ringsum gründlich mit Salz einreiben. Den Boden einer großen, säurefesten Form 1 cm hoch mit Salz ausstreuen, das Fleisch darauflegen und mit dem restlichen Salz bestreuen. Zugedeckt 24 – 48 Stunden kalt stellen.

2 Die Lake zubereiten (Seite 47) und vollständig erkalten lassen. Das Salz vom Fleisch abwischen und das Fleisch in das Pökelgefäß legen. Die Lake durch ein Sieb darübergießen, so daß das Fleisch ganz bedeckt ist.

3 Das Fleisch beschweren (Seite 46) und zugedeckt 2 – 2½ Wochen bei 6 – 8 °C ruhen lassen. Die Lake täglich kontrollieren; falls sich ein »verdächtiger« Geruch entwickelt, abgießen und durch neue Lake ersetzen (siehe Informationen auf Seite 64).

4 Das Fleisch aus der Lake heben, abwaschen und trocknen. 2 – 3 Tage bei 6 – 8 °C an einem trockenen, dunklen, luftigen Ort aufhängen. Jetzt kann der Schinken gekocht (siehe unten) oder, falls ein kräftigerer Schinken gewünscht wird, weitergetrocknet werden, wie in Schritt 5 beschrieben.

5 Die Zutaten für die Paste vermischen und 1 cm dick auf alle offenen Fleischflächen streichen. Das Fleisch weitere 2 – 2½ Wochen aufhängen und mit einem Baumwolltuch bedecken, sobald die Oberfläche getrocknet ist. Wie unten kochen.

Schwierigkeitsgrad
Anspruchsvoll

Kochzeit
25 – 30 Minuten je 500 g

Hilfsmittel
Großes Pökelgefäß; Fleischerhaken; sterilisiertes Baumwolltuch oder Mull (Seite 42)

Ergibt
3,75 – 4,5 kg

Haltbarkeit
Roh getrocknet 2 Jahre
Gekocht 3 Wochen

Serviervorschlag
Heißen Schinken mit einer Kirsch- oder Cumberlandsauce, kalten Schinken als Krönung eines Buffets servieren

Achtung
Dieses Rezept enthält Salpeter (Seite 42)

Zu kaltem Schinken würzige Cocktailtomaten (Seite 93) und Weihnachtsorangen (Seite 100) reichen.

Den Schinken kochen

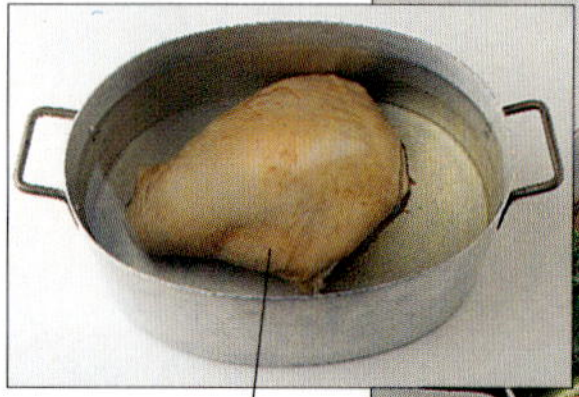

Den Schinken vor dem Kochen 24 Stunden in Wasser legen. Herausnehmen, in einem großen Topf mit kaltem Wasser bedecken.

1 Ein Kräuterbündel (Rosmarin, Thymian und Zitrusschale), einige Lorbeerblätter, Petersilie, Apfel, Möhre, Zwiebel, Zucchini, Pfefferkörner und Nelken zum Schinken in das Wasser legen.

2 Langsam zum Kochen bringen; zugedeckt etwa 25 – 30 Minuten je 500 g köcheln lassen. Falls nötig, Wasser nachgießen.

3 Wird der Schinken heiß serviert, herausnehmen; ansonsten im Wasser erkalten lassen. Die Schwarte abschneiden.

Geräuchertes Hähnchen

(Foto Seite 24)

Ein gutes geräuchertes Hähnchen ist eine wahre Delikatesse – aromatisch und saftig. So gelingt sie nur von frischen, festfleischigen Hähnchen aus Freilandhaltung. Auch anderes Zucht- und Wildgeflügel läßt sich auf diese Weise zubereiten; allerdings müssen Sie die Pökelzeit anpassen und 1 Stunde je 500 g zum angegebenen Gewicht dazurechnen oder abziehen.

WICHTIG

Bitte lesen Sie vor Beginn die Informationen auf den Seiten 42 und 64.

1 Hähnchen von 1,5 – 2 kg
1 EL Oliven- oder Erdnußöl
4 – 5 Zweige Thymian
4 – 5 Zweige Estragon
1 Lorbeerblatt

Für die Lake

2 l Wasser
600 g Salz
5 – 6 Zweige Estragon
4 – 5 Streifen unbehandelte Zitronenschale

1 Alle Zutaten für die Lake in einem Edelstahltopf aufkochen, das Salz unter Rühren auflösen; 10 Minuten bei schwacher Hitze köcheln lassen. Abseihen und vollständig erkalten lassen.

2 Das Hähnchen waschen und mit Küchenpapier abtrocknen, lose Haut und das Bauchfett entfernen. Die Schenkel mit Küchengarn zusammenbinden, die Haut ringsum mit einem spitzen Holzspießchen anstechen.

3 Das Hähnchen in eine tiefe Glasschüssel legen und mit der Lake bedecken. Beschweren (Seite 46) und 6 – 8 Stunden kalt stellen.

4 Gut abtropfen lassen. Die Flügel zusammenbinden: einen Holzspieß durchstecken und mit einer Schnurschlaufe umschlingen. 24 Stunden an einem trockenen, dunklen, luftigen Ort bei 6 – 8 °C aufhängen.

5 Das Hähnchen mit dem Öl bepinseln und mit den Schenkeln nach unten im Räucherofen aufhängen oder auf den Rost legen. 3 – 3½ Stunden bei 110 – 125 °C heißräuchern. Nach der Hälfte der Zeit die Kräuter dazulegen.

6 Zur Garprobe die Schenkel an der dicksten Stelle anstechen – der austretende Saft muß klar sein ohne rosa Spuren. Das Hähnchen kann heiß gegessen werden, schmeckt aber am besten kalt. In Wachspapier einwickeln und im Kühlschrank aufbewahren.

☆☆☆ **Schwierigkeitsgrad**
Anspruchsvoll

Kochzeit
Lake: Etwa 15 Minuten
Räuchern: 3 – 3½ Stunden

Hilfsmittel
Schnur; Räucherofen, Fleischerhaken

Ergibt
Etwa 1,5 kg

Haltbarkeit
Gekühlt 1 Monat
Tiefgefroren 3 Monate

Serviervorschlag
In dünnen Scheiben zu Blattsalat, mit frischer Mango auf Canapés oder mit Gewürzbirnen (Seite 103) auf Spießchen

Pastrami

New York wäre nicht New York ohne Pastrami auf Roggen-Sandwiches. Dieses leicht geräucherte, herrlich pikante Pökelfleisch stammt aus Rumänien, hat seine Wurzeln aber wahrscheinlich in der Türkei. Das Fleisch wird in der Regel nur 4 Stunden leicht geräuchert; für ein intensiveres Aroma räuchern Sie es bis 12 Stunden über duftendem Obstbaumholz.

WICHTIG

Bitte lesen Sie vor Beginn die Informationen auf den Seiten 42 und 64.

3 kg magere Rinderbrust
250 g grobes Salz
6 Knoblauchzehen, zerdrückt
4 EL weicher brauner Zucker
4 EL schwarzer Pfeffer, grob gemahlen
2 EL Korianderkörner, grob gemahlen
1 EL gemahlener Ingwer
1 TL Salpeter

1 Das Fleisch in eine tiefe Glasschüssel legen, mit 100 g Salz einreiben. Zugedeckt 2 Stunden ziehen lassen, abspülen und gut abtrocknen.

2 Alle anderen Zutaten mit dem restlichen Salz vermischen und gut in das Fleisch einreiben. In die saubere Schüssel legen und zugedeckt 1½ – 2 Wochen kalt stellen, alle paar Tage wenden.

3 Das Fleisch herausheben und trockentupfen. An einem Fleischerhaken 1 Tag bei 6 – 8 °C an einem trockenen, dunklen, luftigen Ort aufhängen. Anschließend 4 – 6 Stunden unter 50 °C kalträuchern (Seite 66).

4 Das Pastrami 2½ – 3 Stunden in ungesalzenem Wasser köcheln, bis es weich ist. Gut abtropfen lassen und servieren. Soll es kalt gegessen werden, abtropfen lassen, beschweren (Seite 46), abkühlen lassen und im Kühlschrank aufbewahren.

☆☆ **Schwierigkeitsgrad**
Mittel

Kochzeit
Räuchern: 4 – 6 Stunden
Kochen: 2½ – 3 Stunden

Hilfsmittel
Fleischerhaken; Räucherofen

Ergibt
Etwa 2 – 2½ kg

Haltbarkeit
Gekühlt 4 – 6 Wochen
Tiefgefroren 6 Monate

Serviervorschlag
Heiß oder kalt, auch als Brotbelag

* **Achtung**
Dieses Rezept enthält Salpeter (Seite 42)

Eingelegte Würste Toulouser Art

(Foto Seite 25)

Diese schlichten, vielseitigen Würste können Sie mit verschiedenen Kräutern und Gewürzen zubereiten. Traditionell werden sie nur mit Salz und Pfeffer gewürzt – weißem Pfeffer, weil schwarzer als unansehnlich gilt. Mir schmeckt schwarzer Pfeffer allerdings viel besser.

WICHTIG

Bitte lesen Sie vor Beginn die Informationen auf den Seiten 42 und 62.

VARIATIONEN

✦ *Kräuterwürste*
2 EL gehackte Petersilie oder eine Mischung aus Petersilie und Thymian in Schritt 2 zufügen.

✦ *Knoblauchwürste*
3 zerdrückte Knoblauchzehen und 2 EL gehackte Kräuter in Schritt 2 zufügen.

✦ *Muskatwürste*
1/4 TL geriebene Muskatnuß in Schritt 2 zufügen.

2,1 kg magere Schweineschulter, gewürfelt
900 g Schweinerückenspeck, gewürfelt
60 g Salz
1 TL frisch gemahlener weißer oder schwarzer Pfeffer
1/2 TL Salpeter
3–4 m Naturdarm

Für jedes Glas

2 Knoblauchzehen, 2 Minuten blanchiert (Seite 46)
2 Zweige Thymian
1 Zweig Rosmarin
Olivenöl oder Schweineschmalz

1 Das Fleisch durch die grobe Scheibe des Fleischwolfs, den Speck durch die feine Scheibe drehen.

2 Mit dem Salz, Pfeffer und Salpeter in einer Glasschüssel durchkneten, bis alles gleichmäßig vermischt ist. Die Schüssel abdecken und die Mischung mindestens 4 Stunden kalt stellen.

3 Den Darm vorbereiten (Seite 68, Schritte 4 und 5). Mit dem Fleisch füllen und in 5 cm lange Würste teilen (Seite 69, Schritt 6).

4 Die Würste 8–10 Minuten pro Seite braten oder grillen, bis sie gar, aber innen immer noch leicht rosa und feucht sind. Sofort mit dem Knoblauch und den Kräutern in die heißen, sterilisierten Gläser schichten.

5 Falls Sie Olivenöl verwenden, auf 90 °C erhitzen und in die Gläser gießen, so daß die Würste bedeckt sind.

6 Falls Sie Schmalz verwenden, dieses zerlassen, etwas abkühlen lassen und über die Würste gießen. Im Kühlschrank erstarren lassen, weiteres Fett zugießen, bis die Würste mindestens 1 cm hoch bedeckt sind. Die Gläser verschließen.

7 Bei 6–8 °C dunkel aufbewahren oder unten in den Kühlschrank stellen. Die Würste müssen 1 Monat durchziehen. Das Öl oder Fett zum Kochen verwenden.

☆☆ **Schwierigkeitsgrad**
Mittel

Kochzeit
Etwa 20 Minuten

Hilfsmittel
Fleischwolf; Wursteinfüller; sterilisierte Gläser mit weiter Öffnung und Deckel (Seite 42); Thermometer

Ergibt
Etwa 3 kg

Haltbarkeit
1 Jahr

Serviervorschlag
Eintöpfen, Bohnengerichten oder Cassoulets zufügen

✻ **Achtung**
Dieses Rezept enthält Salpeter (Seite 42)

TIP

Wer die Würste frisch essen möchte, kann den Salpeter weglassen. Die Würste zu einer Spirale aufdrehen oder in 10 cm lange Abschnitte teilen. Kalt stellen, innerhalb von 2 Tagen verbrauchen (Schritt 4).

Getrocknete Lammwürste

(Foto Seite 25)

Würste dieser Art werden in der ganzen moslemischen Welt zubereitet, wo kein Schweinefleisch verzehrt wird. Essen Sie sie nach 4 Wochen, wenn sie noch sehr aromatisch sind, oder lassen Sie sie trocknen, bis sie hart sind, und verwenden Sie sie zum Kochen.

WICHTIG

Bitte lesen Sie vor Beginn die Informationen auf den Seiten 42 und 62.

1,5 kg entbeinte Lammschulter oder -keule, grob gewürfelt
300 g Lamm- oder Rinderfett, in große Würfel geschnitten
6 Knoblauchzehen, zerdrückt
4 EL Olivenöl
1 1/2 EL Salz
1 EL Fenchelsamen
2 EL süßes Paprikapulver
1 TL getrocknete Minze
1–2 TL Chilipulver
1/2 TL frisch gemahlener schwarzer Pfeffer
1/2 TL Salpeter
3,5 m Naturdarm vom Rind

1 Lammfleisch und Fett durch die grobe Scheibe des Fleischwolfs drehen. Alle anderen Zutaten bis auf den Darm untermischen. Frei von Lufteinschlüssen in eine Glasschüssel drücken. Zugedeckt 12 Stunden kalt stellen.

2 Den Darm vorbereiten (Seite 68, Schritte 4 und 5). Mit dem Fleisch füllen und in 15 cm lange Abschnitte teilen (Seite 69, Schritt 6). 4–5 Wochen bei 6–8 °C an einen trockenen, dunklen, luftigen Ort hängen, bis sie etwa die Hälfte ihres ursprünglichen Gewichts verloren haben. In fettbeständiges Papier wickeln und gekühlt aufbewahren.

☆☆ **Schwierigkeitsgrad**
Mittel

Hilfsmittel
Fleischwolf; Wursteinfüller; Fleischerhaken

Ergibt
Etwa 1 kg

Haltbarkeit
Gekühlt 6 Monate

Serviervorschlag
Die Würste grillen oder in Eintöpfe, Kuskus oder Tagine geben

✻ **Achtung**
Dieses Rezept enthält Salpeter (Seite 42)

Luftgetrocknete Entenwürste

(Foto Seite 25)

Die Anregung zu diesen ungewöhnlichen, würzig-süßen Würsten stammt von einem altchinesischen Rezept. In China werden solche Würste in der kühlen, windigen Bergluft zum Trocknen aufgehängt. Nicht ganz so ideal, aber fast so gut ist eine kühle Speisekammer. Genauso können Sie Würste aus Schweinefleisch oder einer Mischung aus Schweinespeck und Rindfleisch oder Wild zubereiten.

3 kg Ente, entbeint, mit Haut
300 g Kalbs- oder Schweinelende, gewürfelt
3 EL Sake oder starker Reiswein
3–4 frische Thai-Chilischoten, Samen entfernt, gehackt
1 EL Salz
4–5 Sternanis, fein gemahlen
1 TL Szechuanpfeffer, fein gemahlen
1 TL Fenchelsamen, fein gemahlen
etwa 3,8 m Naturdarm vom Schaf
etwas Erdnußöl

Für die Lake

1/4 l Sojasauce
4 EL Honig oder Melasse
3 Knoblauchzehen, zerdrückt
5 cm Ingwerwurzel, geraspelt
1/2 TL Salpeter

1 Das Fleisch in eine Glasschüssel legen. Alle Zutaten für die Lake vermischen, über das Fleisch gießen und gut einreiben. Mit Folie bedekken, 24 Stunden kalt stellen, gelegentlich wenden.

2 Die Entenbrust durch die grobe Scheibe des Fleischwolfs, das restliche Fleisch durch die feine Scheibe drehen. Die restlichen Zutaten bis auf den Darm und das Öl untermischen. Ohne Lufteinschlüsse in eine Schüssel drücken. Zugedeckt 12 Stunden kalt stellen.

3 Den Darm vorbereiten (Seite 68, Schritte 4 und 5). Mit dem Fleisch füllen und in 10 cm lange Abschnitte teilen (Seite 69, Schritt 6).

4 4–5 Wochen bei 6–8 °C an einem trockenen, dunklen, luftigen Ort aufhängen, bis die Würste etwa die Hälfte ihres ursprünglichen Gewichts verloren haben. Nach 10 Tagen, wenn sie zu schrumpfen beginnen, mit Öl einreiben.

☆☆ **Schwierigkeitsgrad**
Mittel

Hilfsmittel
Fleischwolf; Wursteinfüller; Fleischhaken

Ergibt
Etwa 1 kg

Haltbarkeit
6 Monate

Serviervorschlag
Teil einer Wurstplatte oder chinesischen Pfannen- oder Schmorgerichten zufügen

✻ **Achtung**
Dieses Rezept enthält Salpeter (Seite 42)

WICHTIG

Bitte lesen Sie zu Beginn die Informationen auf den Seiten 42 und 62.

TIP

Die Würste in fettbeständiges oder Wachspapier einwickeln und bei 6–8 °C trocken und dunkel aufbewahren oder bis zu 3 Monate einfrieren.

Landjäger

(Foto Seite 25)

Diese flachen, würzigen Würste wurden früher gern zur Jagd mitgenommen. Wenn möglich, verwenden Sie zum Räuchern Kirschholzspäne.

1,25 kg mageres Rindfleisch wie Halsgrat, Schulter oder Keule, grob gewürfelt
1 kg durchwachsener Speck, ohne Schwarte
5 Knoblauchzehen, zerdrückt
1 EL Salz
1 EL weicher brauner Zucker
1/2 TL Salpeter
2 TL Koriander, fein gemahlen
1 TL frisch gemahlener schwarzer Pfeffer
2 TL Kümmel
75 ml Kirschwasser
3,5 m Naturdarm vom Rind
etwas Erdnußöl

1 Das Rindfleisch durch die grobe Scheibe des Fleischwolfs, den Speck durch die feine Scheibe drehen.

2 Alle anderen Zutaten bis auf den Darm und das Öl gut untermischen. Ohne Lufteinschlüsse in eine Schüssel drücken und zugedeckt 48 Stunden kalt stellen.

3 Den Darm vorbereiten (Seite 68, Schritte 4 und 5). Mit dem Fleisch füllen und in 15 cm lange Abschnitte teilen (Seite 69, Schritt 6). Zwischen zwei Holzbretter legen und beschweren (Seite 46). 48 Stunden kalt stellen.

4 24 Stunden bei 6–8 °C an einem trockenen, dunklen, luftigen Ort aufhängen, anschließend 12 Stunden bei 30 °C kalträuchern (Seite 66).

5 Die Würste mit etwas Öl einreiben. 2–3 Wochen wie zuvor zum Trocknen aufhängen, bis sie die Hälfte ihres ursprünglichen Gewichts verloren haben.

☆☆ **Schwierigkeitsgrad**
Mittel

Hilfsmittel
Fleischwolf; Wursteinfüller; Fleischerhaken; Räucherofen

Ergibt
Etwa 1,5 kg

Haltbarkeit
Gekühlt 4–5 Monate

Serviervorschlag
Herrlich für Picknicks

✻ **Achtung**
Dieses Rezept enthält Salpeter (Seite 42)

WICHTIG

Bitte lesen Sie vor Beginn die Informationen auf den Seiten 42 und 62.

TIPS

✦ Die Würse trocknen schneller, wenn sie vor einem elektrischen Ventilator (kalte Einstellung) hängen.
✦ Die Würste in fettbeständiges oder Wachspapier einwickeln und im Kühlschrank aufbewahren oder bis zu 3 Monate einfrieren.

Knoblauch-Kräuter-Salami

(Grundtechnik Seite 68)

Bildet sich auf den Würsten ein weißer Belag, ist das kein Grund zur Beunruhigung: Dieser unschädliche Schimmel unterstützt die Konservierung.

WICHTIG

Bitte lesen Sie vor Beginn die Informationen auf den Seiten 42 und 62.

1 kg magere Schulter, Kamm oder Beinfleisch vom Schwein, Fett und Sehnen entfernt, grob gewürfelt
1 1/2 EL Salz, 1/2 TL Salpeter
75 ml Wodka
350 g Schweinerückenspeck, grob gewürfelt
5 Knoblauchzehen, fein gehackt
3 EL feingehackter Thymian
2 TL schwarze Pfefferkörner
2 TL Korianderkörner, grob gemahlen
1/2 TL schwarzer Pfeffer
1/4 TL frisch gemahlene Pimentkörner
etwa 2 m Naturdarm vom Schwein, mittlere Dicke

1 Das Fleisch in einer Glasschüssel mit dem Salz, Salpeter und Wodka gut durchmischen. Zugedeckt 12 Stunden kalt stellen.

2 Das Fleisch durch die feine Scheibe des Fleischwolfs, den Speck durch die grobe Scheibe drehen. Beides vermischen, dabei alle Flüssigkeit aus der Glasschüssel zufügen.

3 Die restlichen Zutaten bis auf den Darm gründlich, aber leicht untermengen. Mindestens 2 Stunden kalt stellen.

4 Den Darm vorbereiten (Seite 68, Schritte 4 und 5), mit dem Fleisch füllen und in 20 cm lange Abschnitte teilen (Seite 69, Schritt 6).

5 5–6 Wochen bei 6–8 °C an einem trockenen, dunklen, luftigen Ort aufhängen, bis die Würste etwa die Hälfte ihres ursprünglichen Gewichts verloren haben. In Wachspapier einwickeln und kühl, trocken und dunkel oder unten im Kühlschrank lagern.

☆☆ **Schwierigkeitsgrad**
Mittel

Hilfsmittel
Fleischwolf; Wursteinfüller; Fleischerhaken

Ergibt
Etwa 750 g

Haltbarkeit
Gekühlt 4–5 Monate

Serviervorschlag
Ohne Haut in Briocheteig einbacken

✱ **Achtung**
Dieses Rezept enthält Salpeter (Seite 42)

Salamiplatte

Chilisalami

(Foto Seite 25)

Diese Verwandten der spanischen Chorizos können Sie roh essen oder zum Kochen verwenden. Für mildere Würste nehmen Sie weniger Chilischoten. Statt das Fett von Hand zu hacken, können Sie es auch durch die grobe Scheibe des Fleischwolfs drehen, doch dann sehen die Würste nicht mehr so schön marmoriert aus. Vor dem Servieren Raumtemperatur annehmen lassen.

WICHTIG

Bitte lesen Sie vor Beginn die Informationen auf den Seiten 42 und 62.

1 kg Schulter, Kamm oder Beinfleisch vom Schwein, grob gewürfelt
1 1/2 EL Salz
1 EL weicher brauner Zucker
1/2 TL Salpeter
75 ml Weinbrand
350 g Schweinerückenspeck, in kleine, grobe Stücke gehackt
4–5 große, milde rote Chilischoten, sehr fein gehackt
2 Knoblauchzehen, zerdrückt
2 EL süßes Paprikapulver
1 TL Chilipulver, Menge nach Belieben
1 TL Anis
etwa 2 m Naturdarm vom Schwein

1 Das Fleisch in einer großen Glasschüssel mit dem Salz, Zucker, Salpeter und Weinbrand gründlich von Hand vermischen. Zugedeckt 12–24 Stunden kalt stellen.

2 Das Fleisch durch die grobe Scheibe des Fleischwolfs drehen. Mit allen anderen Zutaten bis auf den Darm vermischen. Den Darm vorbereiten (Seite 68, Schritte 4 und 5). Mit dem Fleisch füllen und in 50 cm lange Abschnitte teilen (Seite 69, Schritt 6).

3 Die Würste hufeisenförmig biegen und an den Enden zusammenbinden. 4–6 Wochen bei 6–8 °C an einem trockenen, dunklen, luftigen Ort aufhängen, bis sie etwa die Hälfte ihres ursprünglichen Gewichts verloren haben. In Wachspapier wickeln, kühl lagern.

VARIATION

Geräucherte Chilisalami
Die Würste 1–2 Tage trocknen, bis die Haut nur noch wenig feucht ist, dann 6–8 Stunden bei 30 °C kalträuchern (Seite 66). Trocknen wie oben. Sie können in 4–5 Wochen gegessen werden.

☆☆ **Schwierigkeitsgrad**
Mittel

Hilfsmittel
Fleischwolf; Wursteinfüller; Fleischerhaken

Ergibt
Etwa 750 g

Haltbarkeit
Gekühlt 4–5 Monate

Serviervorschlag
In Scheiben roh servieren oder in Bohneneintöpfe geben

✱ **Achtung**
Dieses Rezept enthält Salpeter (Seite 42)

Jerky (Dörrfleisch)

Jerky beschwört Bilder vom Wilden Westen herauf. Die Indianer kannten dieses Dörrfleisch schon vor den Weißen und zerstießen es mit Fett und Wildkirschen zu* Pemmikan, *als Proviant für lange Reisen. Im Unterschied zu Biltong (unten) wird Jerky vor dem Trocknen nicht gepökelt.

WICHTIG

Bitte lesen Sie vor Beginn die Informationen auf den Seiten 42 und 62.

TIP

Genauso lassen sich Schweinefleisch, Wild und Truthahn zubereiten.

1 kg Blume, Nuß oder Lende vom Rind

2 TL grobes Salz

2 EL grobgemahlener schwarzer Pfeffer

1 TL Chilipulver

1 Das Fleisch 2–3 Stunden anfrieren, damit es sich besser schneiden läßt. Mit einem großen, scharfen Fleischmesser längs der Faser in 5 mm dicke Scheiben und diese in 5 cm breite Streifen schneiden.

2 Salz, Pfeffer und Chilipulver vermischen. Das Fleisch damit gut einreiben.

3 Die Streifen mit kleinen Abständen auf einen Rost legen. Bei der niedrigsten Temperaturstufe und spaltbreit geöffneter Tür im Ofen trocknen.

4 Nach etwa 5 Stunden wenden und weitere 5–8 Stunden trocknen, bis das Fleisch etwa drei Viertel seines ursprünglichen Gewichts verloren hat, trocken und steif ist. Abkühlen lassen, in Gläser schichten oder in Wachspapier wickeln. Bei 6–8 °C trocken und dunkel aufbewahren.

VARIATION

4 EL Sojasauce, 4 EL Tomatensauce, 1 EL Paprikapulver und 1 TL Chilipulver vermischen und das Fleisch damit statt mit Salz, Pfeffer und Chilipulver einreiben. Wie oben trocknen. Besonders gut mit Truthahnfleisch.

Schwierigkeitsgrad
Leicht

Kochzeit
10–13 Stunden

Ergibt
250–300 g

Haltbarkeit
6 Monate

Serviervorschlag
Als Snack servieren, über Omeletts reiben oder in warmem Wasser einweichen und in Eintöpfe geben

Biltong

(Grundtechnik Seite 62)

Diese südafrikanische Spezialität wird aus Wild, Straußen- oder Rindfleisch zubereitet.

WICHTIG

Bitte lesen Sie vor Beginn die Informationen auf den Seiten 42 und 62.

2 kg Oberschale, Lende oder Blume von Rind oder Wild

250 g grobes Salz

3 EL weicher brauner Zucker

1 TL Salpeter

3 EL Korianderkörner, geröstet und zerstoßen

2 EL schwarze Pfefferkörner, zerstoßen

4 EL Malzessig

1 Das Fleisch 2–3 Stunden anfrieren, damit es sich besser schneiden läßt. Mit einem großen, scharfen Fleischmesser längs der Faser in 5 cm dicke Scheiben schneiden. Alle Sehnen und loses Fett entfernen.

2 Das Salz mit dem braunen Zucker, Salpeter, Koriander und Pfeffer vermischen. Den Boden einer großen Steingut- oder Glasform damit bestreuen, das Fleisch darauflegen und mit dem Rest der Würzmischung gleichmäßig einreiben.

3 Den Essig gleichmäßig über beide Fleischseiten träufeln und einreiben. Zugedeckt 6–8 Stunden kalt stellen, das Fleisch gelegentlich wenden und die Salzmischung nach 2–3 Stunden nochmals einreiben.

4 Das Fleisch herausheben und loses Salz abschütteln. An Fleischerhaken oder Schnurschlingen (Seite 63, Schritt 6) 1½ Wochen bei 6–8 °C an einem trockenen, dunklen, luftigen Ort aufhängen, bis es halb getrocknet ist und 40–50 Prozent seines Gewichts verloren hat. In Wachspapier einwickeln und kühl aufbewahren.

5 Oder das Biltong ganz trocknen: Den Boden des Ofens mit Alufolie auskleiden, den Rost in die oberste Schiene schieben. Das Fleisch daran aufhängen und bei niedrigster Temperaturstufe 8–16 Stunden trocknen, bis es dunkel ist und beim Biegen splittert. In Wachspapier wickeln und bei 6–8 °C oder im Kühlschrank aufbewahren.

Schwierigkeitsgrad
Leicht

Kochzeit
8–16 Stunden beim Trocknen im Ofen

Hilfsmittel
Schnur und dicke Nadel oder Fleischerhaken

Ergibt
Etwa 1 kg

Haltbarkeit
Halb getrocknet 3 Wochen
Voll getrocknet 2 Jahre

Serviervorschlag
Würziger Snack

Achtung
Dieses Rezept enthält Salpeter (Seite 42)

PASTETEN & EINGETOPFTES

Früher machte man mit Fett alles Fleisch haltbar, das nicht zum Braten verwendet wurde: Gewürztes Hackfleisch, Innereien und andere Stücke wurden gegart und in Fett eingesiegelt, damit sie den Winter über verfügbar waren. Heute entstehen nach derselben Methode aus den verschiedensten Fleischstücken aufsehenerregende Luxus-Delikatessen. Für Pasteten – meist sind es Terrinen oder Pâtés, wie die Franzosen sie nennen – wird das Fleisch mit Kräutern, Gewürzen, Alkohol und anderen Zutaten aromatisiert, eine Köstlichkeit, die Sie einfach mit einem Glas Wein, einem Stück Brot und einer Würzsauce servieren können. Es lohnt sich, Zutaten bester Qualität zu kaufen – von billigem Weinbrand müssen Sie erheblich mehr nehmen, um das erwünschte intensive Aroma zu erreichen. Leider liegt ein hoher Fettgehalt in der Natur der Sache. Nach einiger Erfahrung können Sie einen Teil des Fetts durch Gemüse wie Möhren, Prinzeßbohnen, Süßkartoffeln oder sogar Früchte ersetzen, die Ihre Delikatessen saftig machen.

Confit von der Ente

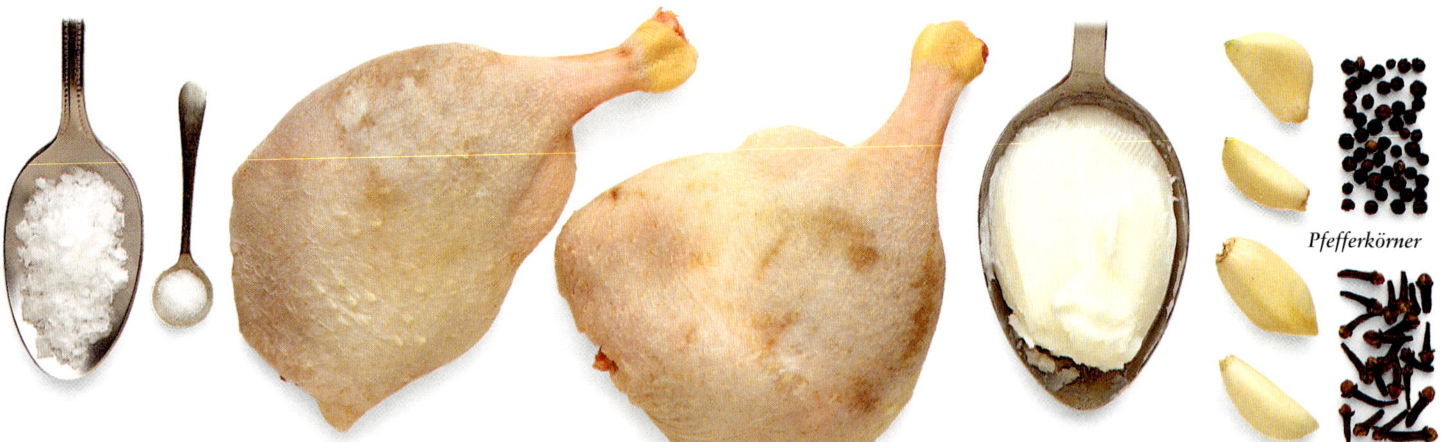

Grobes Salz *Salpeter* *Entenschenkel* *Gänseschmalz* *Knoblauch* *Gewürznelken*

Diese Spezialität aus dem Südwesten Frankreichs ist aus der ländlichen Küche nicht wegzudenken. Sie ist einfach zuzubereiten und wahrhaft köstlich. Traditionell werden Gänsekeulen dafür verwendet, aber der kräftige Geschmack von Ente kommt in Confits besonders gut zur Geltung. Truthahn, Hähnchen und Kaninchen lassen sich genauso einlegen.

2 EL grobes Salz, 1/4 TL Salpeter
6 Entenschenkel, lose Haut entfernt
750 g Schweine-, Gänse- oder Entenschmalz
4 Knoblauchzehen
1 TL schwarze Pfefferkörner
1/2 TL Gewürznelken

1 Das Salz mit dem Salpeter vermischen und die Entenschenkel gründlich damit einreiben. 24 Stunden kalt stellen.

2 Das Salz vom Fleisch abwischen, nicht abspülen; gut trockentupfen. Das Schmalz langsam in einem großen, schweren Topf erhitzen. Das Fleisch mit dem Knoblauch, Pfeffer und den Gewürznelken zugeben. Das Schmalz muß das Fleisch vollkommen bedecken. Falls nötig, weiteres Schmalz zugießen.

3 Bei sehr schwacher Hitze etwa 2 Stunden köcheln, bis aus dem Fleisch beim Anstechen mit einem Holzspießchen keine Flüssigkeit mehr austritt. Herausheben und vollständig erkalten lassen.

4 Das Fett durch ein Mulltuch seihen (Seite 47). Den Boden des sterilisierten Gefäßes mit etwas Fett ausgießen. Die Entenschenkel einschichten und mit dem restlichen Fett bedecken. Erstarren lassen und, falls nötig, weiteres Fett zugießen, bis das Fleisch mindestens 1 cm hoch bedeckt ist. Mit einer doppelten Lage Folie verschließen. Das Confit kann sofort gegessen werden.

Schwierigkeitsgrad
Leicht

Kochzeit
Etwa 2 Stunden

Hilfsmittel
Sterilisierter Mull; sterilisierter Steinguttopf oder großes Schraubglas mit luftdichtem Verschluß (Seite 42)

Ergibt
Etwa 1,5 – 2 kg

Haltbarkeit
Gekühlt 6 Monate

Serviervorschlag
Erhitzen und mit kurz angebratenen Kartoffeln servieren

Achtung
Dieses Rezept enthält Salpeter (Seite 42)

TIP

Die Ente aus dem Einlegefett heben und in einer Pfanne ohne weitere Fettzugabe gründlich erhitzen. Heiß oder kalt servieren; dazu Salat oder Kartoffelpüree reichen.

DAS SCHMALZ muß die Ente als dicke Schicht bedecken.

MIT CONFIT VON ENTE ODER GANS wird Cassoulet, eine französische Spezialität aus Toulouse und Castelnaudary, zubereitet, ein herzhaftes Wintergericht mit weißen Bohnen und Würsten (zum Beispiel eingelegte Würste Toulouser Art, Seite 136).

DAS GEFÄSS mit einer doppelten Lage Folie oder Wachspapier verschließen.

Kaninchenpastete

(Foto Seite 25)

Traditionelle Pasteten beziehen ihre Feuchtigkeit aus dem hohen Fettanteil. Vor einiger Zeit stand ich jedoch vor der Aufgabe, eine fettarme Pastete herzustellen. Dabei kam diese leichte und gesunde Variante heraus, zubereitet mit magerem Fleisch und frischem Gemüse, welches das Ganze saftig hält. Der Speck, der die Pastete einschließt, wird vor dem Verzehr entfernt. Als leichtes Gericht oder Vorspeise servieren.

TIP

Frische Kräuter für Marinaden werden vorher mit der Breitseite eines großen Messers oder Küchenbeils gedrückt, damit sie ihr Aroma voll abgeben.

1 großes Kaninchen, entbeint, die Rückenfilets ausgelöst
400 g mageres Schweinefleisch, grob gewürfelt
150 g Schalotten, grob gehackt
1 EL Öl
200 g Möhren, fein gewürfelt
3 Eier (Gewichtsklasse 2)
1 EL eingelegte grüne Pfefferkörner, abgetropft
2 EL Salz
1/2 TL schwarzer Pfeffer
2 EL feingehackte Petersilie
1 EL feingehackter Thymian
1 EL feingehackter Salbei
Stück Schweinenetz oder 250 g durchwachsener Speck ohne Schwarte, in Scheiben geschnitten
500 g Schweineschmalz, zerlassen

Für die Marinade

75 ml Slibowitz, Kirschwasser oder Weinbrand
3–4 Zweige Thymian
3–4 Salbeiblätter
1 TL grobgemahlener schwarzer Pfeffer
2 Lorbeerblätter, leicht geröstet und zerkrümelt
1 TL fein abgeriebene unbehandelte Zitronenschale

1 Alles Fleisch in einer Glasschüssel mit sämtlichen Zutaten für die Marinade vermischen. Zugedeckt 12 Stunden kalt stellen.

2 Die Schalotten einige Minuten in dem Öl anschwitzen. Die Möhren 1 Minute blanchieren, abschrekken, gut abtropfen lassen (Seite 46).

3 Die Kaninchenfilets aus der Marinade nehmen und trockentupfen. Das restliche Fleisch mit den Schalotten durch die feine Scheibe des Fleischwolfs drehen. Die Marinade durch ein Sieb zum Fleisch gießen, mit den Möhren, Eiern, grünem Pfeffer, Salz und schwarzem Pfeffer vermischen. Zugedeckt 2–3 Stunden kalt stellen.

4 Die gehackten Kräuter vermischen und auf einem Backblech verteilen. Die Kaninchenfilets darin wälzen, bis sie gleichmäßig überzogen sind.

5 Die Terrinenform mit dem Schweinenetz oder den Speckstreifen auskleiden (Seite 70, Schritt 2). Die Hälfte der Fleischmischung einfüllen und mit einer Palette glätten.

6 Die Kaninchenfilets in die Mitte legen. Mit der restlichen Fleischmischung frei von Lufteinschlüssen bedecken, die Oberfläche glattstreichen. Die Enden des Schweinenetzes oder der Speckstreifen darüber zusammenschlagen; die Form mit dem Deckel oder einer doppelten Schicht Alufolie verschließen.

7 Die Form in eine Bratreine stellen und bis zur halben Terrinenhöhe warmes Wasser einfüllen. Bei 160 °C (Gas Stufe 3) in den vorgeheizten Ofen schieben und 1 1/2–2 Stunden garen, bis sich die Pastete von den Seiten der Form gelöst hat und von Flüssigkeit umgeben ist.

8 Die Form aus der Bratreine heben. Die Pastete beschweren (Seite 46), abkühlen lassen und 12 Stunden kalt stellen.

9 Die Pastete aus der Form stürzen und das Gelee sowie alle Flüssigkeit mit Küchenpapier abwischen.

10 Das zerlassene Schmalz 1 cm hoch auf den Boden der gereinigten Form gießen und im Kühlschrank erstarren lassen. Die Pastete wieder einsetzen und mit dem restlichen Schmalz übergießen, das die Lücken an den Seiten vollständig ausfüllen und die Pastete etwa 1 cm hoch bedecken muß. Zugedeckt kalt stellen. Die Pastete kann nach 2 Tagen gegessen werden.

Schwierigkeitsgrad
Anspruchsvoll

Kochzeit
1 1/2–2 Stunden

Hilfsmittel
Fleischwolf; Terrinenform mit 1,5 l Fassungsvermögen

Ergibt
Etwa 1,25 kg

Haltbarkeit
Gekühlt 3 Wochen

Serviervorschlag
Mit Möhren-Mandel-Chutney (Seite 121) oder Gewürzbirnen (Seite 103)

TIPS

✦ Die Lorbeerblätter ohne Fett in einer kleinen Pfanne einige Minuten rösten, bis sie anfangen zu bräunen. Jetzt können sie leicht zerkrümelt oder zerrieben werden.

✦ Die Fleischmischung vor dem Einfüllen in die Form abschmekken wie folgt: einen Löffel voll in etwas Öl braten, abkühlen lassen und probieren.

✦ Zur Garprobe für die Pastete ein Fleischthermometer in die Mitte stecken; es sollte 75 °C anzeigen.

✦ Anstatt die Pastete mit Schmalz einzuschließen, können Sie sie aus der Terrine nehmen und mit Alufolie fest umwickeln. Vor dem Servieren mit Lorbeerblättern, frischem Salbei und Thymian garnieren und mit verflüssigtem Aspik bepinseln.

✦ Pasteten sollten immer mit Raumtemperatur serviert werden.

Fasanenterrine mit Wachteln

(Foto Seite 25)

Dies ist wohl das komplizierteste Rezept im ganzen Buch – ein Paradestück aus entbeinten, gefüllten Wachteln, die in einer reichhaltigen Farce mit herrlichem Wildgeschmack eingebettet sind. Ein guter Metzger kann die Vögel für Sie entbeinen.

4 Wachteln, entbeint, aber mit der Haut
2 EL Honig
1/4 TL Salz
4 TL Weinbrand

Für die Farce

1 großer, alter Fasanenhahn, entbeint, ohne Haut und Sehnen
300 g Schweine- oder Kalbsfilet, gewürfelt
100 ml Weinbrand
200 g Schalotten, gehackt
2 Knoblauchzehen, gehackt
etwas Öl oder Butter
500 g milder Speck oder Schweinebauch ohne Schwarte, klein geschnitten
1/4 l trockener Weißwein
2 Eier (Gewichtsklasse 2)
1 1/2 TL frisch gemahlener schwarzer Pfeffer
1 1/2 TL Salz
2 EL feingehackter Thymian
15 Wacholderbeeren, grob gemahlen
fein abgeriebene Schale von 1/2 unbehandelten Zitrone

Für die grüne Farce

100 g junger Spinat
2 EL feingehackte Petersilie

Für die Terrinenformen

2 Stücke Schweinenetz oder 300 g durchwachsener Speck ohne Schwarte, in Scheiben geschnitten

1 Die entbeinten Wachteln mit der Haut nach unten auf ein Brett legen und gleichmäßig mit dem Honig, Salz und Weinbrand bestreichen. Fest zusammenrollen; in einer Schüssel zugedeckt 12 Stunden kalt stellen.

2 Für die Farce das Fasanenfleisch und das Filet mit dem Weinbrand vermischen und zugedeckt 12 Stunden kalt stellen.

3 Die Schalotten und den Knoblauch ein paar Minuten in etwas Öl oder Butter weich schwitzen und abkühlen lassen. Mit dem Fasanenfleisch, dem Filet und dem Speck oder Schweinebauch in die Küchenmaschine geben.

4 In 1–2 Minuten zu einer glatten Farce pürieren, dabei etwas Wein und Flüssigkeit aus der Schüssel zufügen. Eier, Pfeffer, Salz, Thymian, Wacholderbeeren und Zitronenschale untermixen. 100 g Farce beiseite stellen, den Rest zugedeckt kalt stellen.

5 Für die grüne Farce den Spinat 2 Minuten blanchieren (Seite 46) und gut ausdrücken. In der Küchenmaschine pürieren, mit der zurückbehaltenen Farce und der Petersilie vermengen. 2 Stunden kalt stellen.

6 Die Wachteln mit der Haut nach unten auf einem Brett auseinanderrollen. Die grüne Farce in die Mitte jeder Wachtel verteilen. Die Haut darüberschlagen und die Wachteln in Form drücken.

7 Die Terrinenformen mit dem Schweinenetz oder den Speckstreifen auskleiden (Seite 70, Schritt 2). Je ein Viertel der Farce in jede Terrine geben, mit einer Palette glätten. Die Wachteln in die Mitte der Farce plazieren und leicht andrücken. Darüber die restliche Farce ohne Lufteinschlüsse einfüllen und glattstreichen.

8 Das Schweinenetz oder die Speckstreifen darüber zusammenschlagen und die Formen mit dem Deckel oder einer doppelten Lage Alufolie verschließen. In eine Bratreine stellen und bis zur halben Terrinenhöhe warmes Wasser einfüllen. Bei 160 °C (Gas Stufe 3) in den vorgeheizten Ofen schieben und 2 Stunden garen, bis sich die Pasteten von den Formwänden gelöst haben und von Flüssigkeit umgeben sind.

9 Die Formen aus der Bratreine heben. Die Pasteten beschweren (Seite 46), abkühlen lassen und über Nacht kalt stellen. Sie können sofort serviert werden.

Schwierigkeitsgrad
Anspruchsvoll

Kochzeit
Etwa 2 Stunden

Hilfsmittel
Küchenmaschine; 2 Terrinenformen mit 1 Liter Fassungsvermögen

Ergibt
Etwa 2 kg

Haltbarkeit
In Fett eingeschlossen und gekühlt 3–4 Wochen

Serviervorschlag
Als Blickfang eines Buffets oder mit Senfkohlsalat und Pfirsich-Chutney (Seite 125) als exquisite Vorspeise

TIPS

✦ Zum Servieren die Pasteten mit Lorbeerblättern und Cranberries garnieren oder mit verflüssigtem Aspik oder Fruchtgelee bestreichen.

✦ Sollen die Pasteten länger als einige Tage aufbewahrt werden, mit zerlassenem Schmalz einschließen oder mit Alufolie fest umwickeln.

Pâté de Campagne

(Grundtechnik Seite 70)

Diese klassische französische Landpastete kann als Grundzubereitung für viele andere Pasteten dienen. Sie schmeckt köstlich und ist ziemlich einfach zuzubereiten. Nach einiger Erfahrung können Sie das Rezept beliebig abwandeln, die Pflaumen durch Haselnüsse oder andere Nüsse ersetzen oder verschiedene Würzzutaten und Alkoholika ausprobieren.

500 g Schweinebauch, ohne Schwarte, grob gewürfelt

500 g mageres Schweinefleisch, Filet oder Keule, grob gewürfelt

500 g Schweine- oder Kalbsleber, in Scheiben geschnitten

150 g durchwachsener Speck, in Scheiben geschnitten

1–2 Knoblauchzehen, gehackt

1 TL Wacholderbeeren, zerdrückt

½ TL schwarzer Pfeffer, 2 TL Salz

1 EL feingehackter Thymian

100 g entsteinte Backpflaumen, 2 Stunden in 5 EL warmem Weinbrand eingeweicht

150 ml trockener Weißwein

2 EL Weinbrand

Für die Terrinenformen

2 Stücke Schweinenetz oder 500 g durchwachsener Speck ohne Schwarte, in Scheiben geschnitten

6 dünne Scheiben unbehandelte Zitrone oder Orange

4–6 Lorbeerblätter

500–750 g Schweineschmalz, zerlassen

1 Alles Fleisch mit dem Speck durch die feine Scheibe des Fleischwolfs drehen. Mit den restlichen Zutaten gut vermischen. Zugedeckt 3–4 Stunden kalt stellen.

2 Die Terrinenformen mit dem Schweinenetz oder den Speckscheiben auskleiden (Seite 70, Schritt 2). Die Fleischmischung frei von Lufteinschlüssen in die Formen verteilen, glattstreichen. Das Schweinenetz oder den Speck darüber zusammenschlagen, mit den Zitrusscheiben und Lorbeerblättern belegen. Mit dem Deckel oder einer doppelten Lage Alufolie verschließen.

3 Die Formen in eine Bratreine stellen und bis zur halben Terrinenhöhe warmes Wasser einfüllen. Bei 160 °C (Gas Stufe 3) in den vorgeheizten Ofen schieben und 1½–2 Stunden garen, bis sich die Pasteten von den Formwänden lösen und von Flüssigkeit umgeben sind. Aus der Bratreine heben, abkühlen lassen, beschweren (Seite 46) und über Nacht kalt stellen.

4 Zitrusscheiben und Lorbeerblätter entfernen. Die Pasteten stürzen und von Gelee befreien. In das zerlassene Schmalz setzen (Seite 71, Schritt 7). 2–3 Tage kalt stellen.

☆☆ **Schwierigkeitsgrad**
Mittel

Kochzeit
1½–2 Stunden

Hilfsmittel
Fleischwolf; 2 Terrinen mit 1 Liter Fassungsvermögen

Ergibt
Etwa 2 kg

Haltbarkeit
Gekühlt 1 Monat

Serviervorschlag
Mit knusprigem Weißbrot, Pickles und einem Glas Wein

TIPS

✦ Das durch den Wolf gedrehte Fleisch ergibt eine grobe Farce. Wer sie gern feiner hätte, püriert das Fleisch in der Küchenmaschine zu einer glatten Masse.

✦ Zum Servieren die Pastete mit Lorbeerblättern und Cranberries garnieren.

Feine Leberpastete

(Foto Seite 24)

Diese einfache, köstliche Pastete ist die Abwandlung eines jüdischen Klassikers: Pastete aus gehackter Hühnerleber. Jede Art von Leber ist geeignet, mir schmeckt jedoch Ochsen- oder Lammleber zu intensiv. Damit die Pastete nicht so üppig ist, werden traditionell hartgekochte Eier unter die Masse gemischt.

TIP

Zwiebeln und Leber können statt in Fett auch in gutem Olivenöl gebraten werden. Dann wird die Pastete jedoch viel weicher.

250 g Hühner- oder Gänsefett oder geklärte Butter (Seite 73)

250 g Zwiebeln oder Schalotten, gehackt

500 g Hühner-, Enten oder Kalbsleber, geputzt und gewaschen

1 TL Salz

½ TL frisch gemahlener schwarzer Pfeffer

2 EL Weinbrand (nach Belieben)

2 EL feingehackte Petersilie (nach Belieben)

½ TL fein abgeriebene unbehandelte Orangen- oder Zitronenschale (nach Belieben)

1 Knoblauchzehe, fein zerdrückt (nach Belieben)

1 Von dem Fett 150 g in einer schweren Bratpfanne erhitzen, die Zwiebeln und Schalotten darin 15–20 Minuten bei schwacher Hitze anbräunen. Die Leber zufügen und auf jeder Seite 2 Minuten braten, sie soll innen noch rosa sein. Kurz abkühlen lassen. Die Mischung in der Küchenmaschine glatt pürieren. Die restlichen Zutaten untermischen.

2 In die Form oder Portionsförmchen drücken. Vollständig erkalten lassen, dann zugedeckt einige Stunden kalt stellen. Das restliche Fett zerlassen und die Pastete damit verschließen. Vor dem Servieren mindestens 12 Stunden kalt stellen.

☆ **Schwierigkeitsgrad**
Leicht

Kochzeit
Etwa 25 Minuten

Hilfsmittel
Küchenmaschine; sterilisiertes Steingutgefäß mit ½ Liter oder 5 Portionsförmchen mit 175 ml Fassungsvermögen (Seite 42)

Ergibt
Etwa 500 g

Haltbarkeit
Gekühlt 2 Wochen

Serviervorschlag
Auf Toast oder im Blätterteigmantel gebacken

Entenpastete mit Pistazien und Kumquats

Dieses klassische französische Rezept erhält durch die Kumquats eine aparte Note. Sie benötigen dafür eine große, ausgewachsene Ente – die jungen, küchenfertigen Tiere aus Intensivmast besitzen nicht den erwünschten ausgeprägten Geschmack. Bereiten Sie aus den Knochen eine Brühe und aus der Haut köstlich knusprige Grieben (siehe Tips, rechts) zu.

- *1 Ente von 3 kg, samt Leber, enthäutet und entbeint*
- *300 g Schweinefilet oder mageres rosa Kalbfleisch, grob gewürfelt*
- *500 g entbeinter Schweinebauch ohne Schwarte, grob gewürfelt*
- *2 Eier (Gewichtsklasse 2)*
- *100 g sehr grüne Pistazien, ohne Häutchen (siehe Tips, rechts)*
- *1 EL Salz*
- *1 TL frisch gemahlener schwarzer Pfeffer*
- *1 EL feingehackter Estragon*
- *2 Stücke Schweinenetz oder 250 g durchwachsener Speck ohne Schwarte, in Scheiben geschnitten*
- *etwa 16 Kumquats*
- *etwa 500 – 750 g Schweineschmalz, zerlassen*

Für die Marinade

- *100 ml Weinbrand*
- *2 Knoblauchzehen, zerdrückt*
- *Schale und Saft von 1 großen unbehandelten Orange*
- *einige Zweige Thymian, angedrückt*

1 Das Entenfleisch, die Leber und das Schweinefilet oder Kalbfleisch in einer Schüssel mit sämtlichen Zutaten für die Marinade vermengen. Zugedeckt 12 Stunden kalt stellen.

2 Die Entenbrüste und -leber aus der Marinade heben und in 1 cm große Würfel schneiden. Das restliche Fleisch und den Schweinebauch durch die feine Scheibe des Fleischwolfs drehen.

3 Die gewürfelte Entenbrust und -leber mit der Marinade, den Eiern, den Pistazien, Salz, Pfeffer, Estragon und dem durchgedrehten Fleisch vermischen.

4 Die Terrinenformen mit dem Schweinenetz oder den Speckstreifen auskleiden (Seite 70, Schritt 2). Je ein Viertel der Fleischmasse darin verteilen und glattstreichen.

5 Eine Reihe Kumquats in die Mitte drücken. Mit der restlichen Fleischmasse frei von Lufteinschlüssen bedecken und glattstreichen. Die Masse sollte etwa bis 2,5 cm unter den Terrinenrand reichen. Das Schweinenetz oder die Speckstreifen darüber zusammenschlagen, mit dem Deckel oder einer doppelten Schicht Alufolie verschließen.

6 Die Formen in eine Bratreine stellen und bis zur halben Terrinenhöhe warmes Wasser einfüllen. Bei 160 °C (Gas Stufe 3) in den vorgeheizten Ofen schieben und 2 Stunden garen, bis sich die Pasteten von den Formwänden gelöst haben und von Flüssigkeit umgeben sind.

7 Die Formen herausheben und die Pasteten beschweren (Seite 46). Abkühlen lassen, dann 12 Stunden kalt stellen. Die Pasteten stürzen und alles Gelee oder Flüssigkeit mit Küchenpapier abwischen.

8 Die Pasteten in das zerlassene Schmalz setzen (Seite 71, Schritt 7). Bis zum Servieren zugedeckt mindestens 12 Stunden kalt stellen.

Schwierigkeitsgrad
Anspruchsvoll

Kochzeit
Etwa 2 Stunden

Hilfsmittel
Fleischwolf; 2 Terrinenformen mit 1 Liter Fassungsvermögen

Ergibt
Etwa 2 kg

Haltbarkeit
Gekühlt 3 Wochen

Serviervorschlag
Als Vorspeise mit einem Salat und Schalottenkonfitüre (Seite 161) oder Zwiebelkonfitüre (Seite 164)

TIPS

- Um die Häutchen von den Pistazien zu entfernen, die Nüsse blanchieren und abkühlen lassen, bis Sie die Haut mit der Hand abreiben können.
- Für eine glattere Farce das Fleisch zweimal durchdrehen oder in der Küchenmaschine pürieren.
- Für knusprige Entengrieben die Haut in große Stücke schneiden und mit 1/4 l Wasser in einem Topf aufkochen. Bei schwacher Hitze köcheln lassen, bis das meiste Wasser verdampft und alles Fett geschmolzen ist. Die Hitze hochschalten und weiterköcheln, bis die Haut goldbraun und knusprig ist. Gut abtropfen lassen, das Fett aufbewahren. Die Grieben mit Salz und Pfeffer bestreuen und heiß servieren. Sie können sie auch im eigenen Fett einlegen und vor dem Servieren erhitzen.

Rillettes (Schmalzfleisch)

(Foto Seite 25)

Für diese französische Spezialität wird langsam gegartes, in feine Streifchen zerpflücktes Schweinefleisch in viel Fett eingelegt. Jede Region Frankreichs hat ihr besonderes Rezept für Rillettes, meist nur leicht gewürzt, damit der natürliche Fleischgeschmack gut zur Geltung kommt. Gans, Ente und Kaninchen können genauso zubereitet werden.

- *1 kg Schweinebauch, in 1 x 5 cm große Streifen geschnitten*
- *500 g Schweinerückenspeck, klein geschnitten*
- *1/8 l Wasser oder trockener Weißwein*
- *2–3 Zweige Thymian*
- *2 Knoblauchzehen, geschält*
- *1 1/2 TL Salz*
- *1 TL frisch gemahlener schwarzer oder weißer Pfeffer*
- *1 Muskatblüte*
- *etwa 250 g Schweineschmalz, zerlassen*

1 Alle Zutaten bis auf das Schweineschmalz in einem schweren Topf langsam zum Kochen bringen.

2 Zugedeckt bei sehr schwacher Hitze etwa 3 Stunden köcheln, dabei häufig rühren, damit nichts anbrennt. Den Deckel abnehmen und 1 weitere Stunde köcheln, bis das Fleisch butterweich ist und zerfällt.

3 Den Topfinhalt in einem Sieb über einer tiefen Schüssel ablaufen lassen. Den Thymian, Knoblauch und die Muskatblüte entfernen und das Fleisch leicht ausdrükken, um es zu entfetten. Mit zwei Gabeln das Fleisch zu einer feinen, faserigen Masse zerpflücken.

4 Zurück in den gereinigten Topf geben, das durchgeseihte Fett samt Fleischsaft zufügen. Etwa 10 Minuten bei schwacher Hitze rühren, bis eine homogene Masse entstanden ist. Abschmecken und in das Gefäß oder die Form füllen. Abkühlen lassen und mit dem zerlassenen Schmalz versiegeln. Zugedeckt kalt stellen. Die Rillettes können sofort gegessen werden.

☆☆ **Schwierigkeitsgrad**
Mittel

Kochzeit
Etwa 4 1/2 Stunden

Hilfsmittel
Steingutgefäß oder Terrinenform mit 1 Liter Fassungsvermögen (Seite 42)

Ergibt
Etwa 1 kg

Haltbarkeit
Gekühlt 6 Wochen

Serviervorschlag
Wunderbar für Picknicks; knuspriges Brot dazu reichen

Eingetopftes Wildbret

(Grundtechnik Seite 72)

Wildbret ergibt ausgezeichnete Fleischtöpfe. Wichtig ist die Zugabe von Speck, der die Feuchtigkeit beisteuert. Nehmen Sie immer trockengepökelten Speck.

- *250 g durchwachsener Speck, in Scheiben geschnitten (Schwarten abschneiden und zusammenbinden)*
- *750 g entbeinte Wildschulter oder -keule, gut pariert und in 2,5 cm große Würfel geschnitten*
- *100 g Butter*
- *2 Knoblauchzehen, fein gehackt*
- *1/4 l Portwein oder guter Rotwein*
- *1 TL Wacholderbeeren, zerdrückt*
- *1 TL schwarzer Pfeffer*
- *2 Muskatblüten*
- *100–250 g geklärte Butter (Seite 73)*
- *einige Lorbeerblätter und Cranberries (nach Belieben)*

Für den Kräuterstrauß (Seite 47)

- *2 Zweige Thymian*
- *1 Lorbeerblatt, 2–3 Salbeiblätter*
- *1 Streifen unbehandelte Zitronenschale*

1 Den Speck grob zerkleinern und mit allen anderen Zutaten bis auf die geklärte Butter und die Garnitur in eine tiefe Kasserole geben. Zugedeckt bei 160 °C (Gas Stufe 3) im vorgeheizten Ofen 2 1/2–3 Stunden garen, bis das Fleisch butterweich ist.

2 Die Muskatblüten, den Kräuterstrauß und die Speckschwarten herausnehmen. Das Fleisch in der Küchenmaschine zu einer glatten Farce pürieren. In das Gefäß oder in Portionsförmchen füllen. Vollständig abkühlen lassen; zugedeckt 2–3 Stunden kalt stellen.

3 Das Fleisch mit der zerlassenen geklärten Butter einsiegeln (Seite 73, Schritt 5); für die Portionsförmchen ist die größere Buttermenge nötig. Falls gewünscht, mit einigen Lorbeerblättern und Cranberries garnieren. Kann sofort gegessen werden.

☆☆ **Schwierigkeitsgrad**
Mittel

Kochzeit
2 1/2–3 Stunden

Hilfsmittel
Küchenmaschine; sterilisiertes Gefäß mit 1 Liter oder 6 Portionsförmchen mit 175 ml Fassungsvermögen (Seite 42)

Ergibt
Etwa 1 kg

Haltbarkeit
Gekühlt 1 Monat

Serviervorschlag
Wird traditionsgemäß im Portionsförmchen serviert mit Toast und Brunnenkresse

VARIATION

Den Boden der Portionsförmchen mit je 1 EL zerlassenem Johannisbeergelee überziehen, erstarren lassen, das Fleisch einfüllen.

Fleisch im Töpfchen

Ein köstliches Rezept aus viktorianischer Zeit, mit dem sich Reste verlängern lassen: Gekochtes und rohes Fleisch werden mit Fleischsaft und Gewürzen gegart, mit Butter vermischt und zu einer feinen Farce verrieben. Im folgenden Rezept wird nur rohes Fleisch verwendet, aber Sie können alle Reste von gegartem Rindfleisch mitverwerten.

- *1 kg Rindfleisch (Keule oder Schulter), von Fett und Sehnen befreit und klein geschnitten*
- *1/4 l guter Rinderfond*
- *3–4 Anchovisfilets, gehackt*
- *150 g Butter*
- *2–3 Zweige Thymian*
- *2 Lorbeerblätter*
- *2 Muskatblüten*
- *1 TL Salz*
- *1/2 TL abgeriebene unbehandelte Zitronenschale*
- *100 g geklärte Butter (Seite 73)*

1 Alle Zutaten außer der Zitronenschale und der geklärten Butter in einer Kasserolle aufkochen und zugedeckt bei schwächster Hitzestufe köcheln lassen. Oder bei 160 °C (Gas Stufe 3) im vorgeheizten Ofen 2 Stunden garen, bis das Fleisch weich ist.

2 Die Kräuter und Muskatblüten entfernen und das Fleisch in einem Sieb abtropfen lassen. Den aufgefangenen Fond in einem Topf auf 1/4 l einkochen.

3 Das Fleisch mit dem reduzierten Fond in der Küchenmaschine fein pürieren. Die Zitronenschale untermischen, abschmecken. In Portionsförmchen oder ein großes Gefäß füllen und 2–3 Stunden kalt stellen. Mit geklärter Butter versiegeln (Seite 73, Schritt 5). Bis zum Servieren zugedeckt 2 Tage kalt stellen.

Schwierigkeitsgrad
Leicht

Kochzeit
Etwa 2 Stunden

Hilfsmittel
Küchenmaschine; sterilisierte Portionsförmchen mit 175 ml oder Steingutgefäß mit 1 Liter Fassungsvermögen (Seite 42)

Ergibt
Etwa 750 g

Haltbarkeit
Gekühlt 5 Wochen

Serviervorschlag
Mit Kressesalat als Vorspeise

Käse im Töpfchen

Kleine Reste von gutem Käse lassen sich auf diese Weise wunderbar verwerten. Die mit Butter gemischte Käsepaste hält sich wochenlang. Jede Art von reifem Hartkäse – einzeln und auch gemischt – ist geeignet, auch Blauschimmelkäse.

- *500 g reifer Cheddar, Gouda, Emmentaler usw., fein gerieben*
- *75 g weiche Butter*
- *1 EL heller trockener Sherry*
- *1 TL Senf*
- *1/4 TL fein abgeriebene unbehandelte Zitronenschale*
- *1 große Prise frisch geriebene Muskatnuß*
- *1 große Prise Cayennepfeffer oder Chilipulver*
- *150 g geklärte Butter (Seite 73)*

1 Alle Zutaten bis auf die geklärte Butter in einer großen Schüssel zu einer glatten Masse schlagen. In Portionsförmchen oder ein großes Gefäß bis 1 cm unter den Rand einfüllen. Glattstreichen und 2–3 Stunden kalt stellen.

2 Mit der geklärten Butter versiegeln (Seite 73, Schritt 5). Zugedeckt 2 Tage kalt stellen.

Schwierigkeitsgrad
Leicht

Hilfsmittel
3 Portionsförmchen mit 175 ml oder ein Steingutgefäß mit 1/2 Liter Fassungsvermögen

Ergibt
Etwa 500 g

Haltbarkeit
Gekühlt 6 Wochen

Garnelen im Töpfchen

Diese klassische britische Delikatesse schmeckt köstlich und ist einfach zuzubereiten. Nehmen Sie dafür wirklich frisch gekochte Garnelen, am besten die kleinen braunen mit dem frischen, milden Aroma. Schälen ist üblich, aber ich esse gern die knusprigen Schalen mit und entferne nur die Köpfe.

- *1 kg rohe Garnelen*
- *300 g geklärte Butter (Seite 73)*
- *1 TL Salz*
- *1/2 TL frisch gemahlener weißer oder schwarzer Pfeffer*
- *1/2 TL gemahlene Muskatblüten*
- *1 große Prise Cayennepfeffer oder Chilipulver*

1 Die Garnelen höchstens 2 Minuten in kochendem Wasser garen. Abgießen, abschrecken und schälen.

2 Die Garnelen in einer Schüssel mit 200 g geklärter Butter und allen anderen Zutaten vermischen. In die Portionsförmchen verteilen und bei 190 °C (Gas Stufe 5) im vorgeheizten Ofen 15 Minuten backen.

3 Abkühlen lassen und 2–3 Stunden kalt stellen. Mit der restlichen geklärten Butter versiegeln (Seite 73, Schritt 5). Zugedeckt 24 Stunden kalt stellen.

Schwierigkeitsgrad
Leicht

Kochzeit
Etwa 17 Minuten

Hilfsmittel
6 Portionsförmchen mit 175 ml Fassungsvermögen

Ergibt
Etwa 1 kg

Haltbarkeit
Gekühlt 1 Monat

FISCH & MEERESFRÜCHTE

Fisch und Meeresfrüchte lassen sich ausgezeichnet haltbar machen: Eingesalzen, süß-sauer eingelegt oder geräuchert sind sie köstliche Delikatessen. Am Einsalzen sollten Sie sich jedoch nur versuchen, wenn Sie wirklich fangfrischen Fisch bekommen, denn er verdirbt leicht, vor allem bei Hitze. In vielen der folgenden Rezepte werden Salzheringe verwendet, die manchmal schwer zu bekommen sind, aber durch Matjesfilets in Salzlake oder Öl ersetzt werden können. Sie werden in Fischgeschäften und vielen Supermärkten angeboten; oder Sie kaufen küchenfertige Matjesfilets im Glas oder in der Dose.

Fisch-Pickles

Dieses köstliche, pikante Rezept stammt vom südafrikanischen Kap. Dem Autor Laurens van der Post zufolge weckten die Farmer aus dem Transvaal in den Sommerferien am Kap dieses Pickles ein und nahmen es für den Winter mit nach Hause. Verwendet wurden traditionell Kap-Lachs, Kabeljau und Atun, aber Seeteufel, Schellfisch, Meeraal und Makrele sind ein guter Ersatz.

- *1 kg feste, sehr frische Fischfilets, in 5 cm große Stücke geschnitten*
- *5 TL Salz*
- *6–7 EL Erdnuß- oder Sesamöl*
- *500 g Zwiebeln, in dünne Ringe geschnitten*
- *1 l Rotwein- oder Weißweinessig*
- *2 EL weicher brauner Zucker*
- *1 EL mildes Currypulver*
- *1 TL gemahlene Kurkuma*
- *2,5 cm frische Ingwerwurzel, in feine Streifchen geschnitten*
- *2–3 getrocknete rote Chilischoten*
- *1–2 Lorbeerblätter*

1 Den Fisch in einer Schüssel mit 3 TL Salz vermischen und 2 Stunden ziehen lassen. Abtropfen lassen und mit Küchenpapier abtrocknen.

2 4 EL Öl in einer großen, schweren Pfanne erhitzen. Den Fisch darin portionsweise auf jeder Seite 3 Minuten anbraten, bis er gleichmäßig gebräunt und knapp gar ist. Auf Küchenpapier abtropfen lassen.

3 Die Zwiebelringe mit dem Essig, Zucker, Currypulver, Kurkuma, Ingwer und dem restlichen Salz in einem säurefesten Topf zum Kochen bringen. Gut abschäumen und 5–6 Minuten kochen, bis die Zwiebeln gar sind, aber immer noch etwas Biß haben. Die Zwiebeln mit dem Schaumlöffel herausnehmen und gut abtropfen lassen.

4 Den Fisch und die Zwiebeln mit den Chilischoten und Lorbeerblättern in das heiße, sterilisierte Glas schichten, die letzte Lage sind Zwiebeln. Den Essig noch einmal aufkochen und ins Glas gießen. Mit dem restlichen Öl bedecken und verschließen. 2 Tage ziehen lassen.

Schwierigkeitsgrad
Leicht

Kochzeit
Etwa 30 Minuten

Hilfsmittel
Sterilisiertes 2-Liter-Glas oder Steingutgefäß mit säurefestem Verschluß (Seite 42)

Ergibt
Etwa 1,5 kg

Haltbarkeit
Gekühlt 3–4 Monate

FISCH-PICKLES, garniert mit Petersilie und Limettenschnitzen, sind eine köstliche Vorspeise. Ein leichtes Essen wird daraus, wenn Sie einen gemischten Blattsalat und knuspriges Brot mit Butter dazu reichen.

FESTFLEISCHIGER FISCH wie Seeteufel oder Kabeljau eignet sich am besten.

ZWIEBELN, INGWER UND CURRYPULVER verleihen dem Einlege-Essig Aroma, Kurkuma eine appetitlich goldene Farbe.

VARIATIONEN

✦ ***Fisch-Pickles mit Zitronen***
2 Zitronen in dünne Scheiben schneiden, mit 2 EL Salz bestreuen und 2 Stunden ziehen lassen. Gut abtropfen lassen und zur gegarten Zwiebelmischung geben.

✦ ***Fisch-Pickles mit Kräutern***
4 EL gehackten frischen Dill zur gegarten Zwiebelmischung geben.

Eingelegter Lachs

(Foto Seite 27)

Früher, als Lachs billig war und in großen Mengen angeboten wurde, war er Nahrung für die Armen und wurde in großen Fässern eingelegt. Dieses Rezept stammt von der Westküste Kanadas und kann auch mit Hecht oder Weißfischen zubereitet werden. Die Gräten werden nicht entfernt, da sie beim Einlegen weich und eßbar werden.

4 Zwiebeln, in dünne Scheiben geschnitten
1 kg Lachsfilet, in 2,5 cm dicke Scheiben geschnitten
2½ TL Salz
Saft von 1 Zitrone
200 ml Weißweinessig
2 EL Zucker
2 Lorbeerblätter
1 TL schwarze Pfefferkörner
½ TL Senfkörner
½ TL Dillsamen
½ TL Gewürznelken

1 Die Hälfte der Zwiebelscheiben in einen Fischkessel oder großen Topf geben, den Lachs in einer einzigen Schicht darauf verteilen.

2 1 TL Salz und den Zitronensaft zufügen, mit Wasser bedecken. Langsam zum Kochen bringen, bei schwacher Hitze 1 Minute köcheln. Vom Herd nehmen und den Lachs in der Flüssigkeit erkalten lassen.

3 Die restlichen rohen Zwiebeln mit dem Lachs in das heiße, sterilisierte Glas schichten, die letzte Lage sind Zwiebeln.

4 Die Kochflüssigkeit durch ein Sieb in einen säurefesten Topf gießen und auf etwa ¾ l einkochen.

5 Den Essig, Zucker, die Gewürze und das restliche Salz zufügen und weitere 2–3 Minuten kochen.

6 Das Glas damit auffüllen, so daß alle Zutaten vollständig bedeckt sind, und verschließen. 3–4 Tage kalt stellen.

Schwierigkeitsgrad
Leicht

Kochzeit
4–5 Minuten

Hilfsmittel
Fischkessel oder großer, säurefester Topf; sterilisiertes 2-Liter-Glas mit säurefestem Deckel (Seite 42)

Ergibt
Etwa 1,25 kg

Haltbarkeit
Gekühlt 3 Monate

Serviervorschlag
Mit einem Rote-Bete-Salat als leichte Mahlzeit

Rollmops

(Foto Seite 27)

Am besten eignen sich dafür ungeteilte Matjes-Doppelfilets, aber Sie können auch Salzheringe nehmen.

8 ganze Salzheringe oder 8 Matjes-Doppelfilets
6 EL scharfer Senf
4 große saure Dillgurken, in dicke Stifte von Heringsbreite geschnitten
1 große Zwiebel, in dünne Ringe geschnitten und einige Sekunden blanchiert (Seite 46)
2 EL Kapern

Für die Marinade

½ l Weißwein- oder Apfelessig
½ l Wasser oder trockener Weißwein
2 TL Wacholderbeeren, zerdrückt
1 TL Pimentkörner, zerdrückt
2–3 Gewürznelken, zerdrückt

1 Ganze Salzheringe mit Wasser bedecken und mindestens 12 Stunden kalt stellen, dabei ein- bis zweimal das Wasser wechseln.

2 Alle Zutaten für die Marinade in einem säurefesten Topf aufkochen und 10 Minuten köcheln lassen. Vollständig erkalten lassen.

3 Die Heringe abtropfen lassen, abtrocknen und filetieren (siehe Tips, links). Oder fertige Matjesfilets abspülen und trockentupfen. Mit der Haut nach unten auf ein Brett legen und mit Senf bestreichen. Ein Gurkenstück auf das breite Ende legen, mit einigen Zwiebelringen und Kapern bestreuen. Aufrollen und mit 2 Zahnstochern feststecken.

4 Die Rollmöpse mit den restlichen Zwiebeln in das sterilisierte Glas schichten, mit einer Zwiebelschicht abschließen. Mit Marinade auffüllen, so daß die Zwiebeln ganz bedeckt sind, und verschließen. Die Rollmöpse 1 Woche kalt stellen.

TIPS

✦ Heringe filetieren: Kopf und Schwanz abtrennen. Den Fisch mit der Haut nach oben auf die Arbeitsfläche legen und die Bauchseiten nach außen ziehen. Mit dem Daumen fest an der Mittelgräte entlangfahren, um sie zu lösen. Den Fisch umdrehen und die Gräte in einem Stück herausziehen.

✦ Wenn die Marinade nicht ausreicht, um die Rollmöpse zu bedecken, kalten Essig zugießen.

Schwierigkeitsgrad
Leicht

Kochzeit
Etwa 12 Minuten

Hilfsmittel
Sterilisiertes 2-Liter-Glas mit weiter Öffnung und säurefestem Deckel (Seite 42)

Ergibt
Etwa 1,5 kg

Haltbarkeit
Gekühlt 6 Monate

Serviervorschlag
Mit eisgekühltem Schnaps oder Wodka als Appetithappen, für ein Buffet oder mit warmem Kartoffelsalat als leichtes Hauptgericht

Heringe in Senfsauce

Dieses Rezept habe ich auf einem vergilbten Zettel unbekannter Herkunft zwischen den Seiten eines alten Kochbuchs gefunden. Vermutlich stammt es aus Nord- oder Mitteleuropa. Nehmen Sie große Salzheringe, die über Nacht gewässert werden, um überschüssiges Salz herauszuziehen.

Tips

- Die Eimischung nicht kochen lassen, sonst gerinnt sie.
- Vor dem Verschließen das Glas auf die Arbeitsfläche klopfen, um Luftblasen zu entfernen.

6 ganze Salzheringe oder 12 küchenfertige Heringsfilets
1/4 l Weißwein- oder destillierter Malzessig
1/4 TL Gewürznelken
2 Lorbeerblätter
1 TL schwarze Pfefferkörner
3 Zwiebeln, in dünne Scheiben geschnitten
4 Eier (Gewichtsklasse 2)
1 1/2 EL Zucker, 2 EL Senfpulver
1 große Prise gemahlene Kurkuma

1 Die ganzen Salzheringe mit Wasser bedecken und 12 Stunden kalt stellen, das Wasser ein- bis zweimal wechseln.

2 Den Essig mit den Gewürznelken, Lorbeerblättern und Pfefferkörnern in einem säurefesten Topf aufkochen und bei schwacher Hitze einige Minuten köcheln lassen. Abkühlen lassen.

3 Die Zwiebeln 2 Minuten blanchieren (Seite 46), in eine Schüssel geben. Die Heringe abtropfen lassen, abtrocknen und filetieren (siehe Rollmops, Tips). Küchenfertige Filets abspülen und abtrocknen. In mundgerechte Bissen schneiden.

4 Die Eier mit dem Zucker, Senfpulver und Kurkuma verquirlen und zum Essig gießen. In einen Simmertopf oder eine Wasserbadschüssel (über einem Topf mit heißem Wasser) füllen und bei schwacher Hitze unter Rühren eindicken lassen, bis die Mischung einen Löffelrücken überzieht. Über die Zwiebeln gießen und abkühlen lassen.

5 Den Hering unterrühren. In die sterilisierten Gläser füllen, verschließen und 3 Tage kalt stellen.

Schwierigkeitsgrad
Mittel

Kochzeit
35–40 Minuten

Hilfsmittel
Simmertopf, 2 sterilisierte 1/2-Liter-Gläser mit säurefestem Deckel (Seite 42)

Ergibt
Etwa 1 kg

Haltbarkeit
Gekühlt 1–2 Wochen

Serviervorschlag
Mit gebuttertem Roggenbrot, dazu eisgekühlten Wodka oder Aquavit

Heringe in Sahnesauce

Dieses Rezept habe ich von Penny Stonfield bekommen – niemand kocht die traditionellen jüdischen Gerichte besser als sie. Diesen köstlichen Salat bereitet sie für besondere Anlässe in großen Mengen zu.

6 ganze Salzheringe oder 12 küchenfertige Heringsfilets
2 große Zwiebeln, in dünne Ringe geschnitten
6–8 Pimentkörner, zerdrückt
2–3 getrocknete Lorbeerblätter, zerkrümelt
350 ml Sahne
1/4 l Weißweinessig
1 EL Zucker

1 Die ganzen Heringe mit Wasser bedecken und mindestens 12 Stunden kalt stellen, das Wasser ein- bis zweimal wechseln.

2 Abtropfen lassen, abtrocknen und filetieren (siehe Rollmops, Tips, links). Küchenfertige Heringsfilets abspülen und abtrocknen. Den Fisch in mundgerechte Bissen schneiden.

3 Die Zwiebelringe 2 Minuten blanchieren (Seite 46). Mit den Pimentkörnern und Lorbeerblättern vermischen. Lagenweise mit dem Fisch in die sterilisierten Gläser schichten, mit einer Lage Zwiebeln abschließen.

4 Die Sahne mit dem Weinessig und Zucker verrühren. Frei von Lufteinschlüssen in die Gläser gießen und verschließen. 2–3 Tage im Kühlschrank ziehen lassen.

Schwierigkeitsgrad
Leicht

Hilfsmittel
2 sterilisierte 1/2-Liter-Gläser mit säurefestem Deckel (Seite 42)

Ergibt
Etwa 1 kg

Haltbarkeit
Gekühlt 1 Woche

Serviervorschlag
Mit Roggenbrot als Vorspeise

Tip

Sind die Salzheringe nach 12 Stunden noch zu salzig, abgießen, mit frischem Wasser bedecken und weitere 12 Stunden wässern.

Räucherlachs

(Grundtechnik Seite 66)

Gebeizter, frisch geräucherter Lachs gehört zu den kulinarischen Höhepunkten. Nach dem Beizen kann er auf traditionelle Weise kaltgeräuchert werden – oder aber heißgeräuchert, wie er oft in Nordamerika serviert wird. Ich nehme dazu gern Eiche, aber auch Kirsche oder exotische Hölzer wie Mesquite und Hickory geben ein gutes Aroma ab.

VARIATION

Geräucherte Forelle
(Foto Seite 27)
Die Forelle nicht entgräten. Innen und außen mit einer dicken Schicht Salzmischung bestreuen und 3–4 Stunden kalt stellen. Wie Lachs trocknen, dann 1½–2 Stunden heißräuchern. Weiter wie beim Lachs.

2–3 kg frischer Lachs, küchenfertig
375 g Meersalz
125 g weicher hellbrauner Zucker oder Demerarazucker
1–2 EL Whisky

1 Den Lachs filetieren und noch verbliebene Gräten mit einer Pinzette herausziehen (Seite 66, Schritte 1 und 2). Die Filets waschen und abtrocknen.

2 Das Salz und den Zucker mischen, 5 mm dick in eine große, säurefeste Schale streuen. Ein Filet mit der Haut nach unten darauflegen. Etwa 1 cm mit der Salzmischung bestreuen, zum Schwanzende hin weniger dick.

3 Das zweite Filet mit der Haut nach unten darauflegen und mit der restlichen Salzmischung bestreuen. Zugedeckt 3–3½ Stunden kalt stellen.

4 Den Fisch unter fließendem kaltem Wasser abspülen und mit Küchenpapier gut abtrocknen. Mit dem Whisky bespinseln, durch die Hautseite je einen Holzspieß stechen (Seite 66, Schritt 5).

5 24 Stunden bei 6–8 °C an einem trockenen, dunklen, luftigen Ort aufhängen, bis der Lachs sich fast trocken anfühlt und von einer glänzenden Salzschicht überzogen ist.

6 Den Fisch im Räucherofen 2–3 Stunden bei 105–110 °C heißräuchern oder 3–4 Stunden unter 30 °C kalträuchern. Auskühlen lassen, in Wachspapier oder Alufolie wickeln und 24 Stunden kalt stellen.

Schwierigkeitsgrad
Mittel

Kochzeit
Kaltgeräuchert
3–4 Stunden
Heißgeräuchert
2–3 Stunden

Hilfsmittel
Räucherofen

Ergibt
1,5–2 kg

Haltbarkeit
Gekühlt 3 Wochen
Tiefgefroren 3 Monate

Serviervorschlag
Heißgeräucherten Lachs in dicken Scheiben mit grünem Salat und Brot als leichtes Hauptgericht reichen; kaltgeräucherten Lachs in hauchdünne Scheiben schneiden und mit Frischkäse und Baguette servieren; oder zu Pasteten oder Mousse verarbeiten

Geräucherte Prawns

Das Räuchern verleiht den Prawns eine neue, aparte Note und macht sie gleichzeitig haltbarer. Ich finde den Rauch von Eiche zu stark für die zarten Krustentiere und ziehe leichtere, duftende Hölzer wie Apfel oder Zitrus vor. Shrimps und andere Meeresfrüchte wie Tintenfisch (Kalmar und Krake), Austern und Venusmuscheln lassen sich genauso räuchern.

1,5 kg rohe Prawns
2 l Wasser
1 EL Salz
1 Bund frische Dill- oder Fenchelblüten und -zweige oder 2 EL getrockneter Dill
2–3 EL Oliven- oder Erdnußöl

Für die Lake
350 g Salz
1½ l Wasser

1 Die Köpfe von den Prawns abdrehen und wegwerfen. Das Schwanzfleisch aus den Schalen lösen und den Darm entfernen. Sorgfältig waschen und 30–45 Minuten abtropfen lassen.

2 Für die Lake das Salz im Wasser auflösen. Die Prawns damit übergießen und beschweren (Seite 46), damit sie ganz bedeckt sind. 30 Minuten ziehen lassen und abgießen. (Die Prawns sind dann mild gesalzen; für einen stärkeren Salzgeschmack bis zu 1 Stunde ziehen lassen.)

3 Das Wasser mit dem Salz in einem großen Topf aufkochen. Dill oder Fenchel zufügen und 15 Minuten köcheln lassen. Die Prawns zufügen und 2–5 Minuten köcheln, bis sie knapp gar sind.

4 Herausheben und auf einem Rost 1–2 Stunden abkühlen lassen oder bis sie sich in etwa trocken anfühlen.

5 Mit dem Öl bepinseln und 2 Stunden unter 25 °C kalträuchern (Seite 66).

6 In Wachspapier wickeln und kalt stellen. Oder in Öl einlegen (siehe Meeresfrüchte in Öl, Seite 109).

Schwierigkeitsgrad
Mittel

Kochzeit
Köcheln etwa 20 Minuten
Räuchern 2 Stunden

Hilfsmittel
Räucherofen

Ergibt
Etwa 1 kg

Haltbarkeit
Gekühlt 1 Monat
Tiefgefroren 3 Monate

Serviervorschlag
Als Snack zu Drinks oder als Vorspeise; kurz vor dem Servieren Fischtöpfen, Risotto und Nudelgerichten zufügen

Gravlax

(Foto Seite 26)

Nach diesem köstlichen skandinavischen Rezept läßt sich Fisch am einfachsten beizen. Zwar wird fast immer Lachs verwendet, doch können Sie Forelle, Makrele und sogar sehr frischen Heilbutt genauso zubereiten. Alkohol gehört zwar nicht zu den traditionellen Zutaten, würzt und konserviert aber zusätzlich.

TIP

Brauner Zucker verleiht dem Fisch ein volles Aroma und eine appetitliche dunkle Farbe.

1 kg Mittelstück vom Lachs, filetiert und entgrätet (Seite 66, Schritte 1 und 2)
4 EL grobes Salz
3 EL weicher brauner oder weißer Zucker
1 EL grobgemahlener schwarzer Pfeffer
1 großer Bund Dill, grob gehackt
2–3 EL Aquavit oder Wodka

1 Ein Lachsfilet mit der Haut nach unten auf ein großes Stück Alufolie legen. Salz, Zucker und Pfeffer vermischen, die Hälfte davon über den Lachs streuen.

2 Darauf den gehackten Dill und die restliche Salzmischung streuen und mit dem Aquavit oder Wodka beträufeln. Das zweite Lachsfilet mit der Haut nach oben darauflegen. Fest in Folie einwickeln.

3 In eine Schale legen, mit einem Brett bedecken und beschweren (Seite 46). 24–36 Stunden kalt stellen, alle 12 Stunden wenden.

4 Den Lachs vorsichtig auswickeln, Salz, Dill und Gewürze abwischen. Zum Servieren mit einem langen Messer mit Sägeschliff schräg in hauchdünne Scheiben schneiden.

Schwierigkeitsgrad
Leicht

Ergibt
Etwa 1 kg

Haltbarkeit
Gekühlt 1 Woche
Für längere Haltbarkeit einlegen wie Heringe in gewürztem Öl (Seite 109)

Serviervorschlag
Mit einer Dill-Senfsauce und Kartoffel- oder Rote-Bete-Salat

Eingesalzene Sprotten

(Grundtechnik Seite 74)

Eingesalzener Fisch entwickelt einen charakteristischen Geschmack und Geruch, an den man sich erst gewöhnen muß. Sardinen, Heringe und Anchovis lassen sich ebenso einsalzen.

TIPS

- Nehmen Sie junge, frische Fische gleicher Größe, mit unverletzter, silbrig glänzender Haut.
- Mit Köpfen eingelegte Fische schmecken kräftiger, »fischiger«, weil die Köpfe viel Öl enthalten. Falls gewünscht, können Sie die Köpfe entfernen.
- Außer Pfefferkörnern und Lorbeerblättern können Sie andere Gewürze zugeben – Wacholder, Piment und aromatische Holzsspäne.
- Sie können die Sprotten auch länger in Salz lagern: nach Schritt 6 die Fische aus der Lake heben und mit grobem Salz in eine frische Holzschachtel legen.
- Vor der Verwendung die Sprotten einige Stunden in Wasser oder Milch und Wasser einlegen.

1 kg Sprotten
500 g feines Meersalz
1–1,5 kg grobes Salz
3–4 Lorbeerblätter
1 EL schwarze Pfefferkörner

1 Die Fische säubern und ausnehmen: mit einer kleinen Schere quer unter den Kiemen einschneiden und den Bauch längs aufschneiden. Mit den Fingern vorsichtig das Innere herausziehen.

2 Etwas feines Salz in die Bauchhöhle und auf die Haut streuen und gut einreiben.

3 Die Fische in eine flache Schale schichten, zwischen jede Lage feines Salz streuen. 4–5 Stunden kalt stellen, damit die Fische Saft ziehen. Herausnehmen und auf Küchenpapier trocknen.

4 Den Boden eines großen Glas- oder Steingutgefäßes mit grobem Salz bestreuen.

5 Eine Schicht Fische mit einem Lorbeerblatt und einigen Pfefferkörnern darauflegen. Mit einer etwa 5 mm hohen Schicht grobem Salz gleichmäßig bedecken. Die Zutaten auf diese Weise weiter einfüllen, bis alle Sprotten verbraucht sind; mit einer Schicht Salz abschließen.

6 Beschweren (Seite 46) und zugedeckt in den Kühlschrank oder bei 6–8 °C an einen dunklen Ort stellen. Die Sprotten können in 1 Woche gegessen werden.

7 Zum längeren Lagern die Ölschicht, die sich oben im Behälter gebildet hat, entfernen. Falls die Fische nicht mehr von Lake bedeckt sind, eine starke Salzlösung aus gleichen Teilen Salz und Wasser zugießen. Verschließen und bei 6–8 °C an einem dunklen Ort aufbewahren.

Schwierigkeitsgrad
Leicht

Hilfsmittel
Sterilisiertes Glas- oder Steingutgefäß mit salz- und säurefestem Deckel (Seite 42)

Ergibt
Etwa 750 g

Haltbarkeit
Gekühlt 2 Jahre

Serviervorschlag
Mit einem Dressing aus Obstessig und Olivenöl, dazu dünne Zwiebelringe und eisgekühlten Wodka

VARIATIONEN

- *Die eingesalzenen Sprotten filetieren und in Öl einlegen (siehe Heringe in gewürztem Öl, Seite 109).*
- ***Anchovis in Öl (Foto Seite 27)*** *Die Anchovis wie Sprotten einsalzen, dann filetieren. Jedes Filet um eine Kaper rollen und auf einen Holzspieß stecken. In einem kleinen Glas mit Olivenöl bedecken.*

KONFITÜREN, GELEES & SIRUPFRÜCHTE

Der Sommer ist mit seinen langen, warmen Tagen und der Fülle an süßen, saftigen Früchten die beste Zeit, um süße Köstlichkeiten der unterschiedlichsten Art herzustellen, die alle ausschließlich mit Zucker haltbar gemacht werden. Am beliebtesten sind wohl Konfitüren, für die die Früchte mit Zucker bis zum Erreichen des Gelierpunkts gekocht werden. Gelees dagegen sind klar, durchscheinend und bestehen nur aus Fruchtsaft und Zucker. Als Marmeladen bezeichnet man im strengen Sinn nur Zubereitungen aus Zitrusfrüchten. Köstlich sind auch ganze Früchte, die entweder in leichten Fruchtgelee eingelegt oder, halb kandiert, mit schwerem Sirup übergossen werden. Durch Einfrieren wird das Pektin in den Früchten teilweise zerstört, daher müssen Sie bei tiefgefrorenen Früchten den Pektingehalt mit selbstgekochtem Pektinkonzentrat (Seite 47), fertigem Pektin oder durch die Zugabe von Orangen oder Zitronen erhöhen.

Weintraubenkonfitüre mit Pekannüssen

Weintrauben *Zitrone* *Einmachzucker* *Pekannüsse* *Weinbrand*

Diese üppige Delikatesse enthält knusprige Nüsse. Solche Konfitüren gehören in Nahost unbedingt zur Begrüßungszeremonie, mit der ein Gast willkommen geheißen wird: Man ißt sie mit dem Löffel und trinkt ein Glas kaltes Wasser dazu.

1 kg kernlose weiße oder blaue Weintrauben

2 unbehandelte Zitronen, in dünne Scheiben geschnitten

750 g Einmachzucker

100 g Pekannüsse, leicht angeröstet

75 ml Weinbrand

1 Die Trauben im Einkochtopf mit den Zitronenscheiben und dem Zucker vermischen. Zugedeckt einige Stunden Saft ziehen lassen.

2 Aufkochen und bei mäßiger Hitze 1–$1\frac{1}{2}$ Stunden köcheln lassen. Häufig umrühren, damit nichts anbrennt.

3 Die Gelierprobe ist nicht nötig; die Konfitüre ist fertig, wenn ein durch die Masse gezogener Holzlöffel eine deutliche Spur hinterläßt.

4 Vom Herd nehmen und einige Minuten ruhen lassen (das verhindert, daß die Früchte später im Glas nach unten sinken). Die Pekannüsse und den Weinbrand unterrühren. In die heißen, sterilisierten Gläser füllen und verschließen.

☆ **Schwierigkeitsgrad**
Leicht

Kochzeit
$1\frac{1}{4}$–$1\frac{3}{4}$ Stunden

Hilfsmittel
Einkochtopf; sterilisierte Gläser mit Deckel (Seite 42)

Ergibt
Etwa 1,25 kg

Haltbarkeit
2 Jahre

WEINTRAUBENKONFITÜRE *ist köstlich auf gedämpftem Biskuitpudding: Die Konfitüre schmilzt zu einer Sauce, und die Nüsse, Trauben und Zitronen sind ein wunderbarer Kontrast zu dem saftigen Pudding.*

GERÖSTETE PEKANNÜSSE sind eine knackige Überraschung.

DÜNNE ZITRONENSCHEIBEN verleihen der Konfitüre eine pikante Note.

VARIATIONEN

- *Andere Früchte wie Feigen, frische Datteln, Pflaumen, Pfirsiche und Aprikosen lassen sich genauso zubereiten.*
- *Die Pekannüsse können durch geröstete Walnüsse oder ganze Mandeln ersetzt werden.*
- *Statt der Zitronen 3 Orangen und anstelle des Weinbrands Rum oder einen Orangenlikör verwenden.*
- *Nach Belieben mit 2–3 EL Orangenblütenwasser verfeinern.*

Powidl (Pflaumenmus)

Diese böhmische Spezialität ist mehr Fruchtpaste als Konfitüre. Das Rezept stammt von meiner Mutter. Die Zuckermenge scheint gering, das Ergebnis ist ein pikantes, süß-saures Fruchtmus.

2 kg blaue Pflaumen, am besten Zwetschen

1 kg Einmachzucker

1 Die Pflaumen entsteinen und grob hacken. Mit dem Zucker in den Einkochtopf schichten. Mit einem sauberen Tuch bedecken und einige Stunden Saft ziehen lassen.

2 Zum Kochen bringen, den Zucker unter Rühren auflösen. Bei schwacher Hitze 1½–2 Stunden unter gelegentlichem Umrühren köcheln lassen, bis die Masse dunkelrot und dick ist (eine Gelierprobe ist überflüssig).

3 Das Mus in die heißen, sterilisierten Gläser füllen und verschließen. Es kann sofort gegessen werden, wird aber durch längeres Lagern noch besser.

Schwierigkeitsgrad
Leicht

Kochzeit
1½–2 Stunden

Hilfsmittel
Einkochtopf; sterilisierte Gläser mit Deckel (Seite 42)

Ergibt
Etwa 1,5 kg

Haltbarkeit
2 Jahre

Pflaumenkonfitüre

Für diese köstliche Konfitüre ist jede Sorte Pflaumen geeignet. Mirabellen ergeben eine goldgelbe, Reineclauden eine grünlich-gelbe Konfitüre.

1,25 kg Pflaumen, entsteint und halbiert, große Früchte geviertelt

350 ml Wasser

1 kg Einmachzucker

1 Die Pflaumen mit dem Wasser im Einkochtopf langsam zum Kochen bringen. Bei schwacher Hitze unter gelegentlichem Rühren etwa 25 Minuten köcheln lassen, bis sie weich sind.

2 Den Zucker unter Rühren darin auflösen. Wieder zum Kochen bringen und 25–30 Minuten kochen, bis der Gelierpunkt erreicht ist (Seite 76).

3 Vom Herd nehmen und einige Minuten ruhen lassen. In die heißen, sterilisierten Gläser füllen und verschließen.

TIP

Rote Pflaumenkonfitüre bekommt einen lebendigen Akzent durch 75 g in feine Streifchen geschnittene Ingwerwurzel, die mit dem Zucker eingerührt wird.

VARIATIONEN

✦ ***Reineclaudenkonfitüre***
Statt Pflaumen Reineclauden nehmen. 10 Steine aufknacken, die Kerne in Mull binden. Mit den Früchten, dem Saft von 1 Zitrone und ¼ l Wasser in den Topf geben. Weiter wie oben.

✦ ***Zwetschenkonfitüre***
Die Pflaumen durch ganze Zwetschen ersetzen. In ¾ l Wasser sehr weich kochen, durchpassieren und dabei die Steine entfernen. Auf je ½ l Fruchtmasse 625 g Zucker zufügen. 10–15 Minuten köcheln lassen, bis der Gelierpunkt erreicht ist.

Schwierigkeitsgrad
Leicht

Kochzeit
Etwa 1 Stunde

Hilfsmittel
Einkochtopf; Zuckerthermometer; sterilisierte Gläser mit Deckel (Seite 42)

Ergibt
Etwa 1,75 kg

Haltbarkeit
2 Jahre

Serviervorschlag
Als Füllung für Linzertorte statt Himbeerkonfitüre oder für einen schnellen Pflaumenkuchen mit Streuseln

Reineclaudenkonfitüre

Zwetschenkonfitüre

Pflaumenkonfitüre

Himbeerkonfitüre

(Foto Seite 33)

Diese ohne Wasser zubereitete Konfitüre besitzt einen intensiven Duft und Geschmack.

1 kg Himbeeren
1 kg Einmachzucker
Saft von 1 Zitrone

1 Die Himbeeren mit dem Zucker in den Einkochtopf schichten. Mit einem Tuch bedecken und über Nacht stehen lassen.

2 Am nächsten Tag den Zitronensaft zufügen und langsam aufkochen. Den Zucker unter Rühren auflösen.

3 Bei starker Hitze 20–25 Minuten sprudelnd kochen, bis der Gelierpunkt erreicht ist (Seite 76). Gegen Ende ständig rühren, damit nichts anbrennt. Falls gewünscht, die Hälfte der Konfitüre durch ein Sieb passieren, damit sie weniger Kernchen enthält, und nochmals 5 Minuten kochen.

4 Vom Herd nehmen und einige Minuten ruhen lassen. In die heißen, sterilisierten Gläser füllen und verschließen.

Schwierigkeitsgrad
Leicht

Kochzeit
Etwa 45 Minuten

Hilfsmittel
Einkochtopf; Zuckerthermometer; sterilisierte Gläser mit Deckel (Seite 42)

Ergibt
Etwa 1,5 kg

Haltbarkeit
2 Jahre

Heidelbeerkonfitüre

(Foto Seite 33)

Konfitüre aus Heidelbeeren wird nicht sehr fest. Als Belag für Käsekuchen verwenden oder unter Schlagsahne ziehen und eine Biskuitroulade damit füllen.

1 kg Heidelbeeren
1 kg Einmachzucker
4 EL Wasser
Saft von 1 Zitrone

1 Die Heidelbeeren mit dem Zucker, Wasser und Zitronensaft im Einkochtopf langsam zum Kochen bringen. Gelegentlich rühren, bis der Zucker aufgelöst ist. Bei schwacher Hitze 10 Minuten köcheln lassen.

2 Die Temperatur hochschalten. Bei starker Hitze 15–20 Minuten sprudelnd kochen, bis der Gelierpunkt erreicht ist (Seite 76).

3 Vom Herd nehmen und einige Minuten ruhen lassen. In die heißen, sterilisierten Gläser füllen und verschließen.

Schwierigkeitsgrad
Leicht

Kochzeit
Etwa 45 Minuten

Hilfsmittel
Einkochtopf; Zuckerthermometer; sterilisierte Gläser mit Deckel (Seite 42)

Ergibt
Etwa 1,5 kg

Haltbarkeit
2 Jahre

Schwarze Johannisbeerkonfitüre

Schwarze Johannisbeeren sind reich an Pektin und damit ideal für Konfitüren und Gelees.

1 kg schwarze Johannisbeeren
3/4 l Wasser
750 g Einmachzucker
etwas Weinbrand

1 Die schwarzen Johannisbeeren mit dem Wasser im Einkochtopf langsam zum Kochen bringen. Bei schwacher Hitze 20–25 Minuten unter gelegentlichem Rühren köcheln lassen, bis die Masse um ein Drittel reduziert ist.

2 Den Zucker unter Rühren darin auflösen, wieder aufkochen und 15–20 Minuten sprudelnd kochen, bis der Gelierpunkt erreicht ist (Seite 76).

3 Vom Herd nehmen und vollständig erkalten lassen.

4 Die kalte Konfitüre in die sterilisierten Gläser füllen. Jedes Glas mit einer in etwas Weinbrand getauchten Wachspapierscheibe belegen und verschließen.

TIP

Wenn Sie eine glatte Konfitüre ohne Kernchen wünschen, passieren Sie das Fruchtmus nach Schritt 1 durch ein Sieb. Zurück in den gereinigten Topf geben, weiter wie oben.

Schwierigkeitsgrad
Leicht

Kochzeit
Etwa 1 Stunde

Hilfsmittel
Einkochtopf; Zuckerthermometer; sterilisierte Gläser mit Deckel (Seite 42)

Ergibt
Etwa 1,5 kg

Haltbarkeit
2 Jahre

Serviervorschlag
Mit Naturjoghurt als einfaches Dessert

Aprikosenkonfitüre

Goldene Aprikosenkonfitüre fängt in ihrem milden Duft den Sommer ein. Sie ist außerordentlich vielseitig: als Füllung für Teigtaschen und Kuchen, angewärmt und durchpassiert als wunderschöne gelbe Glasur. Nehmen Sie für dieses Rezept reife, aber feste Aprikosen.

1,25 kg Aprikosen
Saft von 1 Zitrone
1 kg Einmachzucker
300 ml Wasser

1 Die Aprikosen halbieren und entsteinen (die Steine beiseite stellen). Die Früchte in einer Glasschüssel mit dem Zitronensaft vermischen.

2 10 Aprikosensteine mit dem Hammer oder Nußknacker aufbrechen. Einen Kern probieren – schmeckt er sehr bitter, nur die Hälfte der Kerne verwenden. 1 Minute blanchieren und entweder in zwei Hälften spalten oder fein hacken.

3 Den Zucker mit dem Wasser in dem Einkochtopf langsam aufkochen, unter Rühren auflösen und 3–4 Minuten sprudelnd kochen. Die Aprikosen zufügen, wieder aufkochen und 5 Minuten köcheln lassen.

4 Erneut aufkochen und 20–25 Minuten sprudelnd kochen, bis der Gelierpunkt erreicht ist (Seite 76). Etwa 5 Minuten vor Ende der Kochzeit die Aprikosenkerne einrühren.

5 Vom Herd nehmen und einige Minuten ruhen lassen. Gut abschäumen. In die heißen, sterilisierten Gläser füllen und verschließen.

Tips

✦ Für eine samtige Aprikosenkonfitüre die Fruchtmasse nach Schritt 3 leicht abkühlen lassen und durch ein Sieb oder ein Passiergerät streichen. In den gesäuberten Topf füllen und wie oben weiterarbeiten.

✦ Falls die Konfitüre als Glasur dienen soll, keine Aprikosenkerne zufügen.

Schwierigkeitsgrad
Leicht

Kochzeit
45–55 Minuten

Hilfsmittel
Hammer oder Nußknacker; Einkochtopf; Zuckerthermometer; sterilisierte Gläser mit Deckel (Seite 42)

Ergibt
Etwa 1,5 kg

Haltbarkeit
2 Jahre

Serviervorschlag
Zum Bestreichen einer Lammkeule vor dem Braten oder zum Glasieren von Obstkuchen

Orangenmarmelade mit grünen Tomaten

Der aromatische Tomatengeschmack und die erfrischende Säure von Orangen vereinen sich zu einer köstlichen Frühstücksmarmelade. Süße Orangen sind heute das ganze Jahr über erhältlich, daher können Sie diese Marmelade im Sommer kochen, wenn grüne Tomaten Saison haben.

4 große, süße, unbehandelte Orangen
2 Zitronen
1 kg grüne Tomaten
$\frac{3}{4}$ l Wasser
1 kg Einmachzucker
$1\frac{1}{2}$ EL Koriandèrkörner, grob zerstoßen

1 Die Orangen in Scheiben schneiden und entkernen. Von den Zitronen den Saft ausdrücken, die Kerne zurückbehalten. Alle Kerne in ein Stück Mull binden.

2 Die Tomaten und Orangen durch den Fleischwolf drehen oder in der Küchenmaschine fein zerkleinern.

3 Das Fruchtpürree mit dem Wasser und dem Mullsäckchen im Einkochtopf zum Kochen bringen. Bei schwacher Hitze 45 Minuten köcheln lassen, bis die Orangenschale weich ist.

4 Den Zitronensaft zufügen und den Zucker unter Rühren darin auflösen.

5 Bei Mittelhitze unter gelegentlichem Rühren 30–35 Minuten köcheln lassen, bis die Marmelade so dick ist, daß ein durch die Mitte gezogener Holzlöffel eine deutliche Spur hinterläßt.

6 Vom Herd nehmen und einige Minuten ruhen lassen. Falls nötig, abschäumen, das Mullsäckchen herausnehmen und den Koriander unterrühren. In die heißen, sterilisierten Gläser füllen und verschließen.

Schwierigkeitsgrad
Leicht

Kochzeit
$1\frac{1}{2}$–$1\frac{3}{4}$ Stunden

Hilfsmittel
Fleischwolf oder Küchenmaschine; Einkochtopf; sterilisierte Gläser mit Deckel (Seite 42)

Ergibt
Etwa 2 kg

Haltbarkeit
1 Jahr

Serviervorschlag
Köstlich auf heißem Buttertoast

Möhrenkonfitüre

(Foto Seite 23)

Konfitüren wurden im Winter, wenn es kein frisches Obst gab, oft aus Wurzelgemüse zubereitet. Versuchen Sie's einmal mit dieser Konfitüre als Füllung für Biskuitrouladen und Mürbteigböden.

TIP

Fast jedes Wurzelgemüse ist geeignet, doch Rote Beten, Pastinaken, Rüben und Kohlrabi vorher mehrmals blanchiert, um ihren strengen Geschmack abzumildern.

1 kg Möhren, fein gerieben
250 g Sultaninen
1/2 l Wasser
750 g Einmachzucker
abgeriebene Schale von 2 unbehandelten Zitronen
Saft von 3 Zitronen
2 TL gemahlener Ingwer

1 Die Möhren mit den Sultaninen und dem Wasser im Einkochtopf aufkochen und bei schwacher Hitze 10–15 Minuten köcheln lassen, bis die Möhren knapp weich sind.

2 Den Zucker unter Rühren darin auflösen, die Schale und den Saft der Zitronen zufügen. Unter häufigem Rühren etwa 1 Stunde köcheln lassen, bis die Konfitüre sehr dick ist (eine Gelierprobe ist unnötig).

3 Den Ingwer unterrühren. In die heißen, sterilisierten Gläser füllen und verschließen.

Schwierigkeitsgrad
Leicht

Kochzeit
Etwa 1 1/4 Stunden

Hilfsmittel
Einkochtopf; sterilisierte Gläser mit Deckel (Seite 42)

Ergibt
Etwa 1,25 kg

Haltbarkeit
2 Jahre

Exotische Konfitüre

(Grundtechnik Seite 76)

Andere Früchte wie Papayas, Mangos oder aromatische Melonen lassen sich genauso zubereiten, allerdings immer mit derselben Menge Äpfel.

1 mittelgroße Ananas von etwa 1,25 kg
1 kg Kochäpfel, geschält, entkernt und grob zerkleinert
300 g frische Lychees, geschält, entkernt und halbiert, oder 425-g-Dose Lychees, abgetropft und halbiert
1/4 l Wasser
abgeriebene Schale von 1 unbehandelten Zitrone
Saft von 2 Zitronen
1,25 kg Einmachzucker

1 Die Ananas schälen, vom inneren Strunk befreien und in Stücke schneiden (siehe unten). Mit den Äpfeln in der Küchenmaschine fein zerkleinern.

2 Mit den Lychees, dem Wasser, der Schale und dem Saft der Zitrone im Einkochtopf aufkochen. Bei schwacher Hitze 20–25 Minuten köcheln lassen, bis die Äpfel zerfallen sind und die Ananas weich ist.

3 Den Zucker unter Rühren darin auflösen. Unter häufigem Rühren noch 20–25 Minuten kochen, bis der Gelierpunkt erreicht ist (Seite 76).

4 Vom Herd ziehen und einige Minuten ruhen lassen. Abschäumen.

5 Die Konfitüre in die heißen, sterilisierten Gläser füllen und verschließen. Sie kann sofort gegessen werden, wird aber durch längeres Lagern noch besser.

Schwierigkeitsgrad
Leicht

Kochzeit
Etwa 1 Stunde

Hilfsmittel
Küchenmaschine; Einkochtopf; Zuckerthermometer; sterilisierte Gläser mit Deckel (Seite 42)

Ergibt
Etwa 1,5 kg

Haltbarkeit
2 Jahre

Serviervorschlag
Mit Crème fraîche zu süßen Brötchen oder als Füllung für Sahnetorten

DIE ANANAS VORBEREITEN

1 Das obere und untere Ende mit einem scharfen Messer mit langer Klinge abschneiden.

2 Die Ananas ringsum der Länge nach schälen, dabei der natürlichen Krümmung folgen.

3 Um den inneren Strunk entfernen zu können, die Frucht erst längs halbieren, dann vierteln.

4 Den harten Strunk entfernen und das Fruchtfleisch in große Stücke schneiden.

Eingelegte grüne Feigen

Dieses Rezept stammt aus Südafrika, wo das Einlegen von Sirupfrüchten zur Kunst entwickelt wurde. Die Feigen sollten knapp reif und fest sein, auf keinen Fall vollreif, sonst zerfallen sie beim Kochen.

1 kg grüne, noch nicht ganz reife Feigen

4 EL Salz

1 EL Natron (nach Belieben)

1 kg Einmachzucker

$^{1}/_{8}$ l Wasser

1 Jede Feige am Stielende kappen, am anderen Ende mit einem kleinen, scharfen Messer ein tiefes Kreuz einschneiden.

2 Die Feigen in einer großen Glasschüssel mit Wasser bedecken und das Salz darin auflösen. Mit einem Teller beschweren (Seite 46) und über Nacht stehen lassen.

3 Am nächsten Tag in einem großen Topf Wasser zum Kochen bringen und, falls gewünscht, Natron zufügen, das der Erhaltung der Farbe dient. Die abgetropften Feigen einlegen.

4 Aufkochen und bei schwacher Hitze 25 – 30 Minuten leise köcheln lassen, bis die Feigen knapp weich sind. Sofort in einer großen Schüssel mit eiskaltem Wasser abkühlen. Abtropfen lassen und in den Einkochtopf legen.

5 In einem anderen Topf den Zucker mit dem Wasser aufkochen und unter Rühren auflösen. Gut abschäumen, 5 Minuten kochen und über die Feigen gießen. Beschweren und über Nacht ziehen lassen.

6 Am dritten Tag langsam zum Kochen bringen und bei sehr schwacher Hitze 2 – $2^{1}/_{2}$ Stunden köcheln lassen, bis die Feigen durchscheinend aussehen. Mit einem Schaumlöffel aus dem Sirup heben und in die heißen, sterilisierten Gläser schichten.

7 Den Sirup noch 10 Minuten kochen, bis er so dick wie flüssiger Honig ist. Die Gläser damit auffüllen und verschließen.

VARIATIONEN

✦ *5 cm frische Ingwerwurzel, in feine Streifchen geschnitten, in Schritt 5 zum Zuckersirup geben.*

✦ ***Eingelegte Melonen (Foto Seite 21)*** *Die Feigen durch 1 kg geschälte und 4 cm groß gewürfelte Melone ersetzen. Ohne Natron 15 – 20 Minuten in Schritt 4 kochen.*

Schwierigkeitsgrad
Anspruchsvoll

Kochzeit
2. Tag: 40 – 45 Minuten
3. Tag: $2^{1}/_{4}$ – $2^{3}/_{4}$ Stunden

Hilfsmittel
Einkochtopf; sterilisierte Gläser mit Deckel (Seite 42)

Ergibt
Etwa 1 kg

Haltbarkeit
2 Jahre

Serviervorschlag
Als Süßigkeit oder mit Sahne als Dessert; als Kuchendekoration anstelle von kandierten Früchten

Sauerkirschkonfitüre

Sauerkirschkonfitüre ist eine der wunderbarsten Konfitüren Europas – süß-saure Kirschen, versunken in einem ausgesprochen aromatischen Gelee.

1,25 kg schwarze Sauerkirschen, entsteint

750 g Einmachzucker

$^{1}/_{4}$ l Saft von schwarzen oder roten Johannisbeeren (zur Technik siehe Scharfes Holzapfelgelee, Seite 166)

4 EL Kirschwasser oder -likör

1 Die Kirschen mit dem Zucker in den Einkochtopf schichten. Den Saft zugießen, zugedeckt einige Stunden ziehen lassen.

2 Langsam zum Kochen bringen, den Topf gelegentlich vorsichtig rütteln. Gut abschäumen. 20 – 25 Minuten kochen, bis der Gelierpunkt erreicht ist (Seite 76).

3 Vom Herd nehmen und einige Minuten ruhen lassen. Das Kirschwasser oder den Kirschlikör unterrühren. In die heißen, sterilisierten Gläser füllen und verschließen.

TIPS

✦ Anstelle von Johannisbeersaft den Saft von 3 Zitronen verwenden.

✦ Alle Sauerkirschen sind geeignet, am besten sind jedoch Schattenmorellen.

Schwierigkeitsgrad
Leicht

Kochzeit
Etwa 30 Minuten

Hilfsmittel
Einkochtopf; Zuckerthermometer; sterilisierte Gläser mit Deckel (Seite 42)

Ergibt
Etwa 1,5 kg

Haltbarkeit
2 Jahre

Serviervorschlag
Zum Frühstück oder als Kuchenfüllung

Walderdbeerkonfitüre

Walderdbeeren sind äußerst aromatisch und wohlschmeckend. Bei dieser himmlischen Konfitüre bleiben durch das Marinieren und vorsichtige Garen die Beeren und ihr Duft weitgehend erhalten. Als Kuchenfüllung verwenden oder mit Crème double zu süßen Brötchen reichen.

750 g Einmachzucker
1 kg Walderdbeeren
1/4 l Wodka (40 %-Vol.)

1 Den Zucker und die Erdbeeren in eine große Glasschüssel schichten, mit Zucker beginnen und enden. Mit Wodka übergießen, mit einem sauberen Tuch bedecken und über Nacht ziehen lassen.

2 Am nächsten Tag die Flüssigkeit in den Einkochtopf abgießen. Sprudelnd kochen, bis das Zuckerthermometer 116 °C anzeigt.

3 Die Früchte zufügen. Wieder zum Kochen bringen und 5 – 7 Minuten kochen, bis der Gelierpunkt erreicht ist (Seite 76). So entsteht eine weiche Konfitüre.

4 Vom Herd nehmen und einige Minuten ruhen lassen. Gut abschäumen. In die heißen, sterilisierten Gläser füllen und verschließen.

☆☆ **Schwierigkeitsgrad**
Mittel

Kochzeit
25 – 30 Minuten

Hilfsmittel
Einkochtopf; Zuckerthermometer; sterilisierte Gläser mit Deckel (Seite 42)

Ergibt
Etwa 1,25 kg

Haltbarkeit
6 Monate

Schalotten in Sirup

(Foto Seite 19)

Diese würzigen, süß-sauren Schalotten sind meine Version eines alten Rezepts aus Nahost. Sie werden in einem gewürzten Sirup gekocht, bis sie karamelisieren und eine leuchtend goldbraune Farbe annehmen. Wichtig ist langsames, vorsichtiges Kochen, weil die Schalotten sonst zerfallen.

1,3 kg Schalotten
150 g Salz
1 1/2 l weißer Branntwein- oder Weißweinessig
1 kg Einmachzucker
Für das Gewürzsäckchen (Seite 47)
4 Kardamomkapseln
2 Zimtstangen
3 Streifen unbehandelte Zitronenschale
1 EL Kümmel
1 EL Gewürznelken
1/2 TL getrocknete Vogelaugen-Chillies

1 Die Schalotten einige Minuten blanchieren (Seite 46), dann schälen. Das Wurzelende nicht anschneiden, damit sie nicht zerfallen.

2 In einer großen Glasschüssel mit kaltem Wasser bedecken. Das Salz unter Rühren darin auflösen. Beschweren (Seite 46) und 24 Stunden stehen lassen.

3 Den Essig mit dem Zucker und dem Gewürzsäckchen im Einkochtopf zum Kochen bringen. 10 Minuten unter gelegentlichem Rühren kochen. Gut abschäumen.

4 Die Schalotten abgießen, abspülen und gut abtropfen lassen. Vorsichtig in den kochenden Sirup legen. Aufkochen und bei schwächster Hitze 15 Minuten behutsam köcheln lassen. Vom Herd nehmen, abkühlen lassen, beschweren und über Nacht stehen lassen.

5 Am nächsten Tag langsam zum Kochen bringen und bei schwacher Hitze 15 Minuten leise köcheln. Abkühlen und wie zuvor über Nacht stehen lassen.

6 Am dritten Tag langsam aufkochen und bei schwächster Hitze 2 – 2 1/2 Stunden leise köcheln lassen, bis die Schalotten durchscheinend und goldbraun sind.

7 Mit dem Schaumlöffel vorsichtig herausheben und locker in die sterilisierten Gläser schichten. Den Sirup etwa 5 Minuten sprudelnd kochen. Die Gläser damit auffüllen und verschließen. Die Schalotten können sofort gegessen werden, werden aber durch längeres Lagern noch besser.

☆☆☆ **Schwierigkeitsgrad**
Anspruchsvoll

Kochzeit
2. Tag: 30 – 35 Minuten
3. Tag: etwa 20 Minuten
4. Tag: 2 1/4 – 2 3/4 Stunden

Hilfsmittel
Säurefester Einkochtopf; sterilisierte Gläser mit säurefestem Deckel (Seite 42)

Ergibt
Etwa 1,25 kg

Haltbarkeit
2 Jahre

Serviervorschlag
Besonders köstlich zu Wild und Lamm

Auberginen in Sirup

Dieses ungewöhnliche Rezept ergibt eine überraschend aromatische Süßigkeit, es stammt aus Marokko. Man ißt die Auberginen dort mit dem Löffel, serviert zu heißem Tee oder Kaffee und einem Glas Wasser.

1 kg Baby-Auberginen
4 EL Salz
1 kg Einmachzucker
Saft von 3 großen Zitronen
Schale von 1 unbehandelten Zitrone, in feine Streifchen geschnitten
75 g frische Ingwerwurzel, fein geraspelt
12 Gewürznelken
2 Zimtstangen

1 Von jeder Aubergine den grünen Blattring um den Stielansatz herum entfernen, den Stiel aber nicht abschneiden. Jede Frucht mehrmals mit einem Zahnstocher anstechen.

2 Die Auberginen in einer großen Glasschüssel mit dem Salz vermischen und zugedeckt einige Stunden stehen lassen. Unter fließendem kaltem Wasser gut abspülen.

3 In einem großen Topf Wasser zum Kochen bringen. Die Auberginen darin aufkochen und bei schwacher Hitze 5 Minuten köcheln lassen. Herausheben und gut abtropfen lassen.

4 Den Zucker mit dem Zitronensaft im Einkochtopf aufkochen und unter Rühren auflösen. Gut abschäumen. Die Zitronenschale, den Ingwer, die Gewürznelken und die Zimtstangen zufügen und 5 Minuten kochen lassen.

5 Die Auberginen vorsichtig in den kochenden Sirup legen. Bei sehr schwacher Hitze unter gelegentlichem Rühren $1^1/_2$–2 Stunden köcheln lassen, bis sie etwa die Hälfte des Sirups aufgesogen haben und durchscheinend aussehen.

6 Eine nach der anderen vorsichtig mit einem Schaumlöffel herausheben und in die heißen, sterilisierten Gläser legen. Den Sirup aufkochen, die Gläser damit auffüllen und verschließen. Die Auberginen können sofort gegessen werden, werden aber durch längeres Lagern noch besser.

☆☆ **Schwierigkeitsgrad**
Mittel

Kochzeit
$1^3/_4$–$2^1/_4$ Stunden

Hilfsmittel
Einkochtopf; sterilisierte Gläser mit Deckel (Seite 42)

Ergibt
Etwa 1,5 kg

Haltbarkeit
2 Jahre (der Sirup kann kristallisieren, was die Auberginen nicht beeinträchtigt)

Serviervorschlag
Als Süßigkeit auf marokkanische Art

Tips

✦ Sehr kleine, fleckenlose Auberginen aussuchen. Dunkel- wie hellila Sorten sind geeignet.
✦ Wenn Sie keine ganzen Gewürze im Glas mögen, binden Sie sie in ein Stück Mull (Seite 47) und entfernen das Gewürzsäckchen am Ende der Garzeit.

Kürbis in Ingwersirup

Dieses Rezept ist ein hervorragendes Beispiel für die Kunst des Konservierens, die bescheidene Zutaten in köstliche, vielseitige Delikatessen verwandelt.

1,5 kg Gartenkürbis (Markkürbis), geschält, entkernt und in 4 cm große Würfel geschnitten
1 kg Einmachzucker
$^1/_2$ l Wasser
Saft von 1 Zitrone
5 cm frische Ingwerwurzel, in feine Streifchen geschnitten
3–4 Streifen unbehandelte Zitronenschale
1 EL Orangenblütenwasser (nach Belieben)

1 Den Kürbis in einem großen Topf mit kaltem Wasser bedecken und aufkochen. Bei schwacher Hitze 10–15 Minuten köcheln lassen, bis die Würfel gerade weich werden. Gründlich abtropfen lassen.

2 Alle anderen Zutaten im Einkochtopf aufkochen. Den Zucker unter Rühren auflösen. Einige Minuten kochen, dann die Kürbiswürfel zufügen. Bei schwächster Hitze 2–$2^1/_2$ Stunden leise köcheln lassen, bis sie durchscheinend sind.

3 Mit einem Schaumlöffel herausheben und in die sterilisierten Gläser füllen. Den Sirup noch weitere 5 Minuten sprudelnd kochen lassen.

4 In die heißen, sterilisierten Gläser gießen und verschließen. Der Kürbis kann sofort gegessen werden, wird aber durch längeres Lagern noch besser.

☆ **Schwierigkeitsgrad**
Leicht

Kochzeit
$2^1/_2$–$2^3/_4$ Stunden

Hilfsmittel
Einkochtopf; sterilisierte Gläser mit Deckel (Seite 42)

Ergibt
Etwa 1,5 kg

Haltbarkeit
2 Jahre

Serviervorschlag
Fein gehackt in Rosinenkuchen oder über Eiscreme

Variation

***Rübchen in Ingwersirup* (Foto Seite 23)**
Den Kürbis durch 1,5 kg geschälte und gewürfelte Rübchen ersetzen. Zubereitung wie oben.

Gelbe Tomatenkonfitüre

(Foto Seite 15)

Gelbe Tomaten ergeben eine herrlich goldgelbe Konfitüre. Nehmen Sie makellose, noch nicht ganz reife Tomaten mit schönem Farbton. Mit weichen, überreifen Früchten wird die Konfitüre wäßrig.

1 kg gelbe Tomaten
2 unbehandelte Zitronen, in dünne Halbkreise geschnitten
1 Stengel Zitronengras, fein gehackt (nach Belieben)
75 ml Wasser
750 g Einmachzucker
250 g weicher hellbrauner Zucker

1 Alle Zutaten in den Einkochtopf geben (die Tomaten brauchen nicht zerkleinert zu werden). Langsam aufkochen und 15 Minuten leise köcheln lassen.

2 Die Temperatur hochschalten. Die Masse unter häufigem Rühren 25 Minuten kochen, bis der Gelierpunkt erreicht ist (Seite 76).

3 Vom Herd nehmen und einige Minuten ruhen lassen. In die heißen, sterilisierten Gläser füllen und verschließen.

Schwierigkeitsgrad
Leicht

Kochzeit
Etwa 1 Stunde

Hilfsmittel
Einkochtopf; Zuckerthermometer; sterilisierte Gläser mit Deckel (Seite 42)

Ergibt
Etwa 1,5 kg

Haltbarkeit
2 Jahre

Orangenmarmelade mit Koriander

(Foto Seite 29)

England ist für seine hundert Variationen von Orangenmarmelade berühmt. Dieses Rezept fällt durch den Koriander und Orangenlikör aus dem Rahmen. Zwar können Sie dafür süße Orangen verwenden, doch am besten schmecken Pomeranzen (Bitterorangen), die es nur kurz mitten im Winter gibt.

1 kg unbehandelte Pomeranzen
2 unbehandelte Zitronen
2 l Wasser
1,5 kg Einmachzucker
3 EL Korianderkörner, zerdrückt
75 ml trockener Orangenlikör

1 Alle Früchte halbieren; die Kerne herauslösen und beiseite stellen. Die Früchte in dünne Scheiben schneiden (siehe unten, Schritt 1), die Kerne in ein Säckchen binden (Schritt 2). Zusammen in eine große Glasschüssel füllen, das Wasser zugießen, zudecken und über Nacht stehen lassen (Schritt 3).

2 Am nächsten Tag mit dem Wasser im Einkochtopf aufkochen. Bei schwacher Hitze 45 – 60 Minuten köcheln lassen, bis die Orangenschale knapp weich und die Masse um die Hälfte reduziert ist.

3 Den Zucker langsam unter Rühren darin auflösen. Gut abschäumen und den Koriander unterrühren.

4 10 – 15 Minuten sprudelnd kochen, bis der Gelierpunkt erreicht ist (Seite 76). Vom Herd nehmen und einige Minuten ruhen lassen. Den Likör einrühren. In die heißen, sterilisierten Gläser füllen und verschließen.

Schwierigkeitsgrad
Leicht

Kochzeit
1 – 1 1/2 Stunden

Hilfsmittel
Einkochtopf; Zuckerthermometer; sterilisierte Gläser mit Deckel (Seite 42)

Ergibt
Etwa 2 kg

Haltbarkeit
2 Jahre

Serviervorschlag
Zum Frühstück auf Toast

DIE FRÜCHTE VORBEREITEN

1 Orangen und Zitronen gründlich abbürsten. Die Früchte halbieren und entkernen; quer in dünne Halbkreise schneiden.

2 Alle Kerne auf ein kleines Quadrat aus Mull legen. Die Zipfel fassen und mit Schnur zu einem kleinen Säckchen zusammenbinden.

3 Die Früchte mit dem Wasser in eine Glasschüssel füllen. Mit einem Teller beschweren (Seite 46), um sie unter Wasser zu halten.

Kürbiskonfitüre

(Foto Seite 21)

Im Herbst kommen Kürbisse in allen Größen, Farben und Formen auf den Markt. Sie sind für Konfitüren besonders geeignet, weil sie den Zucker aufsaugen wie ein Schwamm.

1,5 kg Kürbis

1 l Wasser

2 unbehandelte Orangen, in dünne Halbkreise geschnitten

3 unbehandelte Zitronen, in dünne Halbkreise geschnitten

100 g frische Ingwerwurzel, in feine Streifchen geschnitten

1 kg Einmachzucker

1 Den Kürbis schälen, die Kerne und das faserige Innere entfernen. Das Fruchtfleisch in Stücke schneiden und längs der Faser grob in möglichst lange Streifen raspeln.

2 Den Kürbis mit dem Wasser, den Orangen und Zitronen und dem Ingwer im Einkochtopf aufkochen und 25–30 Minuten köcheln lassen, bis die Zitrusschalen knapp weich sind.

3 Den Zucker unter Rühren darin auflösen. Bei Mittelhitze 25–30 Minuten köcheln lassen, bis die Konfitüre so dick ist, daß ein durch die Mitte gezogener Holzlöffel eine deutliche Spur hinterläßt.

4 Vom Herd nehmen und einige Minuten ruhen lassen. In die heißen, sterilisierten Gläser füllen und verschließen.

Schwierigkeitsgrad
Leicht

Kochzeit
Etwa 1 1/4 Stunden

Hilfsmittel
Einkochtopf; sterilisierte Gläser mit Deckel (Seite 42)

Ergibt
Etwa 1,75 kg

Haltbarkeit
2 Jahre

Serviervorschlag
Zum Frühstück oder als Füllung für Mürbteigböden

Zwiebelkonfitüre

(Foto Seite 19)

Diese ungewöhnliche Kreation ist eine Köstlichkeit, die überraschenderweise nicht nach Zwiebeln schmeckt. Sie zeichnet sich durch ein säuerliches, frisches Aroma und eine satte Farbe aus. Manchmal füge ich getrocknete Minze zu. Herrlich zu Lamm, Hammel oder Wild.

1,25 kg Zwiebeln, in dünne Ringe geschnitten, 3 EL Salz

1 kg Einmachzucker

1/2 l Essig

1 1/2 TL Gewürznelken im Mullsäckchen

2 TL Kümmel

1 Die Zwiebeln mit dem Salz vermischen und 1 Stunde stehen lassen. Abspülen und trockentupfen.

2 Den Zucker mit dem Essig und dem Nelkensäckchen im Einkochtopf zum Kochen bringen und 5 Minuten leise köcheln lassen. Die Zwiebeln und den Kümmel zufügen, aufkochen und abschäumen. Bei schwächster Hitze 2–2 1/2 Stunden köcheln lassen, bis der Sirup dick und die Zwiebeln durchscheinend und goldbraun sind.

3 Vom Herd nehmen und einige Minuten ruhen lassen. In die heißen, sterilisierten Gläser füllen und verschließen. Die Konfitüre kann sofort gegessen werden, wird aber durch längeres Lagern noch besser.

Schwierigkeitsgrad
Leicht

Kochzeit
2 1/4–2 3/4 Stunden

Hilfsmittel
Säurefester Einkochtopf; sterilisierte Gläser mit säurefestem Deckel (Seite 42)

Ergibt
Etwa 1,5 kg

Haltbarkeit
2 Jahre

Rote Tomatenkonfitüre

(Foto Seite 15)

Aus Tomaten läßt sich eine außerordentlich aromatische Konfitüre zubereiten, deren Aroma neugierig macht und Überraschungen bereithält.

1 kg feste, reife Tomaten, gehäutet, Samen entfernt, grob zerkleinert

1 kg Einmachzucker

Schalenstreifchen und Saft von 2 unbehandelten Zitronen

1 1/2 EL Korianderkörner, grob zerstoßen (nach Belieben)

1 Die Tomaten mit dem Zucker, Zitronenschale und -saft in einem Einkochtopf langsam aufkochen. 5 Minuten köcheln lassen. Abschäumen und, falls gewünscht, den Koriander zufügen.

2 Erneut aufkochen und unter häufigem Rühren 30 Minuten kochen, bis der Gelierpunkt erreicht ist (Seite 76). Vom Herd nehmen und einige Minuten ruhen lassen. In die heißen, sterilisierten Gläser füllen und verschließen.

Schwierigkeitsgrad
Leicht

Kochzeit
Etwa 50 Minuten

Hilfsmittel
Einkochtopf; Zuckerthermometer; sterilisierte Gläser mit Deckel (Seite 42)

Ergibt
Etwa 1,5 kg

Haltbarkeit
2 Jahre

Pfirsichkonfitüre mit Vanille

Zwar ist diese duftende Konfitüre etwas langwierig in der Zubereitung, doch das Ergebnis lohnt alle Mühe. Nehmen Sie feste, makellose, fast reife Pfirsiche, und gehen Sie behutsam mit ihnen um, da sie leicht Druckstellen bekommen.

1,25 kg feste, knapp reife weiße oder gelbe Pfirsiche
1 kg Einmachzucker
Saft von 2 Zitronen
4 EL guter Cognac
1–2 Vanilleschoten, in 7 cm lange Stücke geschnitten

1 Die Pfirsiche blanchieren (Seite 46) und häuten. Längs halbieren, den Stein auslösen und das Fruchtfleisch in dicke Scheiben schneiden.

2 Die Früchte mit dem Zucker und Zitronensaft in den Einkochtopf füllen. Zugedeckt einige Stunden stehen lassen, damit sie Saft ziehen.

3 Zum Kochen bringen und bei schwacher Hitze 20 Minuten leise köcheln lassen, bis die Pfirsiche knapp weich sind.

4 Wieder aufkochen und unter häufigem Rühren 20–25 Minuten kochen, bis der Gelierpunkt erreicht ist (Seite 76). Es entsteht eine weiche Konfitüre.

5 Vom Herd nehmen, gut abschäumen und etwa 10 Minuten abkühlen lassen. Den Cognac unterrühren.

6 In die heißen, sterilisierten Gläser füllen, je 1 Stück Vanilleschote hineinschieben und verschließen. Die Konfitüre kann in etwa 1 Monat gegessen werden, wird aber durch längeres Lagern noch besser.

TIP
Die Konfitüre bei allen Zubereitungsschritten gut abschäumen, da Pfirsiche meist viel Schaum abgeben.

Schwierigkeitsgrad
Leicht

Kochzeit
50–55 Minuten

Hilfsmittel
Einkochtopf; Zuckerthermometer; sterilisierte Gläser mit Deckel (Seite 42)

Ergibt
Etwa 1 kg

Haltbarkeit
1 Jahr

Serviervorschlag
Himmlisch mit Rosinenbrötchen oder Croissants zum Frühstück

Schwarzes Johannisbeergelee

Dieses Rezept ist zwar etwas zeitaufwendig, aber das Gelee wird sehr aromatisch und bekommt eine tiefdunkle Farbe.

1 kg schwarze Johannisbeeren
Einmachzucker

1 Die Beeren in eine Steingutform oder Kasserolle mit Deckel füllen und zugedeckt bei 140 °C (Gas Stufe 1) etwa 1 Stunde im Ofen garen, bis sie weich sind und in Saft schwimmen. Oder die Form in ein Wasserbad setzen und die Beeren 1 Stunde köcheln lassen.

2 Die Beeren mit ihrem Saft in den sterilisierten Saftbeutel füllen und 2–3 Stunden abtropfen lassen.

3 Die Fruchtmasse im Einkochtopf mit kaltem Wasser knapp bedecken. Zum Kochen bringen und bei schwacher Hitze 20 Minuten köcheln. Wie zuvor im Saftbeutel abtropfen lassen.

4 Die beiden Saftmengen zusammengießen und abmessen. Je $^1/_2$ l Saft 500 g Zucker abwiegen.

5 Den Zucker mit dem Saft im Einkochtopf langsam erhitzen und unter Rühren auflösen. Bei starker Hitze aufkochen.

6 Gut abschäumen und 10 Minuten sprudelnd kochen, bis der Gelierpunkt erreicht ist (Seite 76). In die heißen, sterilisierten Gläser füllen und verschließen.

Schwierigkeitsgrad
Mittel

Kochzeit
Etwa $1^3/_4$ Stunden

Hilfsmittel
Steingutform oder Kasserolle; sterilisierter Saftbeutel; Einkochtopf; Zuckerthermometer; sterilisierte Gläser mit Deckel (Seite 42)

Ergibt
Etwa 1,5 kg

Haltbarkeit
2 Jahre

Serviervorschlag
Unter Schlagsahne ziehen und mit Fruchtsalat in Dessertschälchen schichten; Lammkeulen vor dem Braten damit bestreichen

Himbeergelee

(Grundtechnik Seite 80)

Besonders hübsch sieht es aus, wenn Sie dieses klare rote Gelee mit einem Geraniumblatt verzieren (Seite 81). Lassen Sie das Gelee im Glas abkühlen, bis es halbfest ist, und schieben Sie das Blatt vorsichtig hinein – ohne Luftblasen, sonst ist der Effekt dahin.

500 g Kochäpfel
1 kg Himbeeren
½ l Wasser
Einmachzucker
Saft von 1 Zitrone
Blätter von Duftgeranien (nach Belieben)
etwas Weinbrand

1 Die Äpfel entkernen; die Kerngehäuse beiseite legen. Die Äpfel grob zerkleinern, mit den Himbeeren in der Küchenmaschine fein hacken.

2 Die Früchte mit den Kerngehäusen und dem Wasser im Einkochtopf langsam zum Kochen bringen. Bei schwacher Hitze 20–30 Minuten köcheln lassen, bis sie weich und musig sind.

3 In den sterilisierten Saftbeutel füllen und 2–3 Stunden abtropfen lassen. Den Saft abmessen und je ½ l Saft 500 g Zucker abwiegen.

4 Den Zucker mit dem Saft und dem Zitronensaft im gereinigten Einkochtopf langsam erhitzen und unter Rühren auflösen. Aufkochen, die Hitze herunterschalten und gut abschäumen. 10 Minuten sprudelnd kochen, bis der Gelierpunkt erreicht ist (Seite 76).

5 Das flüssige Gelee in die heißen, sterilisierten Gläser gießen und verschließen, falls keine Geraniumblätter zugefügt werden.

6 Bei Zugabe von Geraniumblättern das Gelee in den Gläsern halbfest erstarren lassen. Vorsichtig je ein Blatt in die Glasmitte schieben; Luftblasen mit einem dünnen Holzspießchen anstechen. Mit einer in etwas Weinbrand getauchten Wachspapierscheibe abdecken und verschließen.

☆☆ **Schwierigkeitsgrad**
Mittel

Kochzeit
45–55 Minuten

Hilfsmittel
Küchenmaschine; Einkochtopf; sterilisierter Saftbeutel; Zuckerthermometer; sterilisierte Gläser mit Deckel (Seite 42)

Ergibt
Etwa 2 kg

Haltbarkeit
2 Jahre

Serviervorschlag
Köstlich zu kaltem Lamm und Hähnchen

Variation

Gelee von roten Johannisbeeren (Foto Seite 33)
Die Himbeeren durch Johannisbeeren ersetzen, die Äpfel weglassen. Mit 600 ml Wasser kochen, die Beeren an den Topfseiten zerdrücken. Weiter wie oben. Keine Blätter einschieben.

Scharfes Holzapfelgelee

Holzäpfel ergeben ein festes Gelee, das sich vielfältig aromatisieren läßt. Hier verleihen ihm rote Chilischoten einen pikanten, süß-scharfen Geschmack.

1 kg Holzäpfel, halbiert
4–5 frische oder getrocknete rote Chilischoten, grob gehackt
Einmachzucker
etwas Weinbrand
1 frische rote Chilischote für jedes Glas

1 Die Holzäpfel mit den Chilischoten im Einkochtopf mit kaltem Wasser bedecken. Aufkochen und 25 Minuten köcheln lassen, bis die Früchte musig sind.

2 In den sterilisierten Saftbeutel füllen und 2–3 Stunden abtropfen lassen.

3 Den Saft abmessen, je ½ l Saft 500 g Zucker abwiegen. Den Zucker mit dem Saft im gereinigten Einkochtopf langsam aufkochen und unter Rühren auflösen. Die Hitze herunterschalten; gut abschäumen. Erneut 15 Minuten sprudelnd kochen oder bis der Gelierpunkt erreicht ist (Seite 76).

4 Vom Herd nehmen und einige Minuten ruhen lassen. Gut abschäumen und in die heißen, sterilisierten Gläser gießen.

5 Die Chilischoten längs aufschlitzen, die Stiele abschneiden. Vorsichtig in das halb erstarrte Gelee schieben. Luftblasen mit einem dünnen Holzspießchen anstechen. Mit einer in Weinbrand getauchten Wachspapierscheibe abdecken und verschließen.

☆☆ **Schwierigkeitsgrad**
Mittel

Kochzeit
50–55 Minuten

Hilfsmittel
Einkochtopf; sterilisierter Saftbeutel; Zuckerthermometer; sterilisierte Gläser mit Verschluß (Seite 42)

Ergibt
Etwa 1,25 kg

Haltbarkeit
2 Jahre

Serviervorschlag
Zu Fleisch und Sandwiches oder einen Eßlöffel kurz vor dem Servieren in Wildtöpfe einrühren

Apfelgelee mit Minze

Äpfel sind das Geschenk der Natur an alle Gelee-Liebhaber, weil sie Säure und Pektin genau im richtigen Verhältnis mitbringen für gutes Gelieren. Reines Apfelgelee schmeckt eher fad; beleben Sie es daher mit anderen Zutaten wie duftenden Teeblättern oder Kräutern. Ich nehme am liebsten Minze, Thymian, Estragon und Lavendelblüten.

- *1 kleiner Bund Minze*
- *einige Streifen unbehandelte Zitronenschale*
- *1 kg Äpfel, grob gehackt*
- *1 3/4 l Wasser oder trockener Cidre*
- *Einmachzucker*
- *Saft von 1 Zitrone*
- *3–4 EL feingehackte Minze*
- *etwas Weinbrand*

1 Die Minze mit der Zitronenschale zusammenbinden. Mit den Äpfeln und 1 1/4 l Wasser oder Cidre in den Einkochtopf geben.

2 Aufkochen, bei schwacher Hitze unter gelegentlichem Umrühren etwa 25 Minuten köcheln lassen, bis die Äpfel sehr weich und musig sind. In den sterilisierten Saftbeutel füllen und 2–3 Stunden abtropfen lassen.

3 Die Fruchtmasse mit dem restlichen Wasser oder Cidre zurück in den gereinigten Einkochtopf geben. Aufkochen und 20 Minuten köcheln lassen. Nochmals im Saftbeutel abtropfen lassen.

4 Die beiden Saftmengen mischen und abmessen. Je 1/2 l Saft 500 g Zucker abwiegen. Den Saft mit dem Zitronensaft in den gereinigten Einkochtopf gießen.

5 Aufkochen und etwa 10 Minuten kochen. Den Zucker unter Rühren darin auflösen. 8–10 Minuten sprudelnd kochen, bis der Gelierpunkt erreicht ist (Seite 76).

6 Vom Herd nehmen und etwa 10 Minuten abkühlen lassen. Die gehackte Minze unterrühren, in die heißen, sterilisierten Gläser füllen. Vollständig erkalten lassen, mit einer in etwas Weinbrand getauchten Wachspapierscheibe abdecken und verschließen.

Schwierigkeitsgrad
Leicht

Kochzeit
Etwa 1 1/4 Stunden

Hilfsmittel
Einkochtopf; sterilisierter Saftbeutel; Zuckerthermometer; sterilisierte Gläser mit Deckel (Seite 42)

Ergibt
Etwa 1,25 kg

Haltbarkeit
2 Jahre

Serviervorschlag
Köstlich zu Lamm

TIP

Beim Zerkleinern von Hand die Äpfel nicht entkernen. In der Küchenmaschine die Kerngehäuse entfernen, da zerhackte Kerne das Gelee bitter werden lassen. Die Kerngehäuse mit den Äpfeln kochen, da sie viel Pektin enthalten.

Rotes Pflaumengelee

Dieses Gelee bekommt durch Bittermandeln eine interessante Note. Am besten eignen sich dunkelrote Pflaumensorten.

- *1 kg rote Pflaumen*
- *15 Bittermandeln (Apotheke), grob zerstoßen, oder 1 TL Bittermandelextrakt*
- *Einmachzucker*
- *4 EL Slibowitz (oder anderer Pflaumenschnaps)*
- *einige blanchierte Bittermandeln für jedes Glas (nach Belieben)*

1 Die ganzen Pflaumen mit den Bittermandeln oder dem Mandelextrakt im Einkochtopf mit kaltem Wasser knapp bedecken. Aufkochen und bei schwacher Hitze 20–25 Minuten köcheln lassen, bis die Früchte musig sind.

2 In den sterilisierten Saftbeutel füllen und 2–3 Stunden abtropfen lassen. Den Saft abmessen und je 1/2 l Saft 500 g Zucker abwiegen.

3 Den Zucker mit dem Saft im gereinigten Einkochtopf aufkochen und unter Rühren auflösen. Einige Minuten kochen lassen, dann die Hitze herunterschalten; gut abschäumen. Erneut 10 Minuten sprudelnd kochen, bis der Gelierpunkt erreicht ist (Seite 76).

4 5 Minuten abkühlen lassen. Gut abschäumen, den Slibowitz unterrühren. In die heißen, sterilisierten Gläser gießen und verschließen. Wenn Sie Mandeln zufügen, das Gelee halbfest erstarren lassen und in jedes Glas einige Mandeln geben. Mit einer in etwas Slibowitz getauchten Wachspapierscheibe abdecken und verschließen.

Schwierigkeitsgrad
Leicht

Kochzeit
40–50 Minuten

Hilfsmittel
Einkochtopf; sterilisierter Saftbeutel; Zuckerthermometer; sterilisierte Gläser mit Deckel (Seite 42)

Ergibt
Etwa 1,25 kg

Haltbarkeit
2 Jahre

Serviervorschlag
Zu Lamm, Wild oder kaltem Hähnchen

Ananas-Orangen-Gelee

Ein klares hellgelbes Gelee mit kräftigem Ananasgeschmack und einem Anflug von Orangen. Für dieses Rezept brauchen die Früchte nicht geschält und entkernt zu werden. Nach Belieben können Sie in Schritt 1 1½ Eßlöffel Korianderkörner zufügen.

Variation

Quittengelee

1 kg Quitten mit 1¼ l Wasser aufkochen und 1–1½ Stunden leise köcheln lassen. Falls nötig, kochendes Wasser nachfüllen, damit die Früchte bedeckt bleiben. Im Saftbeutel abtropfen lassen. Das Fruchtmus zurück in den Topf geben. Den Saft von 2 Zitronen und den Zucker zufügen, kurz sprudelnd kochen, abschäumen und weitere 10–15 Minuten bis zum Erreichen des Gelierpunkts sprudelnd kochen. Zu Wild und dunklem Fleisch.

1 kleine Ananas von etwa 500 g, in Scheiben geschnitten

500 g Äpfel, in Scheiben geschnitten

2 unbehandelte Orangen, in Scheiben geschnitten

1½ l Wasser

Einmachzucker

1 Alle Zutaten bis auf den Zucker im Einkochtopf langsam aufkochen. Bei schwacher Hitze 30 Minuten köcheln lassen, bis die Früchte weich und musig sind.

2 In den sterilisierten Saftbeutel füllen und 2–3 Stunden abtropfen lassen.

3 Das Fruchtmus wieder in den gereinigten Einkochtopf geben, mit kaltem Wasser bedecken, aufkochen und 30 Minuten köcheln lassen.

4 Nochmals im Saftbeutel abtropfen lassen. Die beiden Saftmengen mischen und abmessen. Je ½ l Saft 500 g Zucker abwiegen.

5 Den Zucker mit dem Saft im gereinigten Einkochtopf langsam aufkochen und unter Rühren auflösen. Einige Minuten kochen, die Hitze herunterschalten und gut abschäumen. Wieder aufkochen und 10–12 Minuten sprudelnd kochen, bis der Gelierpunkt erreicht ist (Seite 76).

6 Vom Herd ziehen, einige Minuten ruhen lassen und gründlich abschäumen. In die heißen, sterilisierten Gläser gießen und verschließen.

☆☆ **Schwierigkeitsgrad**
Mittel

Kochzeit
Etwa 1½ Stunden

Hilfsmittel
Einkochtopf; sterilisierter Saftbeutel; Zuckerthermometer; sterilisierte Gläser mit Deckel (Seite 42)

Ergibt
Etwa 1,25 kg

Haltbarkeit
2 Jahre

Serviervorschlag
Als goldgelbe Glasur für gekochten Schinken oder frischen Obstkuchen

Guavengelee

Guaven sind tropische Früchte mit einem betörenden exotischen Duft. Sie schmecken köstlich roh, ergeben aber auch ein exquisites rostrotes Gelee. Verwenden Sie keine weißen Guaven, mit denen das Gelee eine unscheinbare Farbe bekommt.

1 kg feste Guaven, grob zerkleinert

1 Limette, grob zerkleinert

Einmachzucker

1 Die Früchte im Einkochtopf mit kaltem Wasser bedecken. Langsam aufkochen und bei schwacher Hitze etwa 30 Minuten köcheln lassen, bis die Früchte weich und musig sind.

2 In den sterilisierten Saftbeutel füllen und 2–3 Stunden abtropfen lassen. Den Saft abmessen; je ½ l Saft 325 g Zucker abwiegen.

3 Den Zucker mit dem Saft im gereinigten Einkochtopf langsam aufkochen und unter Rühren auflösen. Die Hitze herunterschalten; gut abschäumen.

4 Wieder aufkochen und 10–12 Minuten sprudelnd kochen, bis der Gelierpunkt erreicht ist (Seite 76).

5 In die heißen, sterilisierten Gläser gießen und verschließen.

Tip

Ist das Gelee zu weich? Ein bis zwei Tage ruhen lassen, dann erneut prüfen. Ist es immer noch zu weich, nochmals kochen, bis der Gelierpunkt erreicht ist.

☆ **Schwierigkeitsgrad**
Leicht

Kochzeit
45–55 Minuten

Hilfsmittel
Einkochtopf; sterilisierter Saftbeutel; Zuckerthermometer; sterilisierte Gläser mit Deckel (Seite 42)

Ergibt
Etwa 1 kg

Haltbarkeit
2 Jahre

Serviervorschlag
Als Brotaufstrich, zu kaltem Fleisch und zu Käse

Würziges Kaktusfeigengelee

(Foto Seite 35)

Das Rezept für dieses weiche Gelee habe ich von Ya'akove Lishansky bekommen, der in Haifa in Israel lebt. Obwohl er schon über 80 Jahre alt ist, kocht er immer noch mit Begeisterung ein und bereitet die köstlichsten Delikatessen zu, denen ich je begegnet bin. Kaktusfeigen gibt es im Sommer in vielen ausländischen Spezialitätengeschäften und in manchen großen Supermärkten. Rötlich-lila Früchte sind für dieses Rezept besonders geeignet.

1 kg rötlich-lila, rote oder orangefarbene Kaktusfeigen
300 g Kochäpfel, zerkleinert
3/4 l Wasser
1/2 l Apfel- oder Weißweinessig
1/8 l Zitronensaft
Einmachzucker
1 EL Arrak, Ouzo oder Pernod

Für das Gewürzsäckchen (Seite 47)

1 TL Piment, leicht zerstoßen
4–6 getrocknete Vogelaugen-Chillies, mit den Samen zerdrückt
3 Lorbeerblätter, zerkrümelt

1 Schutzhandschuhe tragen. Von den Kaktusfeigen beide Enden abschneiden. Mit einem scharfen Messer die Schale der Länge nach einschneiden und rundum ablösen. Das Fruchtfleisch mit dem Kartoffelstampfer zerdrücken.

2 Das Fruchtpüree mit den Äpfeln und dem Wasser im Einkochtopf langsam aufkochen. Bei schwacher Hitze 25 Minuten köcheln, bis die Äpfel weich und musig sind.

3 In den sterilisierten Saftbeutel füllen und 2–3 Stunden abtropfen lassen. Den Essig und Zitronensaft zufügen und den Saft abmessen. Je 1/2 l Saft 500 g Zucker abwiegen.

4 Den Zucker mit dem Saft und dem Gewürzsäckchen im gereinigten Einkochtopf langsam aufkochen und unter Rühren auflösen. 25 Minuten kochen, bis der Gelierpunkt erreicht ist (Seite 76).

5 Vom Herd nehmen, das Gewürzsäckchen entfernen. Den Arrak, Ouzo oder Pernod einrühren. In die heißen, sterilisierten Gläser gießen und verschließen.

Schwierigkeitsgrad
Mittel

Kochzeit
Etwa 1 Stunde

Hilfsmittel
Säurefester Einkochtopf; sterilisierter Saftbeutel; Zuckerthermometer; sterilisierte Gläser mit säurefestem Deckel (Seite 42)

Ergibt
Etwa 1,5 kg

Haltbarkeit
2 Jahre

Serviervorschlag
Köstlich zu kaltem Fleisch oder zum Abschmecken von gedämpftem Gemüse

Mincemeat (Englische Rosinenfarce)

Ohne Mincemeat – wörtlich »Hackfleisch« – wäre Weihnachten in England unvorstellbar! Mincemeat aus Trockenfrüchten ist eine der glorreichsten Erfindungen der mittelalterlichen Küche Englands. Früher machte man die Farce mit Hammelfett geschmeidig, und auch heute nimmt man dazu oft Rindertalg. Ich bereite mein Mincemeat für zwei Jahre im voraus zu und knete kurz vor der Verwendung je kg Farce 125 g geriebene eiskalte Butter oder Pflanzenfett unter.

300 g Kochäpfel, grob geraspelt
200 g Möhren, fein gerieben
125 g getrocknete Aprikosen, gehackt
125 g Backpflaumen, gehackt
125 g kandierte Kirschen, gehackt
125 g frische Ingwerwurzel, fein gerieben
250 g Rosinen, 250 g Sultaninen
250 g Korinthen
175 g gemischte kandierte Zitrusschalen
abgeriebene Schale und Saft von 2 unbehandelten Zitronen
abgeriebene Schale und Saft von 2 unbehandelten Orangen
125 g Honig oder weicher Melassezucker
2–3 EL Masala für Süßes (Seite 117) oder Ihre Lieblings-Gewürzmischung für Süßes
1/4 l Weinbrand, dazu Weinbrand für jedes Glas

1 Alle Zutaten in einer großen Schüssel gründlich vermengen. Mit einem sauberen Tuch bedecken und 2–3 Tage in der warmen Küche durchziehen lassen.

2 In die sterilisierten Gläser drücken und mit Wachspapierscheiben abdecken. In jedes Glas 1–2 EL Weinbrand gießen, verschließen.

3 Etwa alle 6 Monate die Gläser öffnen, mit etwas Weinbrand beträufeln und wieder verschließen.

Tip

Möglichst ganze kandierte Zitrusschalen selbst hacken, keine gewürfelten Fertigprodukte verwenden. Natürlich können Sie die Schalen selbst kandieren (Seite 181).

Schwierigkeitsgrad
Leicht

Hilfsmittel
Sterilisierte Gläser mit Deckel (Seite 42)

Ergibt
Etwa 2,5 kg

Haltbarkeit
2 Jahre

Serviervorschlag
Als Füllung für Mürbteigtörtchen, Bratäpfel oder einfach so mit Schlagsahne

Variation

Für eine mildere Farce vor Gebrauch ein Viertel des Gewichts an geriebenen Äpfeln, Quitten oder gemahlenen Mandeln, auch gemischt, untermengen.

FRUCHTMUSE, EIERCREMES & FRUCHTPASTEN

Wie bei Konfitüren und Gelees werden auch hier Früchte mit Zucker eingekocht, allerdings zu einer wesentlich festeren Konsistenz. Am festesten müsssen Pasten sein, die meist zerschnitten und als Konfekt gereicht werden. Muse enthalten weniger Zucker, werden nicht so lange gekocht und sind daher weicher und weniger haltbar. Noch weicher sind »Curds«, worunter mit Eiern und Butter angedickte Fruchtcremes zu verstehen sind – eine köstliche englische Spezialität. Pasten und Muse werden traditionell nicht nur als Dessert, sondern auch zu Braten und kaltem Fleisch gereicht. Sie alle sind im Vorratsschrank unverzichtbar: als köstlicher Belag fürs Butterbrot, als schnelle Kuchenfüllung oder, mit Sahne, Quark oder Joghurt vermischt, als einfaches Dessert oder Garnitur.

Fruchtmus »Obstgarten«

Die reiche Ernte der Obstbäume läßt sich in verschiedenen Zusammenstellungen gut als Mus verwerten, nur sollte immer mindestens die Hälfte der Früchte aus Äpfeln bestehen. Geeignet ist Tafelobst wie auch Fallobst. Das Glas auf der rechten Seite zeigt Kiwimus, Fruchtmus »Obstgarten« und Mangomus in dekorativen Schichten.

- *1,25 kg Äpfel, zerkleinert (Schälen und Entkernen sind nicht nötig)*
- *625 g Birnen, zerkleinert (Schälen und Entkernen sind nicht nötig)*
- *625 g Pfirsiche, halbiert und entsteint*
- *1 l süßer Cidre oder Wasser*
- *1 kg weicher brauner Zucker*
- *1 TL Pimentkörner*
- *1/2 TL Gewürznelken*
- *2 TL gemahlener Zimt*

1 Die Äpfel, Birnen und Pfirsiche zusammen mit dem Cidre oder Wasser im Einkochtopf aufkochen und abschäumen. Bei schwacher Hitze 1 Stunde köcheln lassen, bis die Früchte sehr weich sind und musig zerfallen.

2 Durch ein Sieb oder ein Passiergerät streichen. Das Püree in den gereinigten Einkochtopf füllen, den Zucker unter Rühren darin auflösen. Aufkochen und unter häufigem Rühren 1 1/2 – 2 Stunden zu einem dicken Mus einköcheln.

3 Die Pimentkörner und Gewürznelken in der Gewürz- oder Kaffeemühle mahlen. Mit dem Zimt ins Mus rühren, noch 1 – 2 Minuten weiterköcheln. In die warmen, sterilisierten Gläser füllen und verschließen.

Schwierigkeitsgrad
Leicht

Kochzeit
2 3/4 – 3 1/4 Stunden

Hilfsmittel
Einkochtopf; Gewürz- oder Kaffeemühle; sterilisierte Gläser mit Deckel (Seite 42)

Ergibt
Etwa 1,5 kg

Haltbarkeit
2 Jahre

Serviervorschlag
Als Füllung für Kuchen oder Mürbteigböden; zu kaltem Braten

MANGOMUS kann mit Orange, Vanille oder Zimt gewürzt werden.

FRUCHTMUS »OBSTGARTEN« bekommt durch Piment, Nelken und Zimt ein warmes Aroma.

KIWIMUS schmeckt säuerlich-pikant.

TIP

Für dieses attraktive Glas etwa 300 g Kiwimus (Seite 172) in einem Topf vorsichtig zum Kochen bringen, 1–2 EL Wasser unterrühren, damit nichts anbrennt. In ein warmes, steriliertes Glas füllen und abkühlen lassen. Mit dem Fruchtmus »Obstgarten« und Mangomus (Seite 172) wiederholen. Mit einer in etwas Weinbrand getauchten Wachspapierscheibe abdecken und verschließen (Seite 43).

FRUCHTMUS »OBSTGARTEN« ergibt eine ungewöhnliche Füllung für eine Biskuitroulade.

Mangomus

(Foto Seite 34)

Ein herrlich goldgelbes, duftendes Mus, für das sich überreife Mangos hervorragend verwerten lassen. Würzen Sie es mal mit abgeriebener Orangenschale, mal mit Vanille oder Zimt.

2 kg vollreife Mangos

300 ml süßer Cidre oder Wasser

1 kg Einmachzucker

abgeriebene Schale und Saft von 2 unbehandelten Zitronen

1 Das Mangofleisch auslösen und in große Stücke schneiden (Seite 175). Mit dem Cidre oder Wasser im Einkochtopf aufkochen. 15–20 Minuten leise köcheln lassen, bis die Früchte weich und musig sind. Durch ein Sieb oder ein Passiergerät streichen und zurück in den gereinigten Einkochtopf füllen.

2 Den Zucker mit der Schale und dem Saft der Zitronen zufügen und unter Rühren auflösen. Aufkochen und unter häufigem Rühren 35–40 Minuten köcheln lassen, bis das Mus reduziert und dick geworden ist. In die warmen, sterilisierten Gläser füllen und verschließen.

Schwierigkeitsgrad
Leicht

Kochzeit
Etwa 1 Stunde

Hilfsmittel
Einkochtopf; sterilisierte Gläser mit Deckel (Seite 42)

Ergibt
Etwa 1,5 kg

Haltbarkeit
2 Jahre

Melonenmus

(Foto Seite 21)

Melonen ergeben ein wohlschmeckendes, zart fruchtiges Mus. Nehmen Sie Sorten mit intensivem Aroma wie Ananas-Wassermelonen oder Galia-Netzmelonen, oder kochen Sie aus reifen Charentais-Melonen leuchtend orangefarbenes Mus.

2 kg reife Melonen, geschält, Samen entfernt, zerkleinert

$^{1}/_{2}$ l süßer Cidre oder Wasser

1 kg Einmachzucker

Saft von 2 Zitronen

2 Stengel Zitronengras, fein gehackt (nach Belieben)

1 EL Orangenblütenwasser

1 Die Melonen mit dem Cidre oder Wasser im Einkochtopf zum Kochen bringen und abschäumen. 40 Minuten köcheln lassen, bis das Fruchtfleisch weich ist.

2 Durch ein Sieb oder ein Passiergerät streichen und in den gereinigten Einkochtopf füllen.

3 Den Zucker mit Zitronensaft und, falls gewünscht, dem Zitronengras zufügen und unter Rühren auflösen. Aufkochen und unter häufigem Umrühren etwa 1 Stunde köcheln lassen, bis das Mus dick geworden ist.

4 Vom Herd nehmen und das Orangenblütenwasser einrühren. In die warmen, sterilisierten Gläser füllen und verschließen.

Schwierigkeitsgrad
Leicht

Kochzeit
Etwa 1$^{3}/_{4}$ Stunden

Hilfsmittel
Einkochtopf; sterilisierte Gläser mit Deckel (Seite 42)

Ergibt
Etwa 1 kg

Haltbarkeit
2 Jahre

Serviervorschlag
Als Kuchenfüllung

Kiwimus

(Foto Seite 34)

Keine Sorge, wenn dieses köstliche Mus im Topf nicht sehr dick geworden ist – es setzt sich erst beim Erkalten.

1 kg reife Kiwis, zerkleinert (Schälen ist nicht nötig)

$^{3}/_{4}$ l trockener Cidre oder Wasser

Saft und abgeriebene Schale von 1 unbehandelten Zitrone

Einmachzucker

75 g frische Ingwerwurzel, in feine Streifchen geschnitten

1 TL frisch gemahlener schwarzer Pfeffer (nach Belieben)

1 Die Kiwis mit dem Cidre oder Wasser und dem Zitronensaft im Einkochtopf aufkochen und abschäumen. Bei schwacher Hitze 15–20 Minuten köcheln lassen, bis die Früchte weich und musig sind.

2 Durch ein Sieb oder ein Passiergerät streichen. Das Püree abmessen, je $^{1}/_{2}$ l Püree 400 g Zucker abwiegen.

3 Den Zucker mit dem Püree, der Zitronenschale, dem Ingwer und, falls gewünscht, dem Pfeffer im gereinigten Einkochtopf erhitzen und unter Rühren auflösen. Aufkochen und unter häufigem Umrühren 30–35 Minuten köcheln lassen, bis das Mus so dick ist wie weiche Konfitüre. In die warmen, sterilisierten Gläser füllen und verschließen.

Schwierigkeitsgrad
Leicht

Kochzeit
Etwa 1 Stunde

Hilfsmittel
Einkochtopf; sterilisierte Gläser mit Deckel (Seite 42)

Ergibt
Etwa 1 kg

Haltbarkeit
2 Jahre

Serviervorschlag
Als Füllung für Mürbteigböden oder als Brotaufstrich

Maracuja-Eiercreme

Die überraschend knusprigen Kerne der Passionsfrüchte machen für mich einen Teil des Reizes dieser Creme aus. Wenn Sie eine glatte Creme bevorzugen, nehmen Sie 1 kg Früchte und streichen sie durch ein Sieb, bevor Sie die Eier unterrühren.

TIP

Schrumpelige Passionsfrüchte sind reifer und enthalten mehr Saft.

750 g Passionsfrüchte (Maracujas)

Saft von 1 Zitrone

300 g Einmachzucker

150 g weiche Butter

4 Eier, verquirlt

1 Die Früchte halbieren, die Kerne und das Fruchtfleisch mit einem Löffel herauslösen – sie sollten etwa 1/2 l ergeben.

2 Mit dem Zitronensaft und Zucker in einem kleinen Topf behutsam erhitzen und rühren, bis sich der Zucker aufgelöst hat. Die weiche Butter zufügen und weiterrühren, bis sie geschmolzen ist.

3 Die Mischung in den Simmertopf oder eine Wasserbadschüssel (über einem Topf mit siedendem, aber nicht kochendem Wasser) füllen. Die Eier durch ein Sieb zugießen und 25 – 40 Minuten bei schwacher Hitze weiterrühren, bis die Creme so dick geworden ist, daß sie einen Löffelrücken überzieht. Sie darf nicht kochen, sonst gerinnt sie.

4 In die warmen, sterilisierten Gläser füllen und verschließen. Abkühlen lassen und kalt stellen.

Schwierigkeitsgrad Mittel

Kochzeit 30 – 45 Minuten

Hilfsmittel Simmertopf; sterilisierte Gläser mit Deckel (Seite 42)

Ergibt Etwa 1 kg

Haltbarkeit Gekühlt 3 Monate

Serviervorschlag Als Kuchenfüllung

Zitronen-Eiercreme

(Foto Seite 29)

Diese Creme ist in England als »Lemon Curd« ein Klassiker. Mit ihr lassen sich herrliche Süßigkeiten wie Baisertorten, Pawlowas und Trifles zubereiten. Hier ist sie weniger süß als üblich; Sie können die Zuckermenge nach Geschmack bis um ein Drittel erhöhen.

Abgeriebene Schale und Saft von 6 unbehandelten Zitronen

400 g Einmachzucker

150 g weiche Butter

5 Eier, verquirlt

1 Die Schale und den Saft der Zitronen mit dem Zucker in einem kleinen Topf behutsam erhitzen; den Zucker unter Rühren auflösen. Die Butter darin schmelzen.

2 Die Mischung in den Simmertopf oder eine Wasserbadschüssel (über einem Topf mit siedendem, nicht kochendem Wasser) füllen. Die Eier durch ein Sieb zugießen und 25 – 40 Minuten bei sehr schwacher Hitze weiterrühren, bis die Creme so dick geworden ist, daß sie einen Löffelrücken überzieht. Sie darf nicht kochen, sonst gerinnt sie. Fortfahren, wie oben in Schritt 4 beschrieben.

Schwierigkeitsgrad Mittel

Kochzeit 30 – 45 Minuten

Hilfsmittel Simmertopf; sterilisierte Gläser mit Deckel (Seite 42)

Ergibt Etwa 750 g

Haltbarkeit Gekühlt 3 Monate

Rosa Grapefruit-Eiercreme

(Grundtechnik Seite 78)

Eine köstliche herrlich rosa Creme von interessanter Beschaffenheit. Suchen Sie nach rotfleischigen Grapefruits; die rosafleischigen ergeben eine etwas blasse Creme. Es dauert lange, bis die Creme dick wird; sie brauchen also Geduld, aber die lohnt sich.

Abgeriebene Schale und Saft von 1 roter oder rosa Grapefruit

ausgelöstes Fruchtfleisch von 1 roter oder rosa Grapefruit (Seite 78, Schritte 2 und 3)

Saft von 2 Zitronen

400 g Einmachzucker

100 g weiche Butter

4 Eier und 2 Eigelb, verquirlt

3 EL Orangenblütenwasser

1 Die Schale, den Saft und das Fruchtfleisch der Grapefruits mit dem Zitronensaft und Zucker in einem kleinen Topf behutsam erhitzen, den Zucker unter Rühren auflösen. Die Butter zufügen und rühren, bis sie geschmolzen ist.

2 Die Mischung in den Simmertopf oder eine Wasserbadschüssel (über einem Topf mit siedendem, nicht kochendem Wasser) füllen. Die Eier durch ein Sieb zugießen und 25 – 40 Minuten bei schwacher Hitze weiterrühren, bis die Creme so dick geworden ist, daß sie einen Löffelrücken überzieht. Sie darf nicht kochen, sonst gerinnt sie.

3 Vom Herd nehmen und das Orangenblütenwasser unterrühren. Fortfahren, wie oben in Schritt 4 beschrieben.

Schwierigkeitsgrad Mittel

Kochzeit 30 – 45 Minuten

Hilfsmittel Simmertopf; sterilisierte Gläser mit Deckel (Seite 42)

Ergibt Etwa 1 kg

Haltbarkeit Gekühlt 3 Monate

Serviervorschlag Als Füllung für Pawlowas

Quittenpaste

(Grundtechnik Seite 82)

Quitten ergeben die besten Pasten – durchscheinend, satt rotbraun und wunderbar aromatisch. Quittenpaste ist eine spanische Spezialität und wird als Süßigkeit gereicht.

- *1,5 kg reife Quitten*
- *etwa 2 l Wasser oder trockener Cidre*
- *2 – 3 Streifen unbehandelte Zitronenschale*
- *Saft von 1/2 Zitrone*
- *Einmachzucker*
- *mildes Öl wie Mandel- oder Erdnußöl fürs Blech*
- *feiner Zucker zum Bestreuen*

1 Von den Quitten den Flaum abwaschen, die Früchte grob zerkleinern. Im Einkochtopf mit dem Wasser oder Cidre bedecken, die Schale und den Saft der Zitrone zufügen. Aufkochen und 30 – 45 Minuten bei schwacher Hitze köcheln lassen, bis die Früchte weich und musig sind.

2 Durch ein Sieb oder ein Passiergerät streichen. Das Püree abmessen und je 1/2 l Püree 400 g Zucker abwiegen.

3 Den Zucker mit dem Püree in den gereinigten Einkochtopf füllen, langsam zum Kochen bringen und unter Rühren auflösen. Unter häufigem Umrühren bei schwacher Hitze 2 1/2 – 3 Stunden köcheln lassen, bis die Masse blubbert und sehr dick geworden ist. Etwas abkühlen lassen.

4 Ein Backblech oder eine Bratreine mit viel Öl einfetten. Die abgekühlte Paste hineingießen und zu einer gleichmäßigen, 2,5 – 4 cm dicken Schicht verstreichen. Vollständig erkalten lassen, lose mit einem sauberen Tuch bedecken und 24 Stunden an einem warmen, trockenen Ort stehen lassen.

5 Die Paste mit einer Palette lösen und auf Wachspapier stürzen. In Quadrate oder Rauten schneiden und mit feinem Zucker bestreuen. Auf einem Blech, lose mit Backpapier bedeckt, weitertrocknen lassen.

6 In einem luftdichten Behälter zwischen Lagen von Wachspapier aufbewahren.

Schwierigkeitsgrad
Mittel

Kochzeit
3 – 3 3/4 Stunden

Hilfsmittel
Einkochtopf; luftdichter Behälter

Ergibt
Etwa 2,25 kg

Haltbarkeit
2 Jahre

Serviervorschlag
Als Süßigkeit reichen

Birnen-Tomaten-Paste

(Foto Seite 14)

Diese Paste, eine eigenartige Kombination aus Süßem und Pikantem, hat vor allem zu Weihnachten Tradition. Statt Birnen können Sie auch Äpfel oder Quitten verwenden.

- *1 kg Eiertomaten, grob zerkleinert*
- *750 g reife Birnen, entkernt und grob zerkleinert*
- *250 g Äpfel, entkernt und grob zerkleinert*
- *1 unbehandelte Zitrone, grob zerkleinert*
- *1/2 l Wasser*
- *Einmachzucker*
- *1 TL frisch gemahlener schwarzer Pfeffer*
- *1 TL gemahlener Koriander*
- *1/2 TL gemahlener Zimt*
- *1/4 TL gemahlene Gewürznelken*

1 Die Tomaten, Birnen, Äpfel und die Zitrone mit dem Wasser im Einkochtopf aufkochen. Bei schwacher Hitze etwa 30 Minuten köcheln lassen, bis die Früchte weich und musig sind.

2 Durch ein Sieb oder Passiergerät streichen. Das Püree abmessen; je 1/2 l Püree 400 g Zucker abwiegen.

3 Das Püree mit dem Zucker und den Gewürzen im gereinigten Einkochtopf aufkochen. Unter häufigem Rühren 1 – 1 1/2 Stunden köcheln lassen, bis es sehr dick geworden ist.

4 In die warmen, sterilisierten Gläser füllen und verschließen; oder in eingeölte Portionsförmchen drücken, erkalten lassen und mit Folie bedecken.

Schwierigkeitsgrad
Leicht

Kochzeit
2 – 2 1/2 Stunden

Hilfsmittel
Einkochtopf; sterilisierte Gläser mit Deckel (Seite 42) oder einzelne eingeölte Portionsförmchen

Ergibt
Etwa 1,25 kg

Haltbarkeit
Im Glas 2 Jahre

Serviervorschlag
Gut zu kaltem Fleisch, vor allem Truthahn, oder als Brotbelag

Getrocknetes Fruchtpüree

Sonnengetrocknetes Fruchtfleisch war wahrscheinlich der Vorläufer von Konfitüren. Dieses Rezept beschränkt sich auf Mangos, doch sind fast alle reifen Früchte geeignet – Aprikosen, Lychees und Pfirsiche schmecken besonders gut, aber auch Tomaten.

TIP

Werden die getrockneten Platten zu brüchig, nehmen Sie das nächste Mal mehr Zucker.

1 kg vollreife Früchte, z. B. Mangos, geschält, das Fruchtfleisch grob zerkleinert

2–3 EL Zucker oder mehr, je nach Geschmack

1 EL Zitronensaft

1 Die vorbereiteten Früchte (siehe unten, Schritte 1 und 2) in der Küchenmaschine oder im Passiergerät pürieren. Den Zucker mit dem Zitronensaft zufügen und unter Rühren auflösen.

2 Ein großes, angefeuchtetes Backblech so mit Folie auskleiden, daß sie etwa 2,5 cm über die Ränder hinausragt.

3 Das Püree auf dem Blech verlaufen lassen (Schritt 3). 12–14 Stunden bei 110 °C (Gas Stufe 1/4) im vorgeheizten Ofen bei spaltbreit geöffneter Tür trocknen lassen, bis es trocken, aber noch biegsam ist (Schritt 4 unten).

4 Vollständig erkalten lassen und in Wachspapier aufrollen. In einem luftdichten Behälter aufbewahren.

5 Oder die Masse 1–2 Tage in der Sonne trocknen, bis sie sich trocken anfühlt und leicht vom Blech ziehen läßt. Wenden und einen weiteren Tag trocknen lassen.

Schwierigkeitsgrad
Leicht

Kochzeit
Im Ofen: 12–14 Stunden
In der Sonne: 2–3 Tage

Hilfsmittel
Küchenmaschine; luftdichter Behälter

Ergibt
Etwa 150 g

Haltbarkeit
2 Jahre

Serviervorschlag
Mit sahnigem Frischkäse bestreichen, aufrollen und in Scheiben schneiden

GETROCKNETES MANGOPÜREE

1 Das Mangofleisch beiderseits des großen Steins ablösen und in Würfel ritzen.

2 Nach außen biegen und die Fruchtwürfel abschneiden. Das restliche Fleisch vom Stein lösen.

3 Das Püree in die Mitte des vorbereiteten Blechs gießen. Das Blech hin und her neigen, um das Püree gleichmäßig zu verteilen.

DAS PÜREE auf dem Blech durch Neigen zu einer etwa 5 mm dicken, gleichmäßigen Schicht verlaufen lassen. Es sollte fast bis zu den Rändern reichen.

4 Das getrocknete Fruchtpüree soll sich trocken anfühlen, aber noch biegsam sein.

ZUR KRÖNUNG eines Dessert-Buffets die getrocknete Fruchtpüreeplatte zu einem Füllhorn drehen und mit getrockneten und kandierten Früchten füllen.

Früchte in Alkohol, Fruchtsirup & Kandiertes

Das Einlegen in Alkohol ist wahrscheinlich die einfachste Art, reife Früchte haltbar zu machen. Dabei kommt ein wahrhaft berauschendes Getränk zustande mit wunderbar harmonischem, köstlichem Aroma. Verwenden Sie unbedingt einen qualitativ hochwertigen, hochprozentigen Alkohol. Kandierte und verzukkerte Früchte und Blüten schmücken Desserts mit lebhaften Farben und machen Kuchen saftig. Fruchtsirup mit Wasser ist ein erfrischender Durstlöscher, pur eine herrliche Sauce für Süßspeisen und Puddings.

Clementinen in Weinbrand

Clementinen

Zucker *Wasser* *Frische Ingwerwurzel* *Gewürznelken* *Weinbrand*

Ganze Clementinen in Zucker und Weinbrand sind ein exquisites Dessert. Nehmen Sie kleine, dünnschalige Clementinen, am besten Früchte mit Blättern, die im Glas sehr dekorativ aussehen.

2 kg Clementinen
1 kg Einmachzucker
2 l Wasser
Für das Gewürzsäckchen (Seite 47)
5 cm frische Ingwerwurzel
1 TL Gewürznelken
1 Clementinenblatt (nach Belieben)
Für jedes Glas
2 Gewürznelken
einige Streifchen frische Ingwerwurzel
Clementinenblätter (nach Belieben)
etwa 1/4 l Weinbrand

1 Die Clementinenschalen rundum einige Male mit einem Zahnstocher anstechen.

2 Den Zucker mit dem Wasser und dem Gewürzsäckchen im Einkochtopf zum Kochen bringen und 5 Minuten sprudelnd kochen. Die Clementinen zufügen, aufkochen und bei sehr schwacher Hitze etwa 1 Stunde köcheln lassen, bis sie weich sind.

3 Mit einem Schaumlöffel herausheben. Mit den Gewürzen und, falls gewünscht, den Blättern in die heißen, sterilisierten Gläser füllen.

4 Den Sirup sprudelnd kochen, bis das Zuckerthermometer 113 °C anzeigt. Auf 75 °C abkühlen lassen.

5 Die Gläser zur Hälfte mit Weinbrand füllen, mit dem Sirup auffüllen und verschließen. Mindestens 1 Monat ziehen lassen.

Schwierigkeitsgrad
Leicht

Kochzeit
Etwa 1 1/4 Stunden

Hilfsmittel
Einkochtopf; Zuckerthermometer; 2 sterilisierte 1-Liter-Gläser mit Deckel (Seite 42)

Ergibt
Etwa 2 kg

Haltbarkeit
2 Jahre

Tip

Die Clementinen vorher gründlich in heißem Wasser waschen, um die Wachsschicht zu entfernen; gut spülen und abtrocknen.

VARIATIONEN

✦ *Kumquats in Weinbrand*

Dieselbe Menge gewaschener und angestochener Kumquats in etwa 25 Minuten knapp weich kochen. Weiter, wie links beschrieben.

✦ *Statt Weinbrand anderes Hochprozentiges wie Wodka, Rum oder Branntwein verwenden.*

CLEMENTINEN IN WEINBRAND, im eigenen Sirup serviert, sind ein köstliches Dessert für besondere, festliche Anlässe. Dazu einen Klacks Crème double oder Schlagsahne anrichten.

EINIGE FRISCHE CLEMENTINENBLÄTTER und die Gewürze bringen Aroma und sind dekorativ.

REIFE FRÜCHTE werden manchmal leicht runzlig.

Pfirsiche in Weinbrand

(Grundtechnik Seite 84)

Die süßen, saftigen Pfirsiche gehen mit edlem Weinbrand eine glückliche Verbindung ein. Billiger Weinbrand zum Kochen tut's zwar auch, aber je hochwertiger er ist, desto feiner wird das Ergebnis. Auch viele andere Früchte wie entsteinte Aprikosen, ganze Pflaumen, gehäutete und entsteinte Nektarinen oder geschälte und entkernte Birnen sind für dieses Rezept geeignet.

1,5 kg feste Pfirsiche
1 l Wasser
1,5 kg Einmachzucker
300 ml guter Weinbrand
100 g kandierte Kirschen, halbiert (nach Belieben)

Für das Gewürzsäckchen (Seite 47)

1 Vanilleschote
1 kleines Stück Zimtstange
3 – 4 Kardamomkapseln
4 Gewürznelken

1 Die Pfirsiche blanchieren (Seite 46), halbieren und entsteinen.

2 Das Wasser mit 500 g Zucker in einem Topf aufkochen, abschäumen und bei schwacher Hitze 5 Minuten zu Sirup kochen.

3 Die Pfirsiche vorsichtig hineingeben. Wieder zum Kochen bringen und 5 Minuten leise köcheln lassen. Mit einem Schaumlöffel herausheben und abkühlen lassen.

4 Den restlichen Zucker mit 600 ml Sirup und dem Gewürzsäckchen in einem kleinen Topf aufkochen und unter Rühren auflösen. Abschäumen und sprudelnd kochen, bis das Zuckerthermometer 104 °C anzeigt. Etwas abkühlen lassen, den Weinbrand unterrühren.

5 Falls gewünscht, in jeder Pfirsichhälfte eine halbe kandierte Kirsche mit einem Zahnstocher feststecken. Locker in das heiße, sterilisierte Glas schichten.

6 Das Gewürzsäckchen entfernen und den Sirup ins Glas gießen, so daß die Pfirsiche ganz bedeckt sind. Das Glas vorsichtig rütteln, damit alle Luftblasen entweichen, und verschließen. Die Pfirsiche können in 2 Wochen gegessen werden, werden aber durch längeres Lagern noch besser.

☆☆ **Schwierigkeitsgrad**
Mittel

Kochzeit
Etwa 15 Minuten

Hilfsmittel
Zuckerthermometer; sterilisiertes Glas mit weiter Öffnung und Deckel (Seite 42)

Ergibt
Etwa 1 kg

Haltbarkeit
2 Jahre

Serviervorschlag
Herrlich als schneller Kuchenbelag; mit Sahne oder Eiscreme und viel Weinbrandsirup als köstliches Dessert

Rumtopf

Bei dieser deutschen Weihnachtsspezialität werden verschiedene Früchte, wie sie gerade reifen, nach und nach mit Alkohol (mindestens 45%-Vol.) und Zucker in einen Steinguttopf geschichtet. Wer keinen speziellen Rumtopf besitzt, kann eine große Steingutkasserolle oder ein Schraubglas verwenden.

Auswahl an frischen, reifen Früchten (siehe unten, Tips)

Je kg vorbereitete Früchte

250 g Einmachzucker
etwa 1 l Rum

1 Von den Früchten die Stiele und alle angedrückten Stellen entfernen. Große Früchte wie Birnen vierteln, Pfirsiche blanchieren und häuten (Seite 46).

2 Die vorbereiteten Früchte in einer großen Schüssel mit dem Zucker vermischen. Zugedeckt etwa 30 Minuten stehen lassen.

3 In den Rumtopf füllen und mit dem Rum bedecken. Mit Folie und dem Deckel verschließen. Wöchentlich am Topf rütteln, um den Inhalt zu mischen.

4 Weitere Früchte, die gerade Saison haben, genauso vorbereiten und mit der entsprechenden Zucker- und Rummenge dem Rumtopf zufügen. Nach dem Einlegen der letzten Früchte 3 Monate ziehen lassen.

TIPS

✦ Alle reifen, saftigen Früchte sind geeignet: Erdbeeren, schwarze, rote und weiße Johannisbeeren und alle anderen Beeren, Pfirsiche, Birnen, Pflaumen und Kirschen.

✦ Die angegebene Zuckermenge ergibt einen ziemlich scharfen Rumtopf; für einen süßeren Rumtopf bis zu 400 g Zucker je kg Früchte zufügen.

✦ Ein Schraubglas oder Glasgefäß an einem dunklen Ort aufbewahren, da Licht die Früchte ausbleichen läßt.

☆ **Schwierigkeitsgrad**
Leicht

Hilfsmittel
Rumtopf oder großes Schraubglas oder Kasserolle mit Deckel

Ergibt
Einen Topf voll

Haltbarkeit
Unbegrenzt

Serviervorschlag
Zu Eiscreme oder Desserts, die Früchte mit dem Löffel essen und mit der Flüssigkeit »nachspülen«

Birnen in Branntwein

(Foto Seite 31)

In Frankreich werden Birnenknospen in enghalsige Flaschen geschoben, sie wachsen dann im eigenen »Glashaus« heran. Die Flaschen werden mit Alkohol gefüllt und einige Monate gelagert. So entsteht ein betörend aromatischer Birnengeist mit einer schwer alkoholisierten, duftenden Birne.

3–4 reife Birnen
300–400 g Einmachzucker
1 Vanilleschote
etwa 1 l Branntwein

1 Die Birnen waschen, abtrocknen und mehrmals mit einer Silbernadel oder einem spitzen Zahnstocher anstechen.

2 Die Früchte in das sterilisierte Glas schichten. Den Zucker und die aufgeschlitzte Vanilleschote zufügen, mit dem Branntwein bedecken und verschließen.

3 3–4 Monate an einen kühlen, dunklen Ort stellen. In den ersten Wochen öfters schütteln, damit sich der Zucker auflöst.

TIPS

✦ Der Branntwein läßt sich durch Birnengeist oder Wodka ersetzen.
✦ Für einen süßeren Likör bis zu 500 g Zucker zufügen.

Schwierigkeitsgrad
Leicht

Hilfsmittel
Sterilisiertes 2-Liter-Glas mit weiter Öffnung und Deckel (Seite 42)

Ergibt
Etwa 1 kg

Haltbarkeit
2 Jahre

Serviervorschlag
Als Dessert zum »Aufwärmen« an kalten Winterabenden reichen

Ananas in Kirschwasser

(Foto Seite 35)

Beim Einlegen in Alkohol bleibt das zart-duftige Aroma dieser köstlichen Frucht erhalten – und auch ihre verdauungsfördernden Enzyme. Wodka, Branntwein oder weißer Rum eignen sich ebenfalls. Mit Sahne als Dessert serviert, ist dies der Gipfel der Genüsse!

4–5 Baby-Ananas, geschält, vom Strunk befreit und in 1 cm dicke Ringe geschnitten
3–4 Zimtstangen
3–4 Streifen unbehandelte Orangenschale
300–500 g Einmachzucker
5–6 Bittermandeln (Apotheke), blanchiert (nach Belieben)
etwa 1 l Kirschwasser

1 Die Ananas mit den Zimtstangen und Orangenschalen in das sterilisierte Glas füllen. Den Zucker und, falls gewünscht, die Mandeln zufügen.

2 Die Ananas vollständig mit Kirschwasser bedecken und verschließen. 2–3 Monate an einem kühlen, dunklen Ort lagern. In den ersten Wochen öfters schütteln, damit sich der Zucker auflöst.

Schwierigkeitsgrad
Leicht

Hilfsmittel
Sterilisiertes 2-Liter-Glas mit weiter Öffnung und Deckel (Seite 42)

Ergibt
Etwa 1 kg

Haltbarkeit
2 Jahre

Cassis

(Foto Seite 180)

Dieser berühmte französische Likör aus schwarzen Johannisbeeren ist einfach köstlich und ganz leicht herzustellen.

TIPS

✦ Nur vollreife Beeren nehmen, angedrückte und schimmlige Beeren entfernen.
✦ Die Fruchtmasse im Saftbeutel nach dem Abtropfen nicht wegwerfen, sondern mit derselben Menge Zucker zu einer köstlichen beschwipsten Konfitüre einkochen.
✦ Andere Beeren wie Erdbeeren, rote Johannisbeeren, Heidelbeeren und Himbeeren sind genauso gut.

1 kg schwarze Johannisbeeren, gewaschen
1/2 l Weinbrand
350–500 g Einmachzucker

1 Die Beeren mit einer Gabel von den Schalen rebeln und in dem sterilisierten Glas mit dem Kartoffelstampfer gut zerdrücken.

2 Den Weinbrand zugießen, das Glas fest verschließen. Etwa 2 Monate an einem kühlen, dunklen Ort lagern und gelegentlich schütteln.

3 In den sterilisierten Saftbeutel gießen. 2–3 Stunden abtropfen lassen und noch möglichst viel Flüssigkeit aus dem Beutel herausdrücken. Den Saft durch eine doppelte Lage Mull seihen (Seite 47) und ins Glas zurückgießen.

4 Je nach Geschmack die kleinere oder größere Menge Zucker zufügen und verschließen. 2 Wochen an einem kühlen, dunklen Ort lagern und alle paar Tage schütteln, bis der Zucker gelöst und die Flüssigkeit klar ist, sonst noch einmal filtern.

5 In sterilisierte Flaschen abfüllen, verkorken und versiegeln. Der Likör kann sofort getrunken werden, wird aber durch längeres Lagern noch besser.

Schwierigkeitsgrad
Leicht

Hilfsmittel
Sterilisiertes 1 1/2-Liter-Glas mit weiter Öffnung; sterilisierter Saftbeutel und Mull; sterilisierte Flaschen mit Verschluß (Seite 42)

Ergibt
Etwa 1 Liter

Haltbarkeit
Unbegrenzt, nach dem Öffnen innerhalb von 3 Monaten verbrauchen

Serviervorschlag
1–2 TL je Glas trockener Weißwein (»Kir«) oder Champagner (»Kir Royal«)

Himbeersirup

Früchte, die zu reif sind für Konfitüre oder Gelee, lassen sich gut zu Sirup verarbeiten. Die hier verwendete Heiß-Methode ist einfacher als die Kalt-Methode (siehe rechte Seite, Sirup aus schwarzen Johannisbeeren), doch der Sirup schmeckt nicht so intensiv. Alle reifen, saftigen Beeren sind geeignet; zerdrückte oder schimmlige Früchte aussortieren.

1 kg Himbeeren
75 ml Wasser
Einmachzucker

1 Die Himbeeren mit dem Wasser in einer Schüssel zerstampfen. 1 Stunde in ein siedendes Wasserbad stellen und ab und zu stampfen.

2 In den Saftbeutel gießen und 2 – 3 Stunden abtropfen lassen. Aus dem Beutel noch möglichst viel Flüssigkeit herausdrücken. Den Saft durch eine doppelte Lage Mull seihen.

3 Je 1/2 l Saft 400 g Zucker abwiegen. Den Zucker mit dem Saft in einem Topf langsam zum Kochen bringen und unter Rühren auflösen. Abschäumen und 4 – 5 Minuten kochen. Nicht zu lange kochen, sonst geliert der Sirup.

4 In die heißen, sterilisierten Gläser gießen und verkorken. Abkühlen lassen und mit Wachs versiegeln (Seite 43).

Schwierigkeitsgrad
Einfach

Kochzeit
Etwa 1 1/4 Stunden

Hilfsmittel
Sterilisierter Saftbeutel; sterilisierte 3/4-Liter-Flasche (Seite 42)

Ergibt
Etwa 3/4 Liter

Haltbarkeit
2 Jahre

Cassis — *Sirup aus schwarzen Johannisbeeren* — *Granatapfelsirup* — *Himbeersirup*

Serviervorschlag
Mit Wasser zu einem Getränk verdünnen; über Desserts und Eiscreme gießen; gefroren ein leckeres »Eis«

Granatapfelsirup (Grenadine)

(Foto Seite 180)

Ein wunderbarer rubinroter Sirup. Saure Granatäpfel (in indischen oder arabischen Läden erhältlich) sind am besten; wenn Sie nur süße bekommen, fügen Sie den Saft von 3 Zitronen oder 1 TL Zitronensäure zu.

2 kg kräftig rote Granatäpfel

400 g Einmachzucker

1 TL Orangenblütenwasser (nach Belieben)

1 Die Granatäpfel quer halbieren und auf der Zitronenpresse auspressen. Sie sollten etwa ½ l Saft ergeben. Schalenteile und Trennhäute sind ungenießbar, deshalb:

2 Den Saft durch eine doppelte Lage Mull in einen Topf seihen (Seite 47). Den Zucker einstreuen, langsam zum Kochen bringen und unter Rühren auflösen.

3 10 Minuten kochen, vom Herd nehmen, gut abschäumen und, falls gewünscht, das Orangenblütenwasser einrühren. Den Sirup in die heiße, sterilisierte Flasche füllen und verschließen.

Schwierigkeitsgrad
Leicht

Kochzeit
Etwa 15 Minuten

Hilfsmittel
Sterilisierter Mull; sterilisierte Flasche mit Verschluß (Seite 42)

Ergibt
Etwa ½ Liter

Haltbarkeit
2 Jahre

Sirup aus schwarzen Johannisbeeren

(Foto Seite 180)

Schwarze Johannisbeeren ergeben den besten Sirup – erfrischend und voller Duft. Hier wird der Saft kalt extrahiert, was einen noch aromatischeren Sirup ergibt. Die kurze Ruhezeit vor dem Abtropfen des Safts ist notwendig, um möglichst viel Pektin abzubauen, damit der Sirup nicht geliert.

1 kg reife schwarze Johannisbeeren

Einmachzucker

1 Die Beeren in der Küchenmaschine pürieren. In einer Schüssel zugedeckt 24 Stunden ruhen lassen.

2 In den sterilisierten Saftbeutel füllen und einige Stunden abtropfen lassen. Noch möglichst viel Flüssigkeit aus dem Beutel herausdrücken. Durch eine doppelte Lage Mull seihen (Seite 47).

3 Je ½ l Saft 400 g Zucker abwiegen und unter Rührem in dem Saft auflösen.

4 Den Sirup in die sterilisierten Flaschen bis 5 cm unter den Rand einfüllen. Verkorken, einkochen und mit Wachs versiegeln (Seite 42).

Schwierigkeitsgrad
Leicht

Kochzeit
Etwa 20 Minuten

Hilfsmittel
Küchenmaschine; sterilisierter Saftbeutel und Mull; sterilisierte Flaschen mit Verschluß (Seite 42)

Ergibt
Etwa ¾ Liter

Haltbarkeit
2 Jahre

Kandierte Zitrusschalen

Zitrusschalen lassen sich durch Kandieren hervorragend verwerten. Meist wird ein Teil der Außenschale entfernt, damit sie weniger bitter schmeckt, was ich überflüssig finde. Alle dickschaligen Zitrusfrüchte sind geeignet: Orangen, Grapefruits, Zitronen und Pomelos – vor allem die beiden letzteren.

1 kg unbehandelte Zitrusschale, in 5 cm lange Streifen geschnitten

1 kg Einmachzucker

350 ml Wasser

1 Die Schalen in einem säurefesten Topf mit Wasser bedecken. Aufkochen und 10 Minuten köcheln lassen. Abgießen, das Kochwasser wegschütten, mit frischem Wasser bedecken. Wieder aufkochen und bei schwacher Hitze 20 Minuten köcheln lassen. Abgießen.

2 Die gekochte Schale in einer großen Schüssel mit kaltem Wasser bedecken und 24 Stunden stehen lassen. Abgießen.

3 Den Zucker mit dem Wasser in einem Topf aufkochen und unter Rühren auflösen. Die Schalen darin bei sehr schwacher Hitze 2–3 Stunden köcheln lassen, bis sie durchscheinend sind und den größten Teil des Sirups aufgenommen haben. Häufig rühren, damit nichts anbrennt.

4 Die Schalen samt Sirup in das Glas füllen und verschließen. Oder aus dem Sirup nehmen, auf einen Rost legen und im Ofen trocknen (siehe kandierte Ananasringe, Seite 182). Mit feinem Zucker bestreuen und luftdicht zwischen Wachspapierlagen aufbewahren.

Schwierigkeitsgrad
Leicht

Kochzeit
2¾–3¾ Stunden

Hilfsmittel
Luftdichter Behälter oder sterilisiertes 1-Liter-Glas (Seite 42)

Ergibt
Etwa 1,5 kg

Haltbarkeit
In Sirup 2 Jahre
Getrocknet 3–4 Monate

Serviervorschlag
Mit Schokolade überziehen; als Dekoration oder in Früchtekuchen

Kandierte Ananasringe

(Grundtechnik Seite 86)

Kandieren ist eine einfache Technik, braucht aber viel Zeit. Doch die lang haltbaren süßen Köstlichkeiten sind die Mühe wert. Nehmen Sie noch nicht ganz reife, makellose Früchte, die bei dem langwierigen Vorgang nicht zerfallen. Pflaumen, Pfirsiche, Aprikosen, Feigen, Kiwis, Kirschen, Kumquats, Clementinen, Birnen und Engelwurz sind genauso geeignet.

1 große Ananas, geschält, in 1,5 cm dicke Scheiben geschnitten und vom Strunk befreit
1 kg Einmachzucker
Saft von 1 Zitrone
feiner Zucker zum Bestreuen

1 Die Ananasringe in einem Topf mit Wasser bedecken, zum Kochen bringen und bei schwacher Hitze 15–20 Minuten köcheln lassen, bis sie weich zu werden beginnen. Herausheben, gut abtropfen lassen und in eine Glasschüssel legen.

2 Von der Kochflüssigkeit 1 l durch ein mit Mull ausgekleidetes Sieb in den Einkochtopf gießen. 250 g Zucker mit dem Zitronensaft zufügen, zum Kochen bringen und unter Rühren auflösen. Abschäumen und 2–3 Minuten sprudelnd kochen lassen.

3 Die Ananasringe mit dem Sirup übergießen uund beschweren (Seite 46). 24 Stunden bei Zimmertemperatur stehen lassen.

4 Die Ringe abtropfen lassen. Den Sirup in den Topf gießen. 100 g Zucker zufügen, erhitzen und unter Rühren auflösen, 1–2 Minuten kochen. Gut abschäumen, über die Ananas gießen, beschweren und 24 Stunden stehen lassen.

5 Schritt 4 wiederholen.

6 Die Ringe abtropfen lassen. Den Sirup in den Topf gießen. 150 g Zucker zufügen, erhitzen und unter Rühren auflösen, 1–2 Minuten kochen. Gut abschäumen und über die Ananas gießen. Beschweren und 24 Stunden stehen lassen.

7 Schritt 6 wiederholen.

8 Die Ringe abtropfen lassen. Den Sirup in den Topf gießen. Den restlichen Zucker zufügen, erhitzen und unter Rühren auflösen, 1–2 Minuten kochen. Gut abschäumen und über die Ringe gießen. Beschweren und 48 Stunden stehen lassen.

9 Die Ananas mit dem Sirup in den Einkochtopf geben und etwa 5 Minuten köcheln lassen. Die Ringe einzeln mit dem Schaumlöffel herausnehmen und auf einen Rost über ein mit Folie ausgekleidetes Blech legen. Abtropfen und erkalten lassen.

10 Bei 120 °C (Gas Stufe 1/2) in den vorgeheizten Ofen schieben und die Ringe bei spaltbreit geöffneter Tür 12–24 Stunden trocknen lassen, bis sich die Ananas trocken, aber noch klebrig anfühlt.

11 Die Ringe auf dem Rost erkalten lassen und mit feinem Zucker bestreuen. Zwischen Wachspapier in einem luftdichten Behälter aufbewahren. Die Ananasringe können auch im eigenen Sirup aufbewahrt werden (siehe kandierte Aprikosen, Schritt 8).

☆☆ **Schwierigkeitsgrad**
Mittel

Kochzeit
1. Tag: etwa 30 Minuten
2.–6. Tag: je 5 Minuten
8. Tag: 5 Minuten plus
12–24 Stunden Trocknen

Hilfsmittel
Sterilisierter Mull; Einkochtopf; luftdichter Behälter

Haltbarkeit
Getrocknet 3 Monate
In Sirup 2 Jahre

Serviervorschlag
Mit geschmolzener Schokolade überziehen

Kandierte Aprikosen

Hier wurde das Kandieren etwas vereinfacht, die Früchte halten sich daher nur einige Monate. Damit sie nicht verderben, können Sie sie in ihrem dicken Sirup aufbewahren oder kurz vor Verwendung trocknen. Verwenden Sie knapp reife Früchte mit kräftigen Farben. Weiche Früchte wie Aprikosen werden ganz belassen, damit sie nicht zerfallen; festere Früchte wie Birnen oder Pfirsiche können halbiert und entkernt beziehungsweise entsteint werden.

TIP

Damit der Zucker schneller aufgenommen wird, lassen Sie die angestochenen Früchte 24–48 Stunden in einer starken Salzlösung ziehen (75 g Salz auf 1/2 l Wasser).

1 kg Aprikosen

1,5 kg Zucker

1/4 l Wasser

Saft von 1 Zitrone oder 1 TL Zitronensäure

1 Jede Aprikose einige Male mit einem Zahnstocher anstechen.

2 1 kg Zucker mit dem Wasser und Zitronensaft im Einkochtopf aufkochen und unter Rühren auflösen. Abschäumen und kochen, bis das Zuckerthermometer 110 °C anzeigt.

3 Die Aprikosen dazugeben und 3 Minuten leise köcheln lassen. Mit dem Schaumlöffel herausheben und in eine große Glasschüssel legen. Den Sirup nochmals 5 Minuten kochen, über die Aprikosen gießen, beschweren (Seite 46) und 24 Stunden ziehen lassen.

4 Die Aprikosen abtropfen lassen. Den Sirup in den Topf gießen. 250 g Zucker zufügen, erhitzen und unter Rühren auflösen. Gut abschäumen und etwa 5 Minuten kochen.

5 Die Aprikosen wieder zugeben und bei schwacher Hitze etwa 5 Minuten köcheln lassen. Mit dem Schaumlöffel in die Schüssel legen. Den Sirup noch 5 Minuten kochen und über die Aprikosen gießen. Beschweren und 24 Stunden ziehen lassen.

6 Die Aprikosen abtropfen lassen. Den Sirup in den Topf gießen. Den restlichen Zucker zufügen, erhitzen und unter Rühren auflösen. Abschäumen und 2–3 Minuten kochen.

7 Die Aprikosen in den Topf geben. Wieder zum Kochen bringen und bei schwächster Hitze 3–4 Stunden ganz leise köcheln lassen (im Sirup sollten nur gelegentlich Blasen aufsteigen), bis die Früchte durchscheinend und kandiert aussehen.

8 In das heiße, sterilisierte Glas füllen, mit dem heißen Sirup aufgießen und verschließen. Oder die Aprikosen auf einem Gitter 24 Stunden abtrocknen lassen, mit feinem Zucker bestreuen und 12–24 Stunden im Ofen trocknen (siehe kandierte Ananasringe, links).

☆☆ **Schwierigkeitsgrad**
Mittel

Kochzeit
1. Tag: etwa 10 Minuten
2. Tag: etwa 15 Minuten
3. Tag: etwa 3 1/4–4 1/4 Stunden (Trocknen im Ofen: 12–24 Stunden)

Hilfsmittel
Einkochtopf; Zuckerthermometer; sterilisiertes 1 1/2-Liter-Glas mit weiter Öffnung und Deckel (Seite 42) oder luftdichter Behälter

Ergibt
Etwa 1,5 kg

Haltbarkeit
In Sirup 2 Jahre
Getrocknet 3–4 Monate

Serviervorschlag
Als Dekoration für Kuchen, Süßspeisen und Desserts oder als Süßigkeit

Zuckerblüten

(Grundtechnik Seite 87)

Zum Verzuckern eignen sich am besten stark duftende Rosen, Veilchen, Stiefmütterchen, Orangen- und Obstbaumblüten wie Apfel und Birne. Eßbare Blätter können genauso kristallisiert werden. Die benötigte Eiweißmenge richtet sich nach der Anzahl der Blüten.

1 Eiweiß

1 Prise Salz

einige Tropfen Rosen- oder Orangenblütenwasser

schöne Blüten (siehe links)

feiner Zucker

1 Das Eiweiß mit dem Salz und dem Blütenwasser verquirlen. Einige Minuten ruhen lassen.

2 Mit einem kleinen, weichen Pinsel die Blütenblätter innen und außen gleichmäßig mit dem Eiweiß bestreichen und mit reichlich Zucker bestreuen, so daß sie ringsum gleichmäßig bedeckt sind.

3 Ein Backblech etwa 1 cm dick mit Zucker bestreuen. Die gezuckerten Blüten vorsichtig darauflegen und mit viel Zucker bestreuen. An einem warmen, luftigen Ort 1–2 Tage trocknen lassen, bis die Blüten fest geworden sind. In einem luftdichten Behälter zwischen Lagen von Wachspapier aufbewahren.

☆ **Schwierigkeitsgrad**
Leicht

Hilfsmittel
Kleiner Malpinsel; luftdichter Behälter

Haltbarkeit
3 Monate

Serviervorschlag
Zum Dekorieren von Kuchen und Desserts

Konservieren & Trocknen im Überblick

Nutzen Sie die Saison von frischem Obst und Gemüse. Entnehmen Sie der Tabelle unten, welche Konservierungsart sich für die einzelnen Obst- und Gemüsesorten am besten eignet. Die Tabelle gibt auch den Pektin- und Säuregehalt von Früchten an, da sie beim Herstellen von Konfitüren, Gelees und anderen süßen Delikatessen entscheidend für die Geliereigenschaften sind. Sind der Pektin- und Säuregehalt zu niedrig, muß kommerziell hergestelltes Pektin oder ein selbstgekochtes Pektinkonzentrat (Rezept Seite 47) zugegeben werden. Oder Sie mischen pektinreiche Früchte mit pektinarmen und testen den Pektingehalt (Seite 47), damit Sie sicher sein können, daß das Gelieren gelingt.

Früchte und Kräuter im Ofen trocknen

Heizen Sie den Ofen auf 110 °C (Gas Stufe 1/4) vor. Einwandfreie Früchte und Kräuter nach der Tabelle auf der rechten Seite vorbereiten. Die meisten Früchte werden vorher in säurehaltiges oder gesüßtes Wasser getaucht (Rezept Seite 61), damit sie sich nicht verfärben. Die Früchte nebeneinander auf einen Rost legen und die angegebene Trockenzeit beachten.

Obst und Gemüse konservieren

Erläuterung
H .... Hoher Gehalt
M ...... Mittlerer Gehalt
N ...... Niedriger Gehalt
X .... Rezept im Buch
X° ...... Rezept nicht im Buch, kann aber genauso verarbeitet werden

	Ananas	Äpfel	Aprikosen	Artischocken	Auberginen	Birnen	Blumenkohl	Bohnen	Brombeeren	Chilischoten	Clementinen, Mandarinen	Cranberries, Moosbeeren	Erdbeeren	Feigen	Gartenkürbis	Granatäpfel	Grapefruits	Guaven	Gurken	Heidelbeeren	Himbeeren	Holzäpfel	Johannisbeeren, rote	Johannisbeeren, schwarze	Johannisbeeren, weisse	Kaktusfeigen	Kirschen	Kiwis	Knoblauch
Pektingehalt	N	H	M	–	–	N	–	–	M	–	H	H	N	N	–	N	H	H	–	M	M	H	H	H	H	M	N	N	–
Säuregehalt	N	M	M	–	–	N	–	–	M	–	H	M	N	N	–	M/H	H	M	–	M	M	M	H	H	H	N	M	N	–
Als Pickles einlegen	X°	X°	X°	X°	X	X	X	X	X°	X	X°	X°	–	X°	X°	–	–	–	X	X°	–	X°	–	–	–	–	X°	X	X
Konfitüre, Marmelade, Gelee	X	X	X	–	X	X°	–	–	X	X°	X°	X°	X	X	X	–	X°	X	–	X	X	X	X	X	X°	X	X	X°	X°
Mus, Paste, Eiercreme	X°	X	X°	–	–	X	–	–	X°	–	–	X°	X°	X°	–	–	X	X°	–	X°	X°	–	X°	X°	X°	X°	X°	X	–
Chutney, Relish, Sauce	X	X	X°	–	X	–	X°	X°	X°	X	–	X	–	X	X	–	–	–	X	–	–	X°	–	X°	–	–	X°	–	X
In Öl einlegen	–	–	–	X	X	–	–	X°	–	X	–	–	–	–	–	–	–	–	–	–	–	–	–	–	–	–	–	–	X°
Sirup, Alkohol, Essig	X	–	X°	–	–	X	–	–	X	X°	X	X°	X	X°	–	X	X°	–	X°	X	X	–	X	X	X°	–	X°	–	X°

Früchte und Kräuter im Ofen trocknen

	VORBEREITUNG	*TAUCHBAD*	*TROCKNUNGSZEIT*
ANANAS	Falls gewünscht, schälen; vom Strunk befreien und in 5 mm dicke Ringe schneiden	Honig	36–48 Stunden
ÄPFEL	Falls gewünscht, schälen; in 5 mm dicke Ringe schneiden	Gesäuertes Wasser	6–8 Stunden, bis beim Anschneiden keine Spur von Feuchtigkeit mehr vorhanden ist
APRIKOSEN	Halbieren und entsteinen	Gesäuertes Wasser	36–48 Stunden, bis sie trocken und zäh wie Leder sind
BANANEN	Schälen und längs halbieren	Gesäuertes Wasser	10–16 Stunden
BEEREN	Ganz belassen	Einige Sekunden blanchieren	12–18 Stunden
BIRNEN	Falls gewünscht, schälen; halbieren und entkernen	Gesäuertes Wasser	36–48 Stunden
ERDBEEREN	Halbieren	Honig	12–18 Stunden, bis sie trocken und brüchig sind
KIRSCHEN	Falls gewünscht, entsteinen	Einige Sekunden blanchieren	18–24 Stunden
KRÄUTER	In Bündel binden oder auf Roste legen	–	12–16 Stunden im Ofen oder 2–3 Tage in der Sonne
PFIRSICHE	Häuten, halbieren und entsteinen; falls gewünscht, in Scheiben schneiden	Gesäuertes Wasser	Halbiert: 36–48 Stunden, in Scheiben: 12–16 Stunden
PFLAUMEN	Ganz belassen oder halbieren und entsteinen	Einige Sekunden blanchieren oder ringsum einstechen	Ganz: 36–48 Stunden; halbiert: 18–24 Stunden
ZITRUSSCHALE	In lange Streifen schneiden, alles Weiße entfernen	–	10–12 Stunden

KNOLLENSELLERIE	KOHL	KOHLRABI	KÜRBIS	KUMQUATS	LIMETTEN	LYCHEES	MAIS	MANGOS	MELONEN	MÖHREN	OKRASCHOTEN	ORANGEN	PAPRIKASCHOTEN	PASSIONSFRÜCHTE	PASTINAKEN	PFIRSICHE	PFLAUMEN	PILZE	POMELOS	QUITTEN	RADIESCHEN, RETTICHE	REINECLAUDEN	ROTE BETE	RÜBEN	SCHALOTTEN	STACHELBEEREN	STANGENSELLERIE	TOMATEN	TOPINAMBUR	WEINTRAUBEN	ZITRONEN	ZUCCHINI	ZWETSCHEN	ZWIEBELN
–	–	–	–	H	H	N	–	N	N	–	–	H	–	N	–	N	H	–	H	H	–	H	–	–	–	H	–	M	–	M	H	–	H	–
–	–	–	–	H	H	N	–	N	N	–	–	H	–	N/M	–	N	H	–	H	M	–	M	–	–	–	H	–	N/M	–	M	H	–	H	–
X	X	X°	X°	X°	X	–	X°	–	X	X	X	X	X	–	X°	X°	X	X°	–	X°	X°	X°	X	X	X	X	X	X	X°	X	X	X	X°	X
–	–	X°	X	X°	X°	X	–	X°	X	X	–	X	–	X°	X°	X	X	–	X°	X	–	X	X°	X	X	X°	–	X	–	X	X°	–	X°	X
–	–	–	X°	–	X°	X°	–	X	X	–	–	X°	–	X	–	X	X°	–	X°	X	–	X°	–	–	–	X°	–	X	–	–	X	–	X°	–
–	X	–	X	X	X°	–	X	X	–	X	–	X	X	–	–	X	X	X	–	X	–	–	–	–	–	X°	X°	X	–	X°	X°	X°	X	X
–	–	–	–	–	X°	–	–	–	–	–	–	–	X	–	–	–	–	X	–	–	–	–	–	–	–	–	–	X	–	–	X°	–	–	–
–	–	–	–	X	–	–	–	X°	–	–	–	X	–	X°	–	X	X°	–	–	X°	–	–	–	–	X°	X	X°	–	–	X°	X°	–	X°	X°

PANNENHILFE

Da so viele Faktoren eine Rolle spielen, kann es vorkommen, daß das Endprodukt nicht so aussieht, riecht oder schmeckt, wie erwartet. Dann sollten Sie nach der Fehlerquelle forschen und, wichtiger noch, sich vergewissern, ob Sie das Eingemachte noch essen können oder nicht. Die häufigsten Probleme sind hier aufgelistet, dazu klare Hinweise, wann ein Produkt für den Genuß nicht mehr taugt.

Pickles

Die Pickles sind nicht knackig

✦ Das Gemüse wurde vorher nicht lange genug eingesalzen.
✦ Der Essig oder die Salzlösung war nicht stark genug.

Die Pickles sind hohl

✦ Die Zutaten waren zu reif oder wurden vor der Verwendung zu lange gelagert

Die Pickles sind dunkel

✦ Es wurde jodiertes Speisesalz verwendet.
✦ Es wurden zu viele Gewürze zugefügt.
✦ Es wurden Geräte aus Eisen oder Kupfer verwendet.
✦ Dunkler Essig wurde zugefügt.
✦ Die Lake wurde mit hartem Wasser hergestellt – versuchen Sie es mit gefiltertem oder in Flaschen abgefülltem Wasser.

Die Pickles sind blaß oder ausgebleicht

✦ Das Glas war beim Lagern Licht ausgesetzt.

Die Pickles sind weich und schleimig

✦ Die Essig- oder Salzlösung war nicht stark genug.
✦ Das Glas war nicht richtig verschlossen.
Das Produkt sofort wegwerfen.

Der Knoblauch sieht grün aus

✦ Frischer Knoblauch kann sich beim Einlegen in Essig grün verfärben, was unschön, aber harmlos ist – vor der Verwendung blanchieren.

Konfitüren, Gelees und Sirupfrüchte

Konfitüren oder Gelees gelieren nicht

✦ Der Pektingehalt ist zu niedrig. Pektin zufügen und noch einmal kochen, bis der Gelierpunkt erreicht ist (Seite 47).
Hinweis: Gefrorene Früchte enthalten weniger Pektin als frische.
✦ Das Verhältnis von Pektin und Säure stimmt nicht. Zitronensaft zufügen und noch einmal aufkochen (Seite 47).

Die Früchte sehen zu dunkel aus

✦ Die Kochzeit war zu lang, so daß der Zucker zu karamelisieren begann.
(Oft wird geraten, den Zucker vor dem Zufügen zu erwärmen, um die Kochzeit zu verkürzen, doch der Nutzen ist gering.)

Die Früchte steigen nach oben

✦ Die Konfitüre konnte sich nicht setzen. Erkalten lassen, die Früchte gleichmäßig unterziehen und in Gläser füllen. Mit in Weinbrand getauchten Wachspapierscheiben abdecken und verschließen.
✦ Der Sirup ist zu dünn: Mit mehr Zucker nochmals sprudelnd kochen, bis der Gelierpunkt erreicht ist (Seite 47).

Die Konfitüre kristallisiert

✦ Die Zuckermenge war zu hoch.
✦ Sie wurde zu kalt gelagert.
Kristallisieren ist harmlos und beeinträchtigt nicht den Geschmack.

Süßes und Pikantes

Auf der Oberfläche bildet sich Schimmel

✦ Ursache ist Befall mit Schimmelpilzen.
Produkt wegwerfen. Schimmelpilze durchdringen den ganzen Glasinhalt mit einem Netz unsichtbarer Fäden und erzeugen schädliche Sporen.

Das Eingemachte gärt

✦ Wenn Süßes gärt, war der Zuckerzusatz zu gering.
✦ Wenn Pickles oder Chutneys gären, war die Salz- oder Essiglösung zu schwach.
✦ Die Lagertemperatur war zu hoch.
✦ Geräte oder Behälter waren nicht gründlich sterilisiert.
✦ Die Kochzeit war zu kurz.
Das Produkt sofort wegwerfen, da bei dieser unkontrollierten Gärung schädliche Toxine entstehen können.
Hinweis: Bei manchen Pickles gehört gezieltes Gären zur Zubereitung.

Unangenehme Gerüche

✦ *Alles, was unangenehm riecht, sollte sofort weggeworfen werden.*

Salami und gepökeltes Fleisch

Auf Salami oder Fleisch bildet sich eine weiße, pudrige Schimmelschicht

✦ Dieser spezielle Schimmel wird durch die richtigen Lagerbedingungen gefördert. Er ist unschädlich und trägt zum Aroma des Produkts bei.

Auf Salami oder Fleisch bildet sich grüner oder schwarzer Schimmel

✦ Die Salzlösung war zu schwach.
✦ Das Fleisch wurde nicht richtig gepökelt.
✦ Es wurde zu feucht und warm gelagert.
Das Produkt sofort wegwerfen.

Weiße Salzkrusten bilden sich auf trocknendem Pökelfleisch

✦ Die Salzlösung war zu stark.

Das getrocknete Pökelfleisch wird pulverig

✦ Die Lake enthielt zuviel Essig.

Die Pökellake wird wie Sirup

✦ Sie enthält zuwenig Salz.
✦ Die Lagertemperatur war zu hoch.
Die Lake weggießen und neue Pökellake zubereiten.
Den Behälter nochmals sterilisieren. Das Fleisch unter fließendem kaltem Wasser gut waschen und mit Essig abreiben. Gründlich mit Küchenpapier trocknen und in die neue Pökellake einlegen.

REGISTER

Halbfett gedruckte Seitenzahlen verweisen auf Fotos.

A

B

C

D

E

F

M

N/O

P

Q/R

S

DANK

DER AUTOR

Dieses Buch ist die Krönung einer lebenslangen Besessenheit, ein Traum, der ohne die Hilfe hunderter von Menschen, die genauso leidenschaftlich konservieren wie ich, nicht in Erfüllung gegangen wäre – ohne die Rezeptsammler, Hausfrauen, Gemüsehändler, Bauern und Taxifahrer, die mir ihre kulinarischen Geheimnisse verraten haben, wäre dieses Buch nicht geschrieben worden. Konservieren ist unmöglich ohne gute Zutaten, für die ich den Geschäften meines Wohnorts danken möchte, vor allem Graham und David von Graham Butchers, Pedro von Pedro Fisheries, dem Green Health Food Store in Finchley und Gary von Ellinghams für Rat und Hilfe.

Wie immer nöchte ich auch Saul Radomsky für seine geduldige Unterstützung danken wie auch den vielen Freunden, die geholfen, geschleppt, gekostet und ihren »Senf« dazugegeben haben: Trudy Barnham, Jon, Ann und Marjorie Bryent, der Familie Blacher, Iris und John Cole, der Familie Hersch, Jill Jago, Dalia Lamdani, Joy Peacock, Bob und Ann Tilley, Eric Treuille und Jo Wightman; ein besonderes Dankeschön an Rosie Kindersley, die dieses Buch ermöglicht hat.

Dank schließlich an meine Assistentin Alison Austin, dem Photographen Ian O'Leary und seine Assistentin Emma Brogi; Jane Bull, Jane Middleton, Kate Scott und allen anderen im Verlag Dorling Kindersley, durch deren Begeisterung und erfahrene, kritische Hilfe das Verfassen dieses Buchs für mich zu einer so beglückenden Erfahrung wurde.

DER VERLAG

dankt Carole Ash für die ersten Design-Entwürfe, Lorna Damms für die redaktionelle Bearbeitung, Paul Wood und Harvey de Roemer für DTP-Design, Cynthia Hole für die Bildbeschaffung, Tables Laid für Accessoires, Tate und Lyle für Einmachzucker, Graham Brown von Mandarin Foods, Cecil Gysin von Natural Casing Co. Ltd. Besonderen Dank an Ian Taylor vom Taylor Foodservice, Barry Chevalier von Aspel-Essig und der Maureen Smith Marketing Ltd.

BILDNACHWEIS

Cover vorn: StockFood GmbH/ Klaus Arras; Ann Ronan, Image Select, Seite 9 oben; E.T. Archive, Seite 9 unten, Seite 10 oben; Corbis-Bettmann, Seite 11 oben.

Einfach lecker!

DORLING KINDERSLEY
Besuchen Sie uns im Internet
www.dorlingkindersley.de

224 Seiten, über 100 Farbfotos

256 Seiten, über 400 Farbfotos

288 Seiten, über 170 Farbfotos

400 Seiten, über 140 Farb- und s/w-Fotos sowie farbige Kinderzeichnungen